安徽省高等学校"十二五"规划教材

物流管理系列　李亦亮　总主编

现代配送管理（第2版）

XIANDAI PEISONG GUANLI

黄先军　张敏　主编

北京师范大学出版集团
BEIJING NORMAL UNIVERSITY PUBLISHING GROUP
安徽大学出版社

图书在版编目(CIP)数据

现代配送管理/黄先军,张敏主编. —2版. —合肥:安徽大学出版社,2015.5
安徽省高等学校"十二五"规划教材. 物流管理系列
ISBN 978-7-5664-0919-5

Ⅰ.①现… Ⅱ.①黄… ②张… Ⅲ.①物资配送－物资管理－高等学校－教材 Ⅳ.①F252.2

中国版本图书馆 CIP 数据核字(2015)第 085748 号

现代配送管理(第2版)　　　　　　黄先军　张　敏 主编

出版发行:	北京师范大学出版集团
	安　徽　大　学　出　版　社
	(安徽省合肥市肥西路 3 号 邮编 230039)
	www.bnupg.com.cn
	www.ahupress.com.cn
印　　刷:	安徽省人民印刷有限公司
经　　销:	全国新华书店
开　　本:	184mm×260mm
印　　张:	18.25
字　　数:	414 千字
版　　次:	2015 年 5 月第 2 版
印　　次:	2015 年 5 月第 1 次印刷
定　　价:	32.90 元
ISBN 978-7-5664-0919-5	

策划编辑:龚婧瑶	装帧设计:李　军　金伶智
责任编辑:龚婧瑶	美术编辑:李　军
责任校对:程中业	责任印制:陈　如

版权所有　侵权必究

反盗版、侵权举报电话:0551—65106311
外埠邮购电话:0551—65107716
本书如有印装质量问题,请与印制管理部联系调换。
印制管理部电话:0551—65106311

安徽省高等学校"十二五"规划教材

物流管理系列教材建设指导委员会

(按姓氏笔画为序)

马陵合	万　青	王晓艳	史贤华	朱礼龙
朱重生	陈　来	陈永平	李亦亮	汪传雷
吴灼亮	杨国才	张英彦	陆克斌	卓翔之
郝世绵	赵　娣	项桂娥	桂云苗	倪　明
程向阳	程敏然	谢艳平	雷勋平	

安徽省高等学校"十二五"规划教材

物流管理系列编委会

总主编 李亦亮

主　编 黄先军　张　敏

副主编 夏应芬　黄茂成　胡红春

编　者（按姓氏笔画排序）

张　敏　汪志林　胡红春
姜　凌　洪　亮　夏应芬
徐俊杰　黄先军　黄茂成
曹言红

总 序

物流是国民经济发展的动脉,一个个经济单位网状关联是靠物流这条动脉维系的,如果物流不通畅,则国民经济就难以成为一个有机整体,就没有生机和活力;物流是国民经济发展的助推器,如果物流不发达,则规模经济就没有广阔的市场空间,社会分工就会受制于高昂的交易费用。

《中华人民共和国国民经济和社会发展第十二个五年规划纲要》明确提出,要加快建立社会化、专业化、信息化的现代物流服务体系,推广现代物流管理,大力发展第三方物流,优先整合和利用现有物流资源,加强物流基础设施的建设和衔接,提高物流智能和标准化水平,提高物流效率,降低物流成本。

目前,中国物流管理水平总体上还比较滞后。2013年,物流成本占GDP的比例高达18%,物流成本仍是一座需要加速融化的庞大"冰山"。

发展现代物流业关键在人才。目前,中国物流管理水平低下的原因复杂多样,但物流管理人才数量不足、素质不高无疑是其中突出的因素。高等学校是高素质物流管理人才培养的主战场,而高质量的物流管理专业教材又是高等学校人才培养质量的有力保障。

我们在提升物流管理专业教材编写质量方面作出了一些积极努力,2009年,编写出版了安徽省高等学校"十一五"规划教材《物流管理系列》。我们在该系列教材的体系结构构建、教学内容选择、理论实践结合等方面进行了有效的探索和创新,较好地克服了当时高等学校物流管理专业教材编写中普遍存在的"低、乱、重、虚"的现象,受到教材使用者的广泛欢迎和好评。

2009年至今的5年是中国物流业飞速发展的5年,中国物流管理水平有了很大提高,物流管理实践中也出现了很多新的改革、新的做法和新的问题,在物流管理理论方面也形成了一系列创新性成果。我们感到原有系列教材的先进性正在不断降低,一些内容陈旧,一些前沿物流管理理论成果需要整合,一些先进的物流管理方法需要介绍等。

为让本系列教材更好地满足对高素质物流管理人才培养的需要,满足物流管理实践发展的需要,我们在已有系列教材的基础上,申报了安徽省高等学校"十二五"规划教材《物流管理系列》，并对原有教材进行了适当调整和修订。

这次修订我们着重做了以下几项工作：一是全面审查系列教材内容安排，使系列教材体系结构更趋科学合理；二是努力做到理论管用、够用，方法适用、实用，凸显物流管理学科应用性特点，让教材能更好地"接地气"；三是删除陈旧内容，吸收物流管理理论和实践中具有普遍性指导和操作价值的新成果；四是注重所选案例的典型性和鲜活性，提高案例的思考性和指导性；五是努力做到语言精练准确，发挥图像和表格等直观图示说明问题的作用。

本系列教材由安庆师范学院经济与管理学院李亦亮教授任总主编，参加编写的有安徽省开设物流管理专业高校的几十位专家学者和中青年骨干教师。在编写的过程中，我们吸纳了物流管理实践一线人士和使用教材的学生所提出的有价值的建议；得到了北京师范大学出版集团安徽大学出版社龚婧瑶编辑的积极支持；参考了国内外大量文献资料；借鉴和吸收了国内外众多学者的研究成果。由于编写时间仓促，加上编者水平有限，所以书中不足之处在所难免，欢迎社会各界专家和广大读者提出宝贵意见，以使本教材臻于完善。

编　者

2014 年 9 月

目　录

第一章　配送管理概论 ... 1

第一节　配送的内涵与作用 ... 2
第二节　配送管理的内涵与目标 ... 8
第三节　配送的产生与发展 ... 11

第二章　配送的类型与模式 ... 22

第一节　配送的类型 ... 23
第二节　自营配送模式 ... 29
第三节　共同配送模式 ... 32
第四节　第三方配送模式 ... 38

第三章　配送中心规划 ... 43

第一节　配送中心概述 ... 44
第二节　配送中心规划程序 ... 50
第三节　配送中心总体规划 ... 53
第四节　配送中心选址 ... 59
第五节　配送中心的内部规划 ... 64

第四章　配送中心管理 ... 72

第一节　配送中心管理概述 ... 73
第二节　配送中心组织管理 ... 76
第三节　配送中心岗位职责及操作流程 ... 81
第四节　发达国家的配送中心管理 ... 86

第五章 配送作业管理 …… 95

第一节 配送作业的基本环节和作业流程 …… 96
第二节 进货作业管理 …… 101
第三节 储存及保管保养作业管理 …… 109
第四节 补货作业管理 …… 116
第五节 配送信息管理 …… 118
第六节 其他配送作业管理 …… 121

第六章 分拣作业管理 …… 128

第一节 形成拣货资料 …… 129
第二节 选取拣货方法 …… 133
第三节 选取拣货路径 …… 135
第四节 行走、搬运和拣取 …… 136
第五节 拣货策略 …… 138

第七章 配送运输作业管理 …… 145

第一节 配送运输概述 …… 146
第二节 配送运输路线的优化选择 …… 154
第三节 车辆营运管理 …… 159

第八章 配送服务管理 …… 168

第一节 配送服务概述 …… 169
第二节 配送服务合同 …… 171
第三节 配送服务质量控制 …… 180

第九章 配送成本管理 …… 189

第一节 配送成本概述 …… 190
第二节 配送成本核算 …… 193
第三节 配送定价与成本控制策略 …… 198

第十章 电子商务配送管理 …………………………………………………… 206

第一节 电子商务配送概述 …………………………………………… 207

第二节 电子商务与配送的关系 ……………………………………… 212

第三节 电子商务配送流程及配送模式 ……………………………… 214

第十一章 典型行业的配送管理 ……………………………………………… 221

第一节 批发零售业配送 ……………………………………………… 222

第二节 制造业配送 …………………………………………………… 226

第三节 农业配送 ……………………………………………………… 231

第四节 快递业配送 …………………………………………………… 236

第十二章 跨国物流配送管理 ………………………………………………… 245

第一节 跨国物流配送概述 …………………………………………… 246

第二节 跨国物流配送的形式与管理 ………………………………… 249

第三节 跨国物流配送保险 …………………………………………… 265

参考文献 ……………………………………………………………………… 276

后 记 ………………………………………………………………………… 278

第一章 配送管理概论

学习目标

通过本章学习,学生要掌握配送的内涵,了解配送的基本要素,理解配送的作用,掌握配送管理的内涵和目标,理解配送管理的困难,了解配送的产生与发展的历史过程,了解中国与发达国家配送发展的现状。

作为物流活动的两大支柱,运输和储存在物流活动中占有重要地位。但储运不是物流的最终目的,物流的最终目的是为满足客户对货物的需要,而配送正好就是体现了物流的最终目的。它直接为客户提供服务,满足客户的各种需要,但配送在为客户服务方面要做到比一般意义上的大物流更为及时、准确、方便。

开篇案例

顺丰快递业务发展:配送体系是快递企业发展的基本要素

在我国的经济体系中,民营企业的发展是其中主要的发展途径。随着经济的发展,我国的民营企业也越来越多。更多的企业家愿意选择饮食业或其他经营起来更容易的领域去拓展业务。然而,在快递这个领域中,虽然与客户的生活息息相关,但是大家对它的关注度也处于比较状态。就其中发展较好的顺丰速运来讲,企业的发展除了对客户的需求管理,自身素质的提高也很重要。例如,配送体系质量的提高。

有业内人士表示,物流活动大多发生在跨越多时区的广阔地区,是最具有挑战性的经济活动。物流活动的任务始于计划,并建立清晰界定的战略目标,为了这一战略目标而不断努力。物流活动成本对于物流活动的决策起着至关重要的作用,它是物流各项活动开展的基础,能够为物流活动提供精确的绩效衡量手段。

在整个配送体系中,配送计划是相当关键的。配送计划的实质是对要达到的目标及途径进行事先规定,因而,配送计划是物流管理的中心环节。顺丰速运也表示,如果有一个科学、合理的计划作指导,一般管理水平会有较好的绩效。与此相反,则即便是强有力的管理,但其绩效也是十分平庸的。所以,像顺丰速运这样的企业想要在已经稳定发展的情况下持

续保持正增长的模式,这个理念是非常重要的。

(资料来源:中国物流与采购网)

阅读以上案例,请评析配送体系在顺丰快递业务发展中的作用。

第一节 配送的内涵与作用

一、配送的内涵

(一)配送的概念

"配送"一词来源于英文中的"Delivery",其意译是运送、输送和交货。

2001年4月,中国国家标准《物流术语》将"配送"定义为:"在经济合理区域范围内,根据客户要求,对货物进行拣选、加工、包装、分割、组配等作业,并按时送达指定地点的物流活动。"

为了正确理解"配送"的内涵,我们需要了解一些很容易与"配送"相混淆的概念。

1.配送和送货的区别

配送是随着市场发展而诞生的一种必然的市场行为,它是生产和流通发展到一定阶段的必然产物,配送不是一般概念的送货,也不是生产企业推销产品时直接从事的销售性送货,而是从物流节点至客户的一种特殊送货形式。它与送货之间的差异体现在以下几个方面:

(1)目的不同。送货形式只是推销的一种手段,目的仅在于多销售一些产品,配送则是社会化大生产、专业化分工的产物,它是流通领域内物流专业分工的必然产物。因此,如果一般送货是一种促销服务形式,配送则是一种体制形式。

(2)内容不同。送货一般是有什么就送什么,对客户来说,只能满足其部分需要。而配送则是客户需要什么就送什么,它不单是送货,在业务活动内容中还包括"分货"、"配货"、"配装"等项工作,这是很有难度的工作,必须有发达的货物经济和现代化的经营水平。在货物经济不发达的国家或市场经济的初级阶段很难实现大范围内的高效率的配货。送货制与配送制有着时代的区别。

(3)发展程度不同。配送是一种现代化的物流形式,它是送货、分货、配货等活动的有机结合体,同时,还与订货系统紧密联系。这就必须依赖信息的处理,以使整个系统得以建立和完善,并成为一种现代化形式,这是送货形式所不能比拟的。

(4)装备不同。配送的全过程有现代化的技术和装备做保证,以使配送在规模、水平、效率、速度、质量等方面远远超过传统的送货形式。在这些活动中,大量采用各种传输设备和识码、拣选等机电装备,这很像工业生产中广泛应用的流水线,使流通工作的一部分工厂化。所以,配送是技术进步的产物。

2.配送和输送、运输概念的区别

配送不是单纯的输送或运输,而是运输与其他活动共同构成的有机体。配送中所包含的那一部分运输活动在整个输送过程中处于"二次输送"、"支线输送"、"末端输送"的位置，其起止点是物流节点至客户。

3. 配送和供应、供给概念的区别

配送不是广义概念的组织货物、订货、签约、结算、进货及对货物处理分配的供应，而是以供给者送货到户的形式进行供应。从服务形式来看，它是一种"门到门"的服务，可以将货物从物流节点一直送到客户的仓库、营业所、车间，乃至生产线的起点。

4. 配送和运送、发放、投送概念的区别

配送是在全面配货基础上，充分按客户要求，包括种类、数量、时间等方面的要求所进行的运送。因此，除了各种"运"、"送"活动外，还要从事大量分货、配货、配装等工作，是"配"和"送"的有机结合形式。

延伸阅读

配送概念的其他说法

1985年底，日本颁布的《日本工业标准(JIS)物流术语》中将"配送"定义为："将货物从物流节点送交给收货人。"

1998年4月，早稻田大学教授西泽修博士在他的专著《物流ABC指南》中对"配送"进行了较为详细的描述："从发货地到消费地之间，所有进货品、半成品、发货品及库存品都是有计划地、统一地进行管理和实施。配送是费用最低、服务最好的送货形式，为了最有效地将原材料、产品送达，把采购、运输、仓库的功能有机组合在一起。"

我国出版的《现代物流学》对"配送"的定义是：配送是以现代送货形式实现资源最终配置的经济活动；按客户订货要求，在配送中心或其他物流节点进行货物配备并以最合理的形式送交客户。

(二)配送的特点

从配送活动的实施过程上看，配送包括两个方面的活动："配"是对货物进行集中、分拣和组配，"送"是以各种不同的形式将货物送达指定地点或客户手中。可以把配送归纳出以下几个特点：

1. 配送是多种活动的有机结合体

配送是以分拣和配货为主要手段，以送货和抵达为目的的一种特殊的、综合的物流活动。其特殊性表现在它包含了装卸、包装、流通加工、保管等活动，但又不是这些活动的全部或全过程。因此，配送不能简单等同于运输或其他类型的单一物流活动。

2. 配送是一种接近客户的活动

配送不仅是在恰当的时间，通过恰当的形式、恰当的费用将货物最终传递给客户，而且将最优质的服务传递给客户。因此，它一头连接着物流系统的业务环节，另一头连接着客户,直接面对服务对象的各种服务要求。配送功能完成的质量及其达到的服务水准,最直接而又具体地反映了配送系统对需求的满足程度。

3. 配送是营销活动的重要手段

以往的送货形式其目的仅仅在于多销售一些货物,而配送活动已经上升为专业性营销活动的重要手段。准确而又稳定的配送活动可以在保证供给的同时,最大限度地降低生产或者流通企业的货物库存,从而降低了总的销售成本。

4. 配送不是消极的送货发货

配送是在全面配货的基础上,充分按照客户的要求进行服务,它是将"配"和"送"有机地结合起来,完全按照客户要求的数量、种类、时间等进行分货、配货、配装等工作。

5. 配送是一项有计划的活动

配送需要根据客户的需要,以及从事配送的企业的能力,有计划地进行送货活动,以满足客户预定的需要。

二、配送的基本要素

配送的基本要素是指货物、客户、配送设施设备、配送人员、配送路线、地点、时间这七项内容,也称作"配送的七要素"。在制定配送计划时,应对此七项内容作深入了解并加以分析和整理。

(一)货物

此处所说"货物"要能体现其配送货物的种类、形状、重量、包装、材质、装运要求等。物流和配送的关系十分紧密,配送可以认为是物流的缩影,物流处理的货物具有少品种、大批量、少批次等特点,配送则相反,具有多品种、小批量、多批次等特点。

(二)客户

客户包括委托人和收货人两个方面。配送企业承担的配送业务就是受委托人的要求,把货物送达收货人的过程。所以,要评价配送企业的服务水平,应该以满足以上双方客户的要求作为依据。

(三)配送设施设备

在通常情况下,配送设施设备就是指配送工具。配送时,需要根据货物的特征、数量、配送地点以及配送设备自身的特点来选择合适的设备。配送设备包括车辆、仓库、装卸搬运设备(叉车、起重机等)、信息技术设备(电脑等)。

(四)配送人员

配送人员包括业务经理、司机、仓储人员、包装人员、装卸搬运人员、检验人员、信息技术人员等。由于需要面对不同的客户以及环境,所以对人员配置也有一定的要求。例如,某些产品需要送达目的地之后安装并调试,这就需要司机或者配送人员具有一定的技能。

(五)配送路线

配送路线,是指配送途经的路线。可以根据一定的原则指定配送路线,例如,配送路线最短原则、送货量最大原则、订单时间顺序原则等,并要求司机或者配送人员严格执行。但是,由于配送地点的复杂性和交通拥堵、交通管制等原因,所以可根据司机经验适当调整路线。

(六)地点

地点主要是指配送的起点和终点。主要了解这些地点的数目、距离、周边环境、停车卸货空间大小以及相关附属设施。例如,有无卸货月台、叉车等。

(七)时间

时间不仅仅指在途时间,还包括搬运、装卸时间。由于不一定所有的业务都在配送中心进行,所以需要了解配送起点和终点的装货和收货的时间限制以及要求,提前做好安排,避免不必要的装卸等候,避免由于超过客户要求的时间范围而造成的货物拒收。

三、配送的作用

在发达国家,配送不但广为实行,而且成为一般非物流企业经营活动的重要组成部分,对优化经济结构、节约社会劳动及充分发挥物流功能起到了巨大的作用。配送本质上是运输,创造空间效用自然是它的主要功能。但配送又不同于运输,它是在运输功能上进行的延伸。相对运输而言,配送除创造空间效用这一主要功能外,其延伸功能可归纳为以下几个方面:

(一)有利于物流运输实现合理化

配送不仅能够把物流推上专业化、社会化道路,更重要的是,它能以其特有的运动形态和优势调整流通结构,从而使物流运输达到规模经济并以规模优势取得较低的运输成本,通过配送减少了车辆的空驶,提高了运输效率和经济效益,并能减少对空气的污染。

(二)完善了运输和整个物流系统

20世纪下半叶以来,由于科学技术的进步、运输工具的改善,所以使得干线运输在多种运输形式中都达到较高的水平,长距离、大批量的运输实现了低成本化。但是,在干线运输完成之后,需要支线运输和小搬运来完成末端运输,这种支线运输及小搬运成了物流过程的一个薄弱环节。采用配送形式,将支线运输和小搬运活动统一起来,发挥其灵活性、适应性和服务性的特点,使运输过程得以优化和完善。

（三）提高了末端物流的效益

采用配送形式，通过增大经济批量来达到经济地进货，又通过将各种货物的客户集中在一起统一进行发货，代替分别向不同客户小批量发货来达到经济地发货，从而使末端物流经济效益得到了提高。

（四）实现了低库存或零库存

在采用了准时化配送形式之后，生产企业可以依靠配送中心的准时化配送进行准时化生产而不需保持库存量或较小地保持库存量。这样生产企业就可以实现低库存甚至"零库存"，并且可极大地降低库存所占用资金，从而改善企业的财务状况。在配送中心实行集中库存后，其库存总量会大大地低于各企业的分散库存总量，同时也增加了调节能力，提高了社会经济效益。此外，集中库存还可以发挥规模经济优势，使单位存货成本下降。

（五）提高了客户服务水平

采用配送形式，客户往往只需一次订货便能实现向多处采购的目的。因而，极大地减轻了客户的工作量和负担，也节省了订货成本。其强大的服务功能受到广大客户的热烈欢迎。

（六）提高了供应保证程度

生产企业自己保持库存来维持生产，由于受库存费用的制约，所以提高供应的保证程度很难，因为保证供应和降低库存成本存在二律背反问题；采取配送形式，由于配送中心的集中库存可以调节企业间的供需关系，同时库存量更大，所以可以降低生产企业因断货、缺货而影响生产的风险。

（七）支撑了电子商务的发展

从商务角度来看，电子商务的发展需要具备两个重要的条件：一是货款的支付，二是货物的配送。网上购物，无论如何方便快捷，如何减少流通环节，唯一不能减少的就是货物配送，配送服务如不能和信息网络相匹配，则网上购物就不能发挥其方便快捷的优势。

（八）促进了物流技术进步

现代大载重量的运输工具，固然可以提高效率、降低运输成本，但只适于干线运输。因为干线运输才可能是长距离，而且才有可能呈现高效率、低成本的运输形态。支线运输一般是小批量的，使用载重量大的运输工具则是一种浪费。支线小批量运输频次高、服务性强，要求比干线运输具有更高的灵活性和适应性，而配送通过其他的物流环节的配合可实现定制化服务，能满足这种要求。因此，只有配送与运输的密切结合，使干线运输与支线运输有机统一起来，才能实现运输系统的合理化。

发展配送，有利于促进物流设施和装备的技术进步，具体表现在三个方面：一是促进信息处理技术的进步。随着配送业务的开展,处理的信息将越来越多,原始手工的信息处理速度慢且容易出差错,已适应不了配送业务的要求,这必然要求大量地应用电子计算机这一现代化的信息处理技术。二是促进物流处理技术的进步,从而提高物流速度,缩短物流时间,降低物流成本,减少物流损耗,提高物流服务质量。配送业务的发展,必然伴随着自动化立体仓库、自动化分拣装置、无人搬运车、托盘化、集装箱化等现代化物流技术的应用。三是推动物流规划技术的开发与应用。随着配送业务的开展,配送客户越来越多,随之而来的就是配送路线的合理选择、配送中心选址、配送车辆的配置、配送效益的技术经济核算等问题,对于这些问题的研究解决,促进了我国物流技术的发展,并使之达到一个新阶段。

(九)实现了商物分离

对于零售企业,在未开展配送业务之前,各个商店都有自己的仓库,并各自进行物流活动,此时的商流和物流具有一致性。在开展配送业务以后,配送中心就可以充分发挥其网络多、信息快、物流手段先进和物流设施齐全的优势,专门从事货物物流活动。在这种情况下,各商店只需保持较低水平的库存。这就大大改善了零售企业的外部环境,使零售企业有更多的资金和精力来专心从事商流活动,从而实现了商物分离。

延伸阅读

配送的服务特性

配送包含了物流的多项功能,它是物流活动在某一范围内的缩影和体现。配送与物流系统一样,具有服务特性。在社会再生产过程中,物流起着"桥梁"和"纽带"作用,服务于生产和消费。配送作为供应物流和生产物流的一种特殊形式,为生产过程提供服务,配送原材料、零部件等;配送作为销售物流的一种服务形式,为商业部门和客户提供服务,按客户的要求把货物送到指定的地点。

1. 配送的综合服务特征

配送的综合服务特征表现在两个方面,一是服务内容的综合性,二是配送作业的综合性。客户购货,一般需要经过订货、选货、付款、提货、包装、装车、运输、卸货等过程,而配送则为客户提供综合服务,这将大大简化客户的购货过程。现代配送只需客户下达订单,则配送中心便按客户要求把规定的货物送到接收地点,客户验收即可。当然还要按规定的形式结算付款。

配送作业比一般的送货作业更复杂,一般还包括拣选、分货、分割、配装和加工等环节。在这种条件下,配送企业应适宜采用先进的仓储、拣选技术和系统管理方法,以提高配送效率和管理水平。

2. 配送的准时服务特性

配送的准时服务性是现代生产和现代社会生活的需要。例如,现代生产流水装配线是连续性运转,各工位需要准时供应零部件,如果零部件不能准时配送到位,就会使装配作业陷入混乱或瘫痪;再如,接待贵宾需要鲜花和宴席,如某鲜花不能准时送到贵宾接待处,烤鸭

不能准时送到宴会厅,那就可能造成极坏的影响,等等。因此,现代配送的准时服务性是一项不可缺少的条件。

3. 配送的增值服务特征

一般来说,送货是把货物从一个地点送到另一个地点,这只改变货物的空间位置,而不改变货物的特征和使用价值。客户的需求有各种各样,配送中心可以对生产领域中的产品进行深加工,以满足客户的多样性需求,这就是增值服务。例如,把水泥加工成混凝土,向建筑工地配送;又如,把金属板材按客户要求进行剪裁加工,配送给客户;再如,根据生产企业的需要,把钢材、木材、平板玻璃等进行集中下料,制成生产所需的毛坯件,向生产企业配送,等等。

第二节 配送管理的内涵与目标

一、配送管理的内涵

配送管理,是指运用现代管理方法对配送活动进行的计划、组织、协调与控制,以达到客户所满意的服务水平及降低配送成本的目的。

由上述概念可见,配送管理就是根据配送活动的特点和规律,应用管理的基本原理和科学方法,对配送活动的各个要素进行计划、组织、指挥、协调、控制、监督、激励和创新,从而使配送活动各个方面实现最佳协调和配合,通过降低配送成本和满足客户需求来提高社会效益和经济效益的过程。

可以从以下几个方面来理解"配送管理"的概念:

首先,配送管理的宗旨是既要实现客户满意的服务水平,又要大幅度降低配送成本。但二者具有非常明显的"二律背反"特点,所以,配送管理就是寻找二者最佳的结合点,并最终达到提高社会效益和经济效益的过程。

其次,对配送活动进行的计划、组织、协调和控制,是指对配送活动各要素进行的管理。因此,配送管理不仅要对单个构成要素进行管理,而且也要对所有要素实施一个动态的、全要素、全过程的全面性管理。

最后,配送活动是一个多环节构成的整体,配送管理涉及运输管理、仓储管理、作业流程管理、规划管理、信息技术管理等多方面的内容。对这样一个复杂的综合性整体,探求其管理规律,并结合每次配送活动的个性特点,采取科学而又有效的管理方法和途径,才是配送管理的本质要求。

二、配送管理的困难

配送在小范围内(比如一个城市内)为分散在不同位置的具有不同需求的多家客户进行少量、多频率的运送活动。由于配送的及时性、灵活性决定了目前配送的运输工具以汽车(卡车)为主,所以,配送管理就不同于一般的运输管理那么简单,其难度要大得多,管理方法也呈现出很大差异。

配送管理的困难,不在于使用什么样的运输工具,而在于如何安排配送这个控制环节。具体来说,配送管理的困难如下:

(一)配送作业时间管理上的困难

配送作业是在城市这个平面场所进行的,城市里不同时间段的交通状况、路面是否有修路工程、有没有交通事故等条件,每天是不一样的。所以,时间管理非常困难。由于难以预测配送时间,所以怎样安排配送作业活动,只有依赖老资格的配送管理者凭多年的经验来指挥配送作业。

(二)配送作业客户管理上的困难

一次配送要为多家客户分别送去少量货物的配送业务很多。当然,一次配送只送一家货的情况也是存在的,但一般情况都是给多家客户依次送去少量的货物。这样就带来很多问题,如按什么样的顺序送货、怎样分配时间、装卸是否方便等。

(三)配送作业计划制定上的困难

同一地区内的配送,不可能每天都为同样的地方送同样的货,每天都可能会发生送货地点不同、货物量不同的问题。这样,如何操作配送,那就有必要事先拟订作业计划。这也是难题。

(四)配送过程中作业管理上的困难

配送与长途批量运输相比最大的不同是车辆停滞的时间比行驶的时间要多。出发前需要装货,装好后出发,途中遇到堵车时不得不停车,到一家客户时必须停车卸货。如果靠人工卸货,那就得花过多时间,有时客户暂时没有放货的场地,需要送到别的某个地方。有时因客户的原因,不得不等,这都是不可能预定时间的。

由于上述众多的问题,所以在配送过程中,事先订好的计划被打破的事是经常会发生的。途中改变计划,某家客户的货不送了,需要在客户那里再装别的货,类似这样的事情常常发生。因此,当做配送作业时,需要以配送活动不可能完全按计划行事的思想为前提,对配送作业进行管理。

三、配送管理的目标

配送管理的目标就是在保证配送服务质量的前提下,最大限度地降低配送成本。下面定性地从不同角度考查几项管理目标。

(一)配送合理化目标

配送是物流的一种形式或功能,配送合理化是物流合理化的重要体现和要求。配送合

理化表现在以下几个方面:降低总的配送成本;减少配送过程中发生的损失;加快配送速度;发挥各种配送形式的最优功效;有效衔接干线运输;不增加中转次数;采用先进的配送技术手段。

(二)库存管理目标

库存管理目标是配送管理的主要目标之一,具体表现在以下两个方面:

1. 库存总量

在一个配送系统中,库存量从分散于各个客户转移到配送中心。库存总量,是指配送中心的库存量与各个客户的库存量之和。库存总量管理目标包括两个方面:

(1)配送后的库存总量应小于配送前的库存总量。

(2)每个客户在实行配送后的库存量不大于在实行配送前的库存量。

2. 周转库存

在配送系统中,配送中心起到调剂作用,从而以低库存保持较高的供应能力。库存周转一般总是快于原来客户的库存周转。此外,各个客户在实行配送后的库存周转也应快于实行配送前的库存周转。

上述库存数量都是以库存储备资金来计算的。

(三)资源节约目标

配送的重要观念是以配送为客户代劳,运输、仓储的设施设备和人员集中在配送中心,以减少相应的社会物流资源。

1. 节约社会运力

物流末端运输是目前运能、运力使用不合理、浪费较大的领域,也是衡量配送合理化的重要标志。实行配送后,应达到如下目标:

(1)社会车辆总数减少,而承运量不减少或增加。

(2)社会车辆空驶率减少。

(3)自提自运减少,社会化运输增加。

2. 减少各客户的仓库设施、采购与保管人员

实行配送后,各客户的库存量、仓库设施、仓库管理人员以及采购人员应当减少。

(四)资金管理目标

总的来说,实行配送应有利于降低资金占用,实现资金运用的科学管理,具体内容包括:用于资源筹措所占用的流动资金总量应随储备总量的下降和供应形式的改变必然有一个较大的降低;资金周转节奏加快,同样数量的资金能在较短时间内运用而达到目的;资金投向由分散投入转为集中投入,以增加调控作用。

(五)供应保证目标

实行配送,各客户的最大顾虑是担心供应保证程度会降低,害怕因供应迟误而给生产或经营带来大的风险。因此,配送必须提高对客户的供应保证能力,具体要求为:缺货次数必须降低到最低程度,并有补救措施;库存必须设有合理、安全的库存量,以保证对客户的供应;必须具备即时配送的能力和速度,以应付客户出现特殊情况时的需求。

第三节　配送的产生与发展

一、配送的产生

配送产生的背景虽然在各个国家不尽相同,但其产生的根本原因在各国却是相同的,即经济利益的驱使。发达国家从 20 世纪六七十年代开始,经济发展出现了两个显著的特点:一是通过生产过程中的物质消耗而获取利润的潜力越来越小。因而,其努力的方向转向了流通领域;二是庞大的流通量和激烈的市场竞争。因此,通过配送来提高流通中的专业化、集约化经营程度,以进一步满足客户的各种需求,提高服务水平,降低流通成本,从而使产业资本在流通领域中发挥更大的效益,这就成为资本的一种内在要求。

在美国,自 20 世纪 60 年代以来,仓库主要用于储存货物,其离生产厂地很近。那时,美国工业产地主要在东海岸,粮食产地在中部,所以仓库大多建在东海岸和中部。随着生产的发展,人们开始向西部和南部迁移,从而使西部和南部地区也出现了制造业,仓库也随之建立起来。后来,随着科学技术的发展,为满足越来越多的生产需要,周转已越来越快,储存期越来越短,从而对物流的要求也发生了变化,并提出了"配送"的概念,原来的仓库也开始由"储备型"向"流通型"转变。据有关资料介绍,美国"20 世纪财团"曾组织过一次调查,他们提供了如下数据:"以货物零售价格为基数进行计算,流通费用所占的比例达 59%,其中,大部分为物流费。"该调查团得出的结论是:在货物成本中,流通成本确实太大。流通结构分散和物流费用逐年上升严重阻碍了生产的发展和企业利润率的提高。在这种形势下,改变传统的物流形式,采用现代化的物流技术,进一步提高物流合理化程度,自然成了一些国家实业界人士的共同要求,并且就此采取了一系列的改革措施。美国企业界人士受"二战"期间"军事后勤"观念与实践的影响和启发,率先把"军事后勤"的概念引入企业管理中,推行新的供货形式,将物流中的装卸、搬运、保管、运输等功能一体化和连贯化,并取得了很大的成效。与此同时,他们改革了不合理的流通体制,改造了原有的仓库,统一了装卸、搬运等物流作业标准。在此期间,不少公司开创了新型的送货形式,这不仅降低了流通费用,而且节约了劳动消耗。美国有 30% 以上的生产资料是通过流通企业配送中心销售的。

在日本,"二战"后,虽然出现了工业的复兴和经济的高速增长,但相伴产生了流通落后的问题,这严重阻碍了生产进一步发展。分散的物流使流通机构庞杂,主要存在的问题:一是物流分散,生产企业自备车辆,出行混乱;二是道路拥挤,运输效率低而流通费用高。当时,日本曾就这方面的情况进行过大量的调查,调查的结果表明,由于社会上自备车辆多、道路拥挤及停车时间长,所以使得企业收集和发送货物的效率明显下降。但是,如果减少企业自备车辆就意味着企业运输能力的下降。为了保证企业生产和销售的顺利开展,需要依靠社会的运输力和仓储力,但这不是单个企业单独能够解决的。因此,日本政府在筹划建立物流中心和"物流团地"(节点)的同时,还积极推行了"共同配送制度"。经过不断变革,一种被日本业界称之为"配送"的物流体制便应运而生了。

在英国,企业界普遍认识到配送是企业经营活动的组成部分。这种态度和认识的转变,首先发生于企业界的销售行业。由于客户需求的变化,对服务要求的提高及销售企业向大型化、综合化方向发展,所以引起了市场结构的变化。过去许多单一品种的销售机构已经消失,或被兼并进入一些企业集团。销售企业的大型化、综合化,对货物的需求不仅在数量上猛增,而且对货物的花色、品种的要求也日趋复杂,而配送正是适应了这一需要而产生的。

需要指出的是,作为一种新型的物流手段,配送首先是在变革和发展仓库业的基础上开展起来的。从某种意义上说,配送是仓储业功能的扩大化和强化。传统的仓储业是以储存和保管货物(包括生产资料和生活资料)为主要职能的,其基本功能是保持储存货物的使用价值,为生产的连续运转和生活的正常进行提供货物保障。然而,随着生产节奏的逐步加快、社会分工的不断扩大,以及竞争的日趋激烈,迫切要求缩短流通时间和减少库存资金的占用。因此,急需社会上的流通组织提供系列化、一体化和多项目的后勤服务。正是在这样的形势之下,许多经济发达国家的仓储业开始调整内部结构、扩大业务范围、转变经营形式,以适应市场变化对仓储功能提出的新要求。其中,不少老式仓库转变成了货物流通中心,其功能由货物"静态储存转变为动态储存",其业务活动由原来的单纯保管、储存货物变成了向社会提供多种类的后勤服务,并且将保管、储存、加工、分类、拣选、输送等连成了一个整体。从服务形式看,变革以后的仓库可以做到主动为客户提供"门到门"的服务,可以把货物从仓库一直运送到客户的仓库、车间生产线或营业场所。至此,配送就形成和推广起来了。

二、配送的发展历程

配送是由送货逐渐演变过来的。一般的送货形态在西方发达国家已经有相当长的历史,可以说是随着市场发展而诞生的一种必然的市场行为。尤其是伴随着资本主义经济的生产过剩,在买方市场情况下,必然采取各种各样的推销手段,送货最初便是作为一种迫不得已的推销手段而出现的。

仅将配送作为推销手段而没有认识到它是企业发展的战略手段,这种情况在有些国家持续了很长的时间,甚至在经济发展的高峰时期仍然如此。许多企业直到20世纪70年代仍然将送货看成"无法回避、令人讨厌、费力低效的活动,甚至有碍企业的发展",这种看法很好地反映了当时的现实。

配送和其他新生事物一样,是伴随着生产的不断发展而发展起来的。回顾历史,可以看到,配送的发展大体上经历了三个阶段,即萌芽阶段、发育阶段和成熟阶段。

(一)配送的萌芽阶段

配送的雏形最早展现于20世纪60年代初期。在这个时期,物流运输中的一般性送货开始向备货、送货一体化方向转化。从形态上看,初期的配送只是一种粗放型、单一性的活动,其活动范围很小,规模也不大。在这个阶段,生产企业开展配送活动的主要目的是为了促进产品销售和提高其市场占有率。因此,在发展初期,配送主要是以促销手段的职能来发挥其作用的。

(二)配送的发育阶段

20世纪60年代中期,随着经济发展速度的逐步加快、货物运输量的急剧增加和货物市场竞争的日趋激烈,配送在一些发达国家得到了进一步的发展。在这个时期,欧美一些国家的实业界相继调整了仓库结构,组建或设立了配送组织(配送中心),普遍开展了货物配装、配载及送货上门活动。在这期间,不但配送的货物种类日渐增多,而且配送活动的范围也在不断扩大。例如,在美国已经开展了洲际间的配送,在日本配送的范围则由城市扩大到了区域。从配送形式和配送组织上看,这个时期曾试行了"共同配送",并且建立起了配送体系。

(三)配送的成熟阶段

20世纪80年代以后,受多种因素影响,配送有了长足的发展。在这个阶段,配送已演化成了广泛的、以高新技术为支撑手段的系列化、多功能性的供货活动。具体表现如下:

1.配送区域进一步扩大

近几年,实施配送制的国家已不再限于发达国家,许多次发达国家和发展中国家也按照流通社会化的要求试行了配送制,并且积极开展配送活动。

2.劳动手段日益先进

技术不断更新、劳动手段日益先进是成熟阶段配送活动的一个重要特征。进入80年代以后,发达国家在开展配送活动的过程中,普遍采用了诸如自动分拣、光电识别、条形码等先进技术,并且建立起了配套的体系和配备了先进的设备,从而大大提高了配送作业效率。

3.配送的集约化程度明显提高

随着市场竞争的日趋激烈及企业兼并速度的明显加快,配送企业的数量在逐步减少,但是,其总体实力和经营规模却与日俱增,配送的集约化程度不断提高。据有关资料介绍,1986年,美国GPR公司共有送货点3.5万个;1988年,经过合并后,送货点减少到了0.18万个,减少幅度为94.85%。日本资生堂配送系统每天可完成管区内4200个商店的货物配送任务,其配送能力已经达到了相当高的水平。

4.配送形式的日趋多样化

进入80年代以后,由于经济发展的外部环境发生了变化,所以配送规模和配送活动的范围明显扩大,而且配送作业形式也逐渐多了起来。在配送实践过程中,除了存在着独立配送、直达配送等一般性配送形式,人们又推出了许多新的配送形式,如"共同配送"、"即时配送"、"交货代理配送"等。

三、发达国家物流配送的发展

配送业务在发达国家和发展中国家的开展状况可谓大相径庭,它最早产生于发达的资本主义国家,随着经济发展速度的逐步加快而得到进一步发展。而在发展中国家,"配送"这一概念形成较晚,一直处于一种封闭的状态。直到90年代后期,随着国际交往的日益增加和经济全球化趋势的不断加强,这种先进的物流形式才逐步在其他发展中国家和地区推行起来,并有了较大规模的发展。

(一)发达国家物流配送的发展现状

在发达国家,配送已经成为了制造商和经营商普遍接受和采用的物流形式,而且还在迅猛发展,主要表现在以下几个方面:

1. 配送的规模日趋扩大

随着经济的迅速发展和产品产量及消费量的急剧增长,在发达国家,配送的规模及其范围也在同步扩大。据统计,在许多产品(包括服装、食品、家电等)的供货总量中,通过配送形式到达经营者或客户手中的比例高达50%～90%。与此同时,配送的品种也在不断增加,采用配送形式向客户供货的产品不仅包括一些轻工产品(如药品、服装、食品等),而且包括一些原材料。从配送的活动范围来看,随着道路交通等基础设施的不断改善和日趋完善,一些发达国家的配送服务已经延伸到了省际和国际。比如,荷兰的"国际物流中心"就利用其庞大的配送网络和先进的物流技术、物流设备,能够在很短的时间内将货物运送到欧盟成员的客户手中,从而使得配送活动超越了城市和地区的界限。

发达国家配送规模日益扩大的另一个重要标志是配送中心的数量明显增多。据统计,到1999年,日本在各大城市建立的配送中心已近30个,仅在东京就有5个配送中心。美国的配送中心的数量达数万家,仅公用型配送中心就有250家。

2. 配送技术和设备更加先进

由于发达国家物流设备的更新周期比较短,所以,其配送技术和设备非常先进。目前,在发达国家配送业务中,主要采用的新技术有条形码标识技术、自动存货和补货技术、自动分拣技术等,其设备的选用也尽可能考虑到建设自动仓库的要求,具有蓄电池叉车,机械化或半自动化设备,高架仓库增加堆垛高度,扩大发货站台等。同时,发达国家的很多配送中心建立了自动化的配送系统,包括由计算机控制的自动处理系统和数控分拣系统等,这大大提高了配送的效率。

3. 配送服务质量明显提高

按照配送的基本要求,配送服务或业务必须做到准时、准确和快速,不能出差错。具体来讲,要做到拣选、配货准确无误;发货不出现错装;发货时间不能超过规定的期限;发送的目的地准确无误;运输货物要保持货物的完整性,不得污损货物。

在竞争激烈的配送市场中,配送企业必须向客户提供高质量、高水平的服务才能立足。因此,发达国家的一些配送中心都把提高配送服务质量视为发展配送业务的重要手段,并有一套严格的规章制度确保配送作业准确有序地进行,从而真正体现了优质服务。一套严格的规章制度使配送中心的各个环节作业严格按规定时间完成,并能留下详细的作业记录。它们不仅仅出色地完成配送的基本任务,使配送货物的准确率、准时率经常保持在100%的水平。

同时,更加重视提供更好、更全面的服务。

延伸阅读

美国物流配送活动的开展

货物配送的合理化、高效性是配送制的一种理想状态。美国自20世纪60年代起,开始重视对货物配送整个流程进行优化组合和高效配置,并采取了一系列措施,企业层面采取了以下一些具体做法:

(1)将老式仓库改为配送中心。
(2)引进计算机管理网络,对装卸、搬运、分拣等实行标准化操作。
(3)由连锁店共同组建配送中心,促进连锁店效益的增长。

配送中心通过购销功能,可以疏通流通渠道,协调产需矛盾;合理化的配送可以消除重复运输,提高运输工具的利用率;而集中库存可以减少仓库基建费用,压缩社会库存,减少仓储费用和资金积压;引进信息技术可以加快物流速度,提高流通效率。这种通过统一进货、统一配送的联动操作,不仅可以避免库存分散,而且能降低企业的库存水平,从而降低连锁企业的物流总成本,缩短补货时间,从而为客户提供更好的服务。实践表明,美国提高配送效率的关键技术除了对流程的改革,剩下的就是利用先进的技术。

(二)发达国家物流配送的发展经验

到20世纪80年代末,发达国家的配送业经过几十年的发展,已发展到一个较高水平。总的来说,发达国家在配送形式和手段上有以下几方面的经验可供借鉴:

1.配送组织共同化

配送初期,是以单独配送企业为主体的配送。为满足客户配送要求,出现了配送车辆利用率低,不同配送企业间货物交叉运输、迂回运输、交通紧张等许多方面的不合理现象。通过一定的发展,出现了联合配送。配送企业互通信息、共同计划,大大提高了配送车辆的利用率和配送企业的效率。例如,日本于20世纪60年代开始的"共同配送",是在各个企业单独配送效率低而且难以解决的情况下才被采用的,如果在某企业单独就能建立合理化配送系统,就没有必要考虑共同配送了。但近来的发展已上升到从大范围内考虑合理化,并致力于推行整个城市、所有企业的共同配送。

2.配送计划化

初期配送,强调即时较多,即完全按照客户要求办事,而不是按客户的合理要求办事。也就是说,配送企业并不是站在本企业经济的角度来配送,而是制定科学合理的计划;不是完全按客户要求进行配送,而是高水平计划配送的一大进展。计划配送有效地促进了配送合理化,这不仅降低了配送成本,而且提高了企业的配送效益,同时也适时地满足了客户的需求,减少了客户配送费用支出,深受客户的欢迎。

3. 配送区域化、网络化

随着交通运输条件的改善，一些发达国家的配送服务已突破了一个城市的范围，延伸到了省际和国际。美国已开展了洲际配送系统，如可口可乐公司、沃尔玛公司在全世界范围内建立起了自己的物流配送体系。日本不少配送中心的业务是在全国范围或在很大区域范围内进行的。如日本东京的三味株式会社的全国性配送系统、日本 Asia 配送系统、日本资生堂配送系统等都是全国性的配送系统。

4. 配送形式多样化

由于流通过程、流通对象及流通手段复杂，所以在各自领域出现了多种多样的、经过优化了的配送形式。如在日本出现 30 千克以下货物的"宅急送"、"宅配便"式配送，小批量快速系统，准时供应系统，分销配送等多种形式。一些国家还兴起了"转承包配送"形式，这种配送形式是指配送中心接到订单以后，将销售和配送货物的任务转交给其他专业公司去完成。这种形式在欧洲尤为盛行。对英国制造业的一项调查结果表明，在其用于开展配送业务的 680 亿英镑的货物中，至少有 1/3 是与企业以外的配送承包人合作完成的。一些大型的配送中心采用这种配送形式的主要原因在于：利用"转承包"可以发挥承包企业专业化程度高的优势，更好地完成供货任务；可以减轻本配送中心的资金压力和经营风险；可以提高大型配送中心的应变能力，为客户提供更好的服务。

5. 配送运输专业化

在欧美和日本，不仅运输的社会化程度相当高，而且大量的集装箱车和专用车辆投入运营，这种专业化运输提高了物流质量。日本的企业一般不配备自营汽车，认为外雇的更经济便利。配送中心定期与运输公司签订合同，这样运输企业就可以根据物流量变化灵活调度车辆，最大限度地满足需求。

6. 配送技术装备现代化

配送技术装备作为支撑配送的生产力要素，是迅速发展的领域。由于发达国家物流设备的更新周期较短，所以，配送技术和设备非常先进。到 20 世纪 80 年代，发达国家配送已普遍采用了计算机系统、自动搬运系统、自动存储系统、自动分拣系统、光电识别系统、条形码技术、专用搬运车等新技术，这就使得有些领域的工效提高了 5~10 倍。全自动化技术如机器人、无人搬运车等迅速被采用，大大提高了配送的效率。

有一篇名为《日本制造业行业配送系统变革》的文章认为，配送领域技术条件的核心就是信息系统和建立在该系统上的分拣系统，这句话反映了配送发展的核心条件是信息技术与自动化机械技术的应用。

7. 配送服务信息化

随着计算机的发展，物流企业都在开发和采用信息管理系统。配送中心不仅要与生产厂商和客户联系，了解厂商、客户的需求信息，并沟通厂商、客户双方，还要与运输企业和内部各部门联系，以了解各项配送活动的进程，这都需要信息系统提供支持。随着配送规模的扩大和计算机的微型化，计算机管理配送取得很大进展，这个进展突出表现在以下三个方面：

(1)信息传递与处理,如建立 EDI(电子数据交换)、GPS(全球定位系统)、GIS(地理信息系统)、ITS 系统(智能交通系统)。

(2)计算机辅助决策,如辅助进货决策、辅助配货决策、辅助选址决策等。美国 IBM 公司率先建立了用于配送车辆计划和配送路线选择的计算机软件系统。目前,各企业广泛应用的有 EOS(电子订货系统)、POS(销售时点系统)、ERP(企业资源计划系统)等。

(3)计算机与其他自动化装置的操作与控制,如无人搬运车、分拨配送中心的自动分拣系统等。

四、我国物流配送的发展

(一)我国物流配送的发展现状

经过多年的发展,我国的物流配送已经形成了一定的规模。目前,全国货物系统年配送货物额已达 200 多亿元人民币,配送地区遍及全国各个城市。虽然我国物流配送得到了长足的发展,但主要业务仍停留在传统的储运领域,物流配送企业主要是一些原来的国有大型仓储运输企业和中外合资企业,如中国储运总公司、中外运公司、大通、敦豪、天地快运、EMS 等。已在深、沪股市上市的有 26 家物流企业,募集资金总额约 55 亿元,涵盖了港口、仓储、管道运输、水运、铁路、汽车运输等主要传统物流业务领域。总体来讲,这些企业条块分隔严重,整体经营形势不乐观。"入世"意味着中国与国际全面接轨,中国将逐步放开分销服务,包括佣金代理、批发、零售、特许经营等领域,这些都必须依靠现代物流体系的支持。同时,也为物流业发展创造了机遇。在此前提下,一些国际著名的专门从事第三方物流的企业和快递业巨头(如 TPG、UPS、DHL、FedEx、德国邮政等)对中国的物流市场早已虎视眈眈,它们或结成联盟,或并购股权组成专业化的物流企业,作为专业化的"第三方物流"供应商进入物流领域,为客户提供涉及全国配送、国际物流服务、多式联运和邮件快递等服务。

近年来,由于电子商务的迅速发展,所以不少机制灵活、经营规范的第三方物流企业纷纷崛起。目前,初具规模、知名度较高的连锁企业有上海华联超市公司等,其配送中心已初步建立了较完整的体系,并正发挥着积极的作用。一些连锁企业配送货物比例甚至已经超过企业经营品种的 50%。在社会化物流配送方面,一些国有商业批发企业和大型零售企业正在积极地探索和尝试开展社会化物流配送服务,有的企业已经开始建立自己的配送中心,如上海一百集团、大连大商集团等。外资在物流配送服务领域的发展也十分迅速,如中国储运总公司与日本岗谷钢机株式会社合资组建了天津岗谷物流公司,这是集配送、加工、仓储、寄售、租赁、修理、展销和技术咨询为一体的新型物流组织。像这样的合资物流公司,在北京、天津、上海等地已有 10 家之多。它们主要是为在中国投资的跨国公司提供物流配送服务,并成为跨国公司角逐中国市场的有力竞争武器。此外,这些物流配送中心也开始向社会方向发展,为社会商业提供配送服务,现已产生了良好的经济效益。由此可以看出,我国物流业近期的发展主要集中在传统储运企业的转型、配送中心的建设、连锁经营的发展及引进外资上。

(二)我国物流配送存在的主要问题

配送在我国的蓬勃发展,不仅促进了商业业态的转变和发展,而且推进了流通科技的进步。虽然我国的物流现代化步伐正在不断加快,但与发达国家相比,仍然存在着较大的差距,其存在的问题主要表现在以下几方面:

1. 观念落后

许多企业缺乏现代物流与配送的观念,如对配送的功能和作用的认识尚不全面,对于配送中心这一现代流通形式在功能、设施设备及管理、技术等方面的科技含量也认识不足,这在一定程度上影响着配送活动在全社会的发展。许多配送中心经营者依然受传统的"购销调存"流通观念的束缚,认为配送中心就是"大采购、小批发",就是"送货上门",从而忽视了对现代先进技术与管理的投入,而热衷于大型固定资产的投入。对物流配送中心的建设也缺乏规划和管理,配送中心发展建设基本上是企业行为,在不同程度上存在着"小而全"的资产重置,存在着区域配送中心布局的相互重复和冲突。这不仅是一种社会资源的浪费,还会给我国流通新格局的形成带来一定的困难。另外,以客户为中心的思想还没有建立。因此,配送企业还不能为客户提供系列化、全过程的物流服务。

2. 人才短缺

从国外物流和配送的发展过程看,配送企业要求物流和配送方面的从业人员应当具有一定的物流知识水平和实践经验。因此,国外物流和配送的教育和培训非常发达,形成了比较合理的物流和配送人才的教育培训系统。在相当多的大学或学院中,设置了物流管理专业,并广泛地为工商管理各专业的学生开设物流课程,在部分商业院校设置了物流方向的研究生课程和学位教育,形成了一定规模的研究生教育系统,在物流行业协会的领导和倡导下,全面开展了物流和配送的职业教育。值得注意的是,国外的物流企业要求物流从业人员必须接受职业教育,获得从业资格后才能从事物流和配送方面的工作。相比较而言,我国在物流和配送方面的教育还非常落后,虽然开设物流专业和课程的高等院校不少,占全国全部高等院校的比例逐年提高,但总规模依然较小,研究生层次教育发展时间较短,博士生方面的教育也刚刚起步,职业教育则更加贫乏。据北京一家专门为外国企业服务的猎头公司介绍,一些外国公司或其所属合资企业对物流经理的需求近年来开始增加,北京人才市场上基本符合企业要求的物流经理人选还非常少。

3. 制度不完善

物流与配送发展所需的制度环境是企业开展正常经营活动的制度保证,主要是指融资制度、产权转让制度、人才使用制度、市场准入或退出制度、社会保障制度等。目前,这些制度方面的改革还远远不能适应企业经营的需要,也不能适应市场经济体制改革的要求。企业在提高自身物流效率时,必然要涉及各种物流资源在企业内部和企业与市场之间的重新配置。而由于上述制度改革尚未到位,企业根据经济合理原则对物流资源的再配置就会受到阻碍。进一步深化制度改革是当前中国改革与发展面临的最紧迫的任务,也是物流和配送发展的必要条件。

4. 现代化程度低

目前,我国物流设施虽然数量多,但总体水平不高,在物流领域新技术、新设备应用也相对较少,绝大多数企业物流方面的技术装备水平还很低。国外连锁商业配送中心普遍采用了机械化和自动化作业,而我国许多连锁企业物流缺乏规范,各种编码缺乏标准,配送中心内部基本上是手工辅以叉车和托盘作业,装卸单元化程度低,托盘的利用仅限于企业内部,作业过程中少有电子扫描装置,配送中心内部的数据采集、配送中心与外部的接口系统如EOS(电子订货系统)、EOL(网上交易平台)、EFT(电子资金转账)等在大多数企业还没有建立起来。配送中心计算机的应用也仅限于配送中心业务、事务管理。对半程序化问题的决策,如货物组配、运输车辆的送货路径规划、多因素的最优库存控制、多配送中心选址决策、配送中心物流成本控制、单品的物流成本控制等核心的决策支持系统还没有建立起来,从而使连锁企业配送系统不完整,反过来又使配送功能低下,尤其在连锁商业的配送中心,管理软件多为自行开发,且偏重于商流业务系统,从而形成了"对内不对外"的怪圈。

5. 经济效益不高

"经济效益"是个综合的概念,我国配送业的经济效益不高,主要体现为以下三个方面:

(1)配送率低。据有关学者对国内16家比较成功的连锁企业调查,少数企业的统一配送率在50%左右,较好的在80%~90%,多数仅在60%~70%。这与国外连锁企业货物80%~90%的配送率相比,我国的差距还是比较大的。加之目前城市交通拥挤,货物、容器及有关的运输、搬运、储藏等设备缺乏统一的标准化,制造业对条码应用的认识滞后等,这都严重阻碍了物流配送率的提高。

(2)配送规模小。目前,我国连锁企业的规模一般较小,不能形成规模经营,成本压不下来,在价格上的优势也就体现不出来,这样就严重影响了配送中心优势的发挥。尤其是现行体制已经成为物流产业与零售业双方发展的壁垒,使物流企业的服务对象——零售店的发展跨地区难、跨所有制难,反过来制约了物流业的合理化、集约化经营。

(3)配送效率低。连锁企业设立配送中心的目的就是要通过提高服务水平、降低整个连锁企业的物流总成本,实现销售利润的最大化。可采用的做法有实施共同配送和及时配送、从供应链与需求链角度组织物流配送等,然而目前还没有一家连锁企业在这些方面形成系统的方案。

◇ 本章小结

配送是物流中一种特殊的、综合的活动形式,是商流与物流的紧密结合。与其他物流活动相比,配送具有自身的特点。配送的基本要素包括货物、客户、配送设施设备、配送人员、路线、地点、时间。配送对优化经济结构、节约社会劳动及充分发挥物流功能起到了巨大的作用,同时它还具有很多延伸功能。配送管理,是指运用现代管理方法对配送活动进行的计划、组织、协调与控制,以达到客户所满意的服务水平及降低配送成本的目的。配送管理的困难有:时间管理上的困难、客户管理上的困难、作业计划制定上的困难、配送过程中作业管理上的困难等。配送管理的主要目标就是在保证服务质量的前提下,最大限度地降低配送成本。配送是在变革和发展仓库业和运输业的基础上形成起来的,经历了三个发展阶段,即萌芽阶段、发育阶段和成熟阶段。就发展现状而言,中国物流配送业和发达国家还有较大的差距。

案例分析

日本物流配送业的经验与启示

现代化物流配送系统是社会化大生产和国民经济发展的客观要求,它的发展状况对经济发展、货物流通和大众消费起着重要的促进或抑制作用。

日本物流配送社会化、系统化、网络化的程度比较高。生产企业、货物流通企业不是都自设仓库等流通措施,而是将配送业务交给专业配送企业去做,以达到减少非生产性投资、降低成本的目的。如日本岗山市的一些生产企业就把生产需要的原材料和产成品放在专业物流企业的仓库里,交由他们去保管和运送,自己不设仓库。日本菱食公司的配送中心面向1.2万个连锁店、中小型超市和便利店配送食品,这些连锁店、中小型超市和便利店自己不设配送中心,全部交由菱食公司的配送中心实行社会化配送、统一采购,而且供货一般都是通过当地的物流配送或代理商按需要配送,各大型超市只有很小的周转率,仅保持两三天的销售货物库存。许多物流配送企业的运输车辆等也是向社会租用的,同样是出于减少投资、降低成本的考虑。

日本的大型物流企业比较注重网络的发展,在日本物流配送行业排名第5的日本物流株式会社,在日本国内设有124个网点,在国外15个国家设有62个网点。由于拥有比较完善的物流配送网络,所以在发展和承揽业务、满足客户需要、降低配送成本等方面具有较大优势。

日本的物流配送企业还十分重视不断提高配送服务质量,降低配送成本,增强在市场的竞争力,注意研究探索物流配送的新技术、新方法,如引进美国等国家的物流新技术和先进方法。同时,日本的流通企业比较注重货物流通中对货物的加工等增值服务,按照客户的要求对货物进行分拣、包装、拼装,从而使生产企业或进口的货物更能适合本国客户的要求。这些流通领域的中间加工作业一般都是在物流配送过程中、在物流企业的仓库里进行的。此外,日本物流配送企业都通过降低人工成本来提高劳动效率。

重视现代物流业的发展,实行统筹规划。日本是一个国土面积较小的国家。国内资源和市场有限,货物进出口量大,各级政府对货物物流发展都很重视。在大中城市、港口、主要公路枢纽都对物流设施用地进行了规划,形成了大大小小比较集中的物流区域,集中了多个物流企业,如日本横滨港货物中心就集中了42家配送企业。这样便于对物流区域的发展进行统一规划、合理布局,有利于配送业的发展。

由此可见,发展配送产业、建立高效的物流配送系统对经济发展具有重要的意义。物流活动形成物流系统,物流配送活动形成物流配送系统。对物流配送系统的操作是一个系统工程。"系统"和"系统工程"的概念是物流学最基本的概念,只有系统化才能科学化。要让物流配送形成一门科学就必须把它建立在系统基础之上。

问题讨论：

1. 谈谈日本物流配送业发展的特点。
2. 你认为日本物流配送业的发展对我国有何启示？

◇ 复习思考题

1. 怎样理解配送的内涵？
2. 简述配送的作用。
3. 简述配送管理的内涵。
4. 简述配送管理的目标。
5. 配送管理的困难有哪些？如何才能有效地解决这些难题？

◇ 实训题

某市商务局为了不断完善配送业发展规划，探索配送业合理布局以获得明显的社会效益和经济效益，决定开展市区配送业现状调查。特委托某专业物流咨询公司，请他们进行本地区配送业现状调查，并提供调查报告。请以该咨询公司名义完成此任务。

第二章 配送的类型与模式

学习目标

通过本章学习,学生要理解配送的各种类型,理解自营配送模式的内涵,理解企业的分销配送与企业内部的供应配送,理解共同配送的内涵,掌握共同配送的具体形式和实施,了解共同配送易出现的管理问题,理解第三方配送的内涵,掌握第三方物流配送的运作。

开篇案例

唯品会增加自建仓储　物流配送短期仍依赖第三方

4万平方米的佛山南海普洛斯物流园是电商企业唯品会目前最大的仓储中心。"2011年年底,佛山的扩仓应该可以交付使用了,到时候可以解决现在华南爆仓的问题。"唯品会副总裁唐倚智对《第一财经日报》说,从全球电商企业发展经验看,量级达到一定程度时必须考虑自建仓库。

2011年9月,唯品会昆山淀山湖物流园正式运营,库容达2.4万多平方米,主要面向华东地区。4个月后,其成都西南物流中心、北京华北物流园也投入使用。这意味着,唯品会可以覆盖本土四大区域,客户2天内就可收货物,而过去需要5~7天。年内,其武汉、沈阳两大仓库也将建成。

唐倚智认为,自建仓储、缩短物流半径是提升电商企业"服务链"竞争力的最重要的一环,并要将其提到"战略"高度去部署,不应外包。在拿到红杉和DCM两轮合计7000万美元融资后,唯品会便开始实施全国分仓战略,并对仓储系统进行改造。

根据唯品会上市披露的信息,2011年,全年仓储物流费用占营业额的19.9%,前三季度的仓储物流费用均超过20%。

比起外包或者和第三方合作,虽然自建仓库需要投入更大的资金,但在唯品会负责人看来,自建仓库尤为重要。

"选择自建模式比较科学,其一,目前市场上的资源较为紧缺,马上找到现成、合适的地点显得不现实;其二,现成的仓库不一定适合电商企业进行自动化建设,需要经过改造,改造的成本和时间需要考虑在内。"唐倚智表示,从长远物流仓库投资回报时间来看,物流物业成本的回本期在8年左右,自建并不一定是"亏本的买卖"。

他认为,分仓可以减少时间与货物包装承受的耗损,省去了快递公司在中转仓库一个来回的"卸+分+装"的工作量;对于快递量少且偏远的地区等待拼车的环节,"落地配送"公司与电商的捆绑战略合作上也会得以加深,这样服务就有保障。

但是,在唯品会中,90%以上的单子仍然是走第三方物流配送,自建物流配送似乎在短期内难以全面实现。

在上海等订单相对集中的城市,唯品会也有自己的物流配送队伍,但是对于相对分散的订单现状,找优质的配送企业合作似乎是目前唯一的解决办法。

"唯品会满288元就全场免运费,这意味着不论是在新疆还是西藏,哪怕只买了几件衣服,我们也需要进行配送。"唐倚智坦言,过去由于规模小、缺乏议价能力,所以唯品会中80%的货物走的都是EMS。在这种情况下,如果运送地是偏远山区,配送就是一个绝对赔本的事情,有时候运费就占了100多元。

唐倚智表示,现在EMS在唯品会的占比已经降至10%左右,货物配送使用的大多数是COD落地配送。COD落地的价格低,至少减少了2/3的成本。但优化配送服务区域依然是下一步物流工作的重点。

(资料来源:《第一财经日报》)

阅读以上案例,请比较分析电子商务企业自营配送体系和第三方配送体系的优缺点。

第一节 配送的类型

在长期的实践中,配送以不同的运作特点和形式满足不同客户的要求,从而形成了不同的配送类型。这些配送类型是根据不同的标准来划分的。

一、按配送主体不同分类

(一)配送中心配送

这种配送的组织者是专职从事配送业务的配送中心。这种配送中心专业性强、与客户有固定的配送关系,一般实行计划配送。需配送的货物通常有一定的库存量,一般情况下很少超越自己的经营范围。这种配送中心的设施及工艺流程是根据配送需要专门设计的,所以配送能力强、配送品种多、配送数量大,可以承担主要货物的配送及实行补充性配送等,这是配送的主要形式。

配送中心的配送覆盖面广,而且是一种大规模的配送形式,必须有配套的大规模实施配送的设施,如配送中心建筑、车辆、路线等。这些设施一旦建成就很难改变,灵活机动性较差,投资较高。因此,这种配送形式有一定的局限性。

(二)商店配送

这种配送的组织者是商业或货物的门市网点,这些网点主要承担货物的零售,规模不大,但经营品种比较齐全。除日常经营的零售业务,这种配送形式还可以根据客户的要求将货物经营的品种配齐或代客户外订、外购一部分本商店不经营的货物,从而与商店经营的品种一起配齐运送给客户。

这种配送的组织者实力有限,往往只是零售货物的小量配送,所配售的货物种类繁多。但是,客户的需求量并不大,甚至某些货物只是偶尔需要,很难与配送中心建立计划配送关系,所以常常利用小零售网点从事此项工作。

由于商业及货物零售网点数量较多、配送半径较小,所以比较灵活机动,可承担生产企业非主要生产货物的配送以及对客户个人的配送。可以说,这种配送是配送中心配送的辅助及补充形式。商店配送有两种主要形式:

1. 兼营配送

进行一般销售的同时,商店也兼行配送的职能。商店的备货可用于日常销售及配送,因此,有较强的机动性,可以使日常销售与配送相结合,并作为相互补充的形式。在铺面一定的情况下,这种配送形式往往可以取得更多的销售额。

2. 专营配送

商店不进行零售销售,而是专门进行配送的。一般情况下,如果商店位置条件不好,不适合门市销售,而又具有某些方面的经营优势以及渠道优势,则可采用这种形式。

(三)仓库配送

仓库配送是以一般仓库为节点来进行配送的。它可以把仓库完全改造成配送中心,也可以在保持仓库原功能的前提下,再增加一部分配送职能。由于其并不是按配送中心专门设计和建立的,所以,仓库配送的规模较小,配送的专业化程度较低。但是,由于可以利用原仓库的储存设施及能力、收发货物地、交通运输路线等,所以既是开展中等规模的配送可以选择的类型,同时也是较为容易利用现有条件而不需大量投资的类型。

(四)生产企业配送

这种配送的组织者是生产企业,尤其是进行多品种生产的生产企业。这些企业可以直接从本企业开始进行配送,而不需要再将产品发送到配送中心进行中心配送。

由于避免了一次物流中转,所以生产企业配送具有一定的优势,但是由于生产企业,尤其是现代生产企业,往往进行大批量低成本生产,品种较为单一,所以无法像配送中心那样依靠产品凑整运输取得优势。实际上,生产企业配送不是配送的主体,它只是在地方性较强的产品生产企业中应用较多。比如,就地生产、就地消费的食品、饮料、百货等。此外,在生产资料方面,某些不适于中转的化工产品及地方建材也常常采用这种类型。

二、按配送的时间及数量不同分类

(一)定时配送

定时配送,是指按规定的时间间隔进行配送,比如,数天或数小时配送一次等。每次配送的品种及数量可以根据计划实行,也可以在配送之前以商定的联络形式(比如电话、计算机终端输入等)通知配送的品种及数量。

这种配送形式时间固定、易于安排工作计划、易于计划使用车辆,对于客户来讲,也易于安排接货的力量(如人员、设备等)。但是,由于配送货物种类变化多,配货、装货难度较大,所以,如果要求配送数量变化较大,就会使安排配送运力出现困难。

(二)定量配送

定量配送,是指按照规定的批量,在一个指定的时间范围内进行配送。这种配送形式配送货物量固定、备货工作较为简单,可以根据托盘、集装箱及车辆的装载能力规定配送的定量,能够有效地利用托盘、集装箱等集装形式,也可以做到整车配送,配送效率较高。由于时间不严格限定,所以可以将不同客户所需的货物凑成整车后配送,运力利用率高。对于客户,每次接货都处理同等数量的货物,有利于人力、物力的准备工作的开展。

(三)定时定量配送

定时定量配送,是指按照规定的时间和规定的货物品种及数量进行配送。它结合了定时配送和定量配送的特点,对配送企业的服务要求比较严格,管理和作业难度较大。由于其配送的计划性强、准确性高,所以,相对来说比较适合生产和销售稳定、产品批量较大的生产制造型企业或大型连锁商场的部分货物配送。

(四)定时定路线配送

定时定路线配送是通过对客户分布状况的分析,设计出合理的运输配送路线,根据运输路线到达站点的时刻表研究规定的运行路线进行配送。这种配送形式一般由客户事先提出货物需求计划,然后按规定的时间在确定的站点接收货物,易于有计划地安排运送和接货工作,比较适用于客户集中的地区。

(五)即时配送

即时配送是根据客户提出的时间要求和货物品种、数量要求,及时地将货物送达指定的地点。即时配送可以满足客户的临时性急需,对配送速度及时间要求严格。因此,通常只有配送设施完备、具有较高管理和服务水平及作业组织能力和应变能力的专业化配送企业才能较广泛地开展即时配送业务。完善和稳定的即时配送服务可以真正实现"准时制"生产和经营。

三、按配送货物的种类及数量不同分类

(一)少品种大批量配送

当客户所需要的货物品种较少或对某个品种的货物需要量较大、较稳定时,可以采用此

种配送形式。采用这种配送形式的原因往往是货物数量大、不必与其他货物配装。这种形式多由生产企业或者专业性很强的配送中心直接送达客户,由于配送量大,货物品种较少,从而可以提高车辆利用率,同时,也使配送组织内部的工作简化,所以配送成本较低。

（二）多品种少批量配送

在现代企业生产过程中,除了需要少数几种主要货物,大部分属于次要货物。次要货物品种数量多,但是每一品种的需求量不大,如果采取直接运送或大批量的配送形式,一次进货批量大,则必然造成客户库存增大等问题。类似的情况在向零售店补充一般生活消费品的配送中心里也存在。这些情况适合采用多品种、少批量的配送形式。

多品种、少批量配送是根据客户的要求,将所需要的各种货物（每种货物的需求量不大）配备齐全、凑整装车后由配送节点送达客户。这种配送作业水平要求高,配送中心设备要求复杂,配送送货计划难度大。所以,需要较高水平的组织工作做保证和配合。而且在实际中,多品种、少批量配送往往伴随多客户、多批次的特点,配送频率一般较高。

配送的特殊作用主要反映在多品种、少批量的配送中。因此,多品种、少批量配送的技术含量较高,是一种高水平的配送形式。另外,这种形式也与现代社会中的"消费多样化"、"需求多样化"等新观念相符合。因此,这是许多发达国家推崇的形式。

（三）配套（成套）配送

这种配送形式是为了满足生产企业的需要,依照企业生产的进度将装配的各种零配件、部件、成套设备定时送达企业,生产企业随即可将这些成套的零部件送上生产线进行组装,并生产出产品。在这种装配形式中,配送企业完成了生产企业大部分供应工作,从而使生产企业专门致力于生产,这与多品种、少批量、多批次配送形式效果相同。

四、按加工程度不同分类

（一）加工配送

加工配送是与流通加工相结合的配送形式,也就是在配送节点中设置流通加工功能,或者流通加工与配送节点组成一体化的配送形式。流通加工与配送相结合,可以使流通加工更具有针对性和增值性。

（二）集疏配送

集疏配送是一种只改变产品数量的组织形式,而不改变产品本身的物理、化学性质,并与干线运输相结合的配送形式。集疏配送多表现为大批量进货后,小批量多批次发货,或零星集货后形成一定批量后再送货等。

五、按配送企业专业化程度不同分类

(一)综合配送

综合配送,是指配送货物种类较多,在一个配送网点中组织不同专业领域的产品向客户配送。由于其综合性较强,所以被称为"综合配送"。综合配送可以减少客户组织所需全部货物的进货负担,它们只需要和少数配送企业联系便可以解决多种需求的配送。

综合配送的局限性在于,由于产品性能、形状差别很大,在组织时技术难度较大,所以,一般只是在性状相同或相近的不同类产品方面实行综合配送,而对于差别过大的产品则难以实现综合化。

(二)专业配送

专业配送,是指按照产品的性状不同,适当划分专业领域的配送形式。专业配送并非越细分越好,实际上在同一性状而类别不同的产品方面也是有一定综合性的。专业配送的重要优势是可以根据专业的共同要求来优化配送设施,优选配送机械及配送车辆,制定适应性强的配送工艺流程等,从而大大提高配送各环节工作的效率。

六、按经营形式不同分类

(一)销售配送

销售配送,是指配送企业是销售型配送企业,或者是指销售企业作为销售战略的一个环节所进行的促销型配送。一般来讲,这种配送的配送对象和客户往往是根据对市场的占有情况而定的,因而具有很大的不固定性,其配送的经营状况也取决于市场状况。因此,这种配送随机性较强,而计划性较差。各种类型的商店配送一般多属于销售配送。

用配送形式进行销售是扩大销售数量、扩大市场占有率、获取更多销售收益的重要形式。由于是在送货服务前提下进行的活动,所以也受到客户的欢迎。

(二)供给配送

供给配送,是指客户为了供应需要所采取的配送形式。在这种配送形式下,一般来讲是由客户或者客户集团组建配送节点,集中组织大批量进货(以便取得批量折扣),然后向本企业配送或向本企业集团若干企业配送。在大型企业或企业集团或联合公司中,常常采用这种配送形式组织对本企业的供应。例如,商业中广泛采用的连锁商店就经常采用这种配送形式。用配送形式进行供应,在保证供应水平、提高供应能力、降低供应成本方面有着重要意义。

(三)销售—供应一体化配送

销售—供应一体化配送,是指对于基本固定的客户和基本确定的配送产品,配送企业可以在实现向客户销售货物的同时承担客户有计划供应者的职能,既是销售者同时又成为客户的供应代理人,并起到客户代理人的作用。

对于某些客户,这种形式可以不再需要自己的供应机构而委托销售代理供应货物。对销售者,这种配送形式能够获得稳定的客户和销售渠道,有利于扩大销售数量,有利于本身的稳定持续发展。对于客户,能够获得稳定的供应,而且可以大大节约为组织供应所耗用的人力、物力和财力。我们知道,销售者能有效控制供货渠道,这是任何客户的供应机构难以做到的。因而,委托销售者代理对供应的保证程度可以大大提高。销售——供应一体化配送是配送经营中的重要形式,这种形式有利于形成稳定的供需关系,有利于采取先进的计划手段和技术手段,也有利于保持流通渠道的畅通稳定。

(四)代存代供配送

代存代供配送,是指客户将属于自己的货物交给配送企业保存、供应,有时还委托其代为订购,然后组织对本身的配送。这种配送在实施时不发生货物所有权的转移,配送企业只是客户的代理人。货物所有权在配送前后都属于客户所有,所发生的仅是货物物理位置的转移,配送企业仅从代存代送中获取收益,而不能获得货物销售的经营性收益。在这种配送形式下,货物所有权与经营权是分离的。

(五)代理配送

代理配送的情况与销售配送一致,只是在配送业务的开展过程中组织配送货源时不用配送企业提供货款。配送企业是受生产者委托代销货物,对配送货物不拥有所有权,不能取得货物销售的经营性收益,只能取得按销售额的一定比例获取的佣金。这种配送形式对配送企业比较有利。同时,这也是发展现代化流通的一项重要内容,应予以重视。

(六)越库配送

越库配送,是指货物不经过入库存放,而直接配送给零售店或客户的配送形式,包括任何一种避免在将货物送去零售店或客户之前将其放入仓库的配送方法。仅把货物从卸货码头运到装运码头或将其暂时放在待运区。实施越库配送需要详细的计划和各方面的配合,关键是配送人员周密指导货物何时来、何时去,以及何时被运往目的地。

配送活动中实施越库配送,可以减少多余的操作环节,缩短货物操作及储存时间,减少劳动力成本、货损和退货,最终降低存货持有成本。除了可以减少不必要的货物输送和存储工作以及所有与过量存货相关的直接成本,越库配送还为配送中心提供了进一步节约成本的潜在可能。如果需要存储的货物数量较少,那么存储并输送货物所需的空间和设备也会减少。这样,订单履行速度将会提高,货物过期的可能性就会降低。

第二节　自营配送模式

一、自营配送的内涵与形式

（一）自营配送的内涵

1. 自营配送的概念

企业自营配送是工商企业为了保证生产或销售的需要，独自出资建立自己的物流配送系统，对本企业所生产或所销售的产品或货物进行配送活动。

2. 自营配送的特点

（1）自营配送的优点。有利于企业供应、生产和销售的一体化作业；系统化程度相对较高。既可满足企业内部原材料、半成品及成品的配送需要，又可满足企业对外进行市场拓展的需求。

（2）自营配送的缺点。表现在企业为建立配送体系的投资规模将会大大增加；在企业配送规模较小时，配送的成本和费用相对较高。

（二）自营配送的形式

根据服务对象的不同，企业自营配送又可分为企业的分销配送和企业内部的供应配送两种。

二、企业的分销配送

企业的分销配送，是指自营配送企业提供的配送业务主要是为其他有配送需求的企业或客户服务的。所以，企业的分销配送又可分为企业对企业的分销配送和企业对客户的分销配送两种形式。

（一）企业对企业的分销配送

这种配送活动发生在完全独立的企业与企业主体之间，基本上属于社会开放系统的企业之间的配送供给与配送需求。配送服务的组织者或供给方是工商企业，配送服务的需求方，即服务对象，基本上有两种情况：一是生产企业，为配送服务的最终需求方；二是商业企业，即中间商，在接受配送服务之后还要对产品进行销售。

企业对企业的配送，从实施的主体来看，组织配送活动的目的是为了实施营销战略。特别是在电子商务 B2B 模式中，企业对企业的配送是国家大力推广的配送模式。其配送量大、渠道稳定、货物标准化，这是电子商务发展的切入点。

企业对企业的分销配送运行管理一般由销售部门来运作，随着社会分工的专业化，为发挥物流系统化管理的优势，企业最好成立专职的物流部门或分公司来运作。

对于需要配送的生产企业，尤其是进行多品种生产的生产企业，直接由配送企业对其进行配送，避免了商业部门之间的多次物流中转，所以有一定优势。但是，生产企业，尤其是现代生产企业，往往进行大批量低成本生产，产品品种较单一，不能像社会专业配送中心那样依靠产品凑整运输取得规模优势。所以，生产企业配送存在一定的局限性。

生产企业配送在地方性较强的产品中应用较多，如就地生产、就地消费的食品、饮料、百货等。在生产资料方面，某些不适于中转的化工货物及地方建材也采取这种形式。

（二）企业对客户的分销配送

企业对客户的分销配送主要是指商业零售企业对客户进行的配送。

由于企业对客户的分销配送是在社会化大发展的开放系统中运行，其运行难度比较大，虽然零售配销企业可以通过会员制、贵宾制等形式锁定一部分客户，但在多数情况下，客户是经常变换的群体，需求的随机性大，服务水平的要求高，配送供给与配送需求之间难以弥合，所以配送的计划性差。另外，客户需求品种多、数量小、地点分散，配送成本相对较高。这种配送形式是电子商务 B2C 模式发展的支撑与保证。

一般超市配送有两种形式：

1. 兼营配送形式

兼营配送形式，是指超市在进行一般的零星销售的同时，兼行配送的职能。兼营超市配送，其组织者是承担货物零售的商业网点或货物的门市网点，这些网点规模一般不大，但具备一定铺面条件，而且经营品种较齐全。除日常零售业务外，还可根据客户的要求将超市经营的品种配齐或代客户外订、外购一部分本商店平时不经营的货物，从而与超市经营的品种一起配齐送给客户。

尽管这种形式的配送组织者实力有限，往往只是小量、零星货物的配送，所配送的货物种类繁多，客户需求量小，有些货物只是偶尔需要，很难与配送中心建立计划配送关系。但商业及货物零售网点数量较多、配送半径较短，所以比较灵活机动，可承担生产企业非主要生产货物的配送及客户个人的配送，这种配送是配送中心配送的辅助及补充。通过日常销售与配送相结合，可取得更多的销售额。

2. 专营配送形式

专营配送形式，是指超市不进行零售销售而专门进行配送。一般情况是超市位置条件不好，不适于门市销售，而其又有某方面经营优势及渠道优势。如现在流行的"宅急便"配送形式。

三、企业内部的供应配送

企业内部的供应配送模式主要是指企业或集团为其系统内部进行的配送活动形式，它是为了保证企业或集团的生产或销售而建立的企业内部配送机制，其实质是企业集团、大资本集团、零售商集团等内部的共同配送。

由于企业内部配送大多发生在巨型企业之中，有统一的计划、指挥系统，所以，集团系统内部可以建立比较完善的配送管理信息系统,从而使企业内部对配送的需求和供应达到同步,有较强的科学性。

企业内部配送一般有两种情况:一是大型连锁商业企业内部的供应配送;二是巨型生产企业内部的供应配送。企业内部的供应配送如图 2-1 所示:

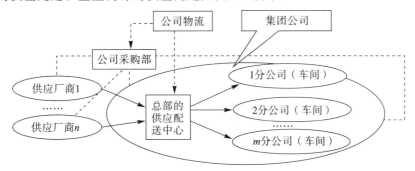

图 2-1 企业集团系统内部的供应配送

（一）大型连锁商业企业内部的供应配送

各连锁超市经营的货物、经营形式、服务水平、价格水平相同,配送的作用是支持连锁经营的平台。连锁商业企业通过统一采购、统一配送、统一营销策略、统一定价、统一核算达到分散化经营的集约规模效益。

连锁配送的主要优势是:在一个封闭的营运系统中运行,随机因素的影响比较小,计划性比较强。因此,容易实现低成本、精细高效的配送目标。

（二）巨型生产企业内部的供应配送

这是目前生产企业广泛采用的一种配送模式。企业通过独立组建配送中心,实现对内部各部门、厂、店的货物供应,从而完成配送活动。在这种配送模式中,虽然糅合了传统"自给自足"的"小农意识",形成了"大而全"、"小而全"模式,但造成了新的资源浪费。就目前来看,它在满足企业内部生产材料供应、产品外销、零售场店供货和区域外市场拓展等方面发挥了重要作用。

延伸阅读

关于配送模式的其他说法

1. 商流、物流一体化配送模式

货物的配送活动作为企业的一种商业促销手段,是与商流活动紧密联系在一起的。在国内外,许多从事配送活动的经营组织实际上就是经销各类货物的企业。从表象上看,这些经营组织也在独立地进行货物的存储、保管、分拣和运送等物流活动,但这些活动是作为企业产品销售活动的环节和内容而存在的,货物的配送实际上是作为企业的一种营销手段而存在的。

2. 商流、物流分离的配送模式

随着货物流通的发展,从事货物配送活动的一些经营组织不购销货物,而是专门为客户提供诸如货物的保管、分拣、加工、运送等系列化配送服务。这些专业配送组织的职能就是从工厂或转运站接收货物,然后代客户存储、保管货物,并按照客户的要求分拣和运送货物到指定的接货点。从组织形式上看,这些配送活动是一种商流与物流相独立的活动,也称为"代理配送"。

3. 集团配送模式

作为一种配送模式,集团配送并不是指某个企业集团内部的供应站或供应公司对所属的各个需求单位运送货物的送货形式,而是指那种以一定形式聚合专业流通企业、组成相对独立的流通企业集团,集中对大型生产企业实行定点、定时、定量供货的配送模式,以及那种以商贸集团及其所属货物加工中心为媒介,在生产企业集团之间供货、送货的运作模式。由于配送活动的行为主体是有一定规模和经济实力的企业集团,所以集团配送成为一种典型的规模经济活动。采用集团配送模式进行操作,必须具备良好的外部环境条件,还必须建立起高效率的指挥系统和信息系统。

第三节　共同配送模式

共同配送是企业追求配送合理化,在长期的发展过程中,经过不断探索优化出的一种配送形式。同时,它也是现代社会中采用较广泛、影响面较大的一种配送模式。

一、共同配送的内涵

(一)共同配送的概念

共同配送是两个或两个以上的有配送业务的企业相互合作,对多个客户共同开展配送活动的一种物流模式。

共同配送一般采取由生产、批发企业或零售、连锁企业共建一家配送中心来承担他们的配送业务,或共同参与由一家物流企业组建的配送中心来承担他们的配送业务的运作形式,以获取物流集约化规模效益,从而解决单独配送效率低下的问题。其配送业务范围可以是生产企业生产所用的物料、商业企业所经销的货物的供应,也可以是生产企业生产的产品和经销企业的货物销售。

> **延伸阅读**
>
> **共同配送产生的历史背景**
>
> 共同配送最初是由日本等发达国家根据国情实行的一种重要配送模式。
>
> 首先,这些国家实行自由竞争的市场经济,不可避免地存在多家配送企业并存的局面,

每个配送企业都要开辟自己的市场和渠道。因此,不可避免地要分别建立自己的网络和自己的设施,这样便容易出现在客户较多的地区设施不足、在客户稀少地区设施过剩、不同配送企业重复建设设施的浪费状况。处于这种国情,共同配送自然成了兴利除弊的好形式。

其次,由于近些年在发达国家出现的"消费个性化"趋势,以及强调"客户是上帝"的理念,配送采取准时送达的形式。因此,送货或客户车辆的提运货频度很高,由此引发了交通拥挤、环境噪音及车辆废气污染等一系列社会问题。采取共同配送形式,可以以共同配送使用的一辆车代替原来的几辆或几十辆车,这样有利于缓解交通拥挤、减少污染。由此看来,共同配送也是这一"国情"下的产物。

再次,发达国家的配送企业,绝大部分都是"利润中心"型企业,配送也必然是一种谋利的手段,共同配送可以通过严密的计划,提高车辆使用效率和设施使用效率,以减少成本支出,从而增加利润。

总之,许多发达国家共同配送的大面积施行绝不是偶然的,而是适合其国情的一种形式。

(二)共同配送的特点

1.共同配送的优点

(1)可以控制各个配送企业的建设规模。多个企业共建配送中心,旨在建立配送联合体,以强化配送功能为核心,分工合作、优势互补,从而为社会服务,各自的建设规模可以控制在适当的范围之内。

(2)实现设施共享,减少浪费。在市场经济条件下,每个企业都要开辟自己的市场和供应渠道。因此,不可避免地要分别建立自己的供销网络体系和自己的物流设施。这样,便容易出现在客户较多的地区设施不足,在客户稀少的地区设施过剩,造成物流设施浪费、不同配送企业重复建设物流设施的状况。实行共同配送,旨在强调联合体的共同作用,可实现物流资源的优化配置,以减少浪费。

(3)改善交通环境。由于近些年出现的"消费个性化"趋势和"客户是上帝"的观念,准时配送的物流形式应运而生。送货次数和车辆急剧增加,大量的配送车辆云集在城市商业区,导致严重的交通堵塞问题。共同配送可以使用一辆车代替原来多个配送企业的多台车辆,自然有利于缓解交通拥挤的压力,从而减少环境污染。

(4)提高效益。共同配送通过统筹规划,提高了车辆的使用效率,提高了设施利用率,从而减少成本支出,提高企业的经济效益。

2.共同配送的缺点

(1)配送货物种类繁多,分属多个主体,服务要求不一致,难以进行货物管理。当货物破损或出现污染、丢失等现象时,责任不清,容易出现纠纷,最终导致服务水平下降。

(2)共同配送的运作主体多元化,主管人员在管理协调方面存在困难。

(3)共同配送是多方合伙经营,在物流资源调度和收益分配方面容易出现问题。

(4)参与人员多而复杂,企业的商业机密容易泄露。

二、共同配送的具体形式

共同配送的目的主要是合理利用物流资源。因此,根据物流资源的利用程度,共同配送大体可分为以下几种具体形式:

(一)系统优化型的共同配送

由一个专业物流配送企业综合各家客户的要求,对各个客户统筹安排,在配送时间、数量、次数、路线等诸方面做出系统最优的安排。在客户可以接受的前提下,全面规划、合理计划地进行配送。这种形式不但能满足不同客户的基本要求,而且能有效地进行分货、配货、配载、选择运输形式、选择运输路线、安排送达数量和送达时间。这种对多家客户的配送,可充分发挥科学计划、周密计划的优势,实行起来较为复杂,但其是共同配送中水平较高的形式。系统优化型的共同配送模式如图2-2所示:

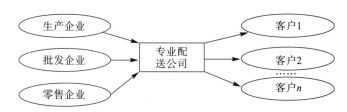

图2-2 系统优化型的共同配送

(二)车辆利用型的共同配送

1. 车辆混载运送型的共同配送

这是一种较为简单易行的共同配送形式,在送货时尽可能安排一个配送车辆,实行多货主货物的混载。这种共同配送形式的优势在于,以一辆较大型的且可满载的车辆代替了以往多货主分别送货或客户分别各自提运货物的多辆车,并且克服了多货主、多辆车都难以满载的弊病。

2. 返程车辆利用型的共同配送

为了不跑空车,物流配送部门与其他行业要合作,装载回程货或与其他公司合作进行往返运输。

3. 利用客户车辆型的共同配送

利用客户采购零部件或采办原材料的车辆进行产品的配送。

(三)接货场地共享型的共同配送

接货场地共享型的共同配送是多个客户联合起来,以接货场地共享为目的的共同配送形式。一般是客户相对集中,并且客户所在地区交通、道路、场地较为拥挤,各个客户单独准备接货场地或货物处置场地有困难。因此,多个客户联合起来设立配送的接收点或货物处置场所。这样不仅解决了场地的问题,也大大提高了接货水平,加快了配送车辆的运转速度,而且接货地点集中,可以集中解决处置废弃包装材料、减少接货人员数量等问题。

(四)配送设施利用型的共同配送

在一个城市或一个地区中有数个不同的配送企业时,为节省配送中心的投资费用,提高配送运输的效率,多家企业共同出资合股建立配送中心进行共同配送,或多家企业共同利用已有的配送中心、配送机械等设施对不同配送企业客户实行共同配送。

三、共同配送易出现的管理问题

(一)有可能引起企业机密泄漏

由于参与人员多而复杂,企业机密有可能泄漏,所以应当想办法既能开展共同配送又不至于泄露企业机密。共同配送主体要有好的领导人或协调人。有魄力、有干劲的领导人或协调人是不可或缺的。最合适的人选是与销售方没有利害关系,知识、经验丰富的物流专家。大型厂家、大型批发商和大型物流企业内部一般都有具备协调能力和资金的企业,让这种企业承办也是一种方法。

(二)货物管理难度大

由于货物种类多、产权主体多,所以服务要求不一致,难以进行货物管理。当货物破损或出现污染等现象时,责任不清,易出现纠纷,最终导致服务水准下降。要防止交货条件、货物在途时间等服务指标水平的下降,防止发生纠纷,防止货物破损或污染。

(三)管理效率低下

因为共同配送要求运作主体多元化,所以主管人员在经营协调管理方面存在困难。同时也会因为协调组织工作而耗费大量的精力,所以可能会出现管理效率低下的状况。

(四)管理成本增加

由于是合伙关系,管理难控制,所以易造成物流设施费用及其管理成本的增加,成本收益的分配也易出现问题。

四、共同配送的实施

共同配送是物流配送发展的总体趋势,当然,共同配送涉及很多具体的细节问题,在实施过程中,难免会出现一些困难点。首先,各业种经营的货物不同,有日用百货、食品、酒类、饮料、药品、服装乃至厨房用品、卫生洁具等等。不同的货物特点不同,对配送的要求也不一样,共同配送存在一定的难度。其次,各企业的规模、商圈、客户、经营意识等方面也存在差距,往往很难协调一致。最后,还有费用的分摊、泄露商业机密的担忧等。

(一)实施的步骤

1. 可行性研究

人们常说货主的竞争主要是销售竞争,配送过程中应该进行合作,然而说起来容易做起来难。实际推行时需要投入很多精力、时间和资金。对此,必须有足够的精神准备。要搞协同,必须寻找能进行配送合作的伙伴,消除与竞争对手联合的思想抵触,特别是要得到销售部门的理解。如果公司内部的抵触情绪不能消除,则可以与不同行业的企业合作,或争取在地区组织内协同。

2. 参加的单位统一意志

如果认为可以协同,则各参加单位应对配送协同的有利因素予以确认,从而为实现共同配送统一意志。这一步非常重要,要仔细讨论,充分取得共识,统一意志。稍有不慎就可能半途而废。还应确定有干劲的领导人或协调人,并设立办事机构。

3. 配送协同化主体的确立

决定配送协同化的管理主体是由各个企业来承担,还是由合作机构来承担。如果是合作承担,就要决定是合作机构直接运营,或是另外成立运营公司,还是委托专门的物流业者。

4. 系统设计

经过以上几个步骤,则应设计物流协同化系统。应按降低成本、维持并提高服务水平、增加销售的要求来设计物流协同化系统。

系统应在决定内容和服务水平,决定保管、搬运、拣选、收配(集货配送)形式,决定设施、机器、车辆、人员之后再进行设计。当然也应当商物分离,遵守服务原则,将处理退货、处理传票、处理接受和发出订货、处理信息、前提条件的安排等原则确定下来。此外,还应当考虑物流业中存在的其他现实问题。

5. 资金筹措

筹措物流协同设施设备投资资金和办事机构的运营费用,经过审查批准之后,合作双方在开展配送业务时即可借用此项共同资金。

6. 工作开始的确认

为防止初期的纠纷,在物流共同设施建成后协同化开始之前,所有的参加单位要进行会商,确认已定事项。不要忽视对业务内容及各项等价报酬给予确定的工作。

7. 配送系统正式投入实施

在配送系统投入配送活动中,所有的设施设备及相关人员要实行统一组织和管理,以取得更大的效率和服务水平。

8. 实施后的调查研究

对实施情形进行追踪,发现问题及时进行改进。

(二)注意事项

在实施共同配送的过程中,还应该注意处理好以下环节:

1. 要有成本效益目标

实行物流协同,应该把成本问题看成重中之重,整个运行至少应在过去的成本以下实施物流的机制或至少应能清楚地确定将来的成本效益目标。

2. 做好货物管理

因为是若干企业的库存货物都在一起,存在控制库存、订货形式、脱销等一系列不好处理的问题,所以,应预先将接收订货信息的时间、托盘、传票、代码等支持条件清楚地确定下来。

3. 协调好成本效益分配

要平等分配成本效益,无论参加共同配送的企业是大企业还是中小企业均应平等对待。要防止设施费用和管理成本的增长。在推进共同配送的过程中,应当注意以上这些问题能够得到解决主要还是看决心和其系统化的能力。

4. 取得内部共识

创造条件取得公司内部的理解与支持也很重要。在物流系统中,存在着还需要竞争的某些方面。另外,如只在运输上进行合作也是可以的,有关这样一些问题必须在公司内部取得共识。

促成共同配送实现的过程中有许多困难。这些困难只靠货主单方面努力是不可能解决的,要有厂家、运送业者和接受配送单位强有力的支持,有时甚至还需要政府或地方公共团体的支持。

延伸阅读

互用配送模式

互用配送模式是几个企业为了各自利益,以契约的形式达成某种协议,互用对方配送系统而进行的配送模式。其优点在于企业不需要投入较大的资金和人力就可以扩大自身的配送规模和范围,但这需要企业有较高的管理水平以及与相关企业的组织协调能力。互用配送模式比较适合于电子商务B2B的交易形式。

与共同配送模式相比,互用配送模式的特点主要有:

第一,旨在强调提高各企业自身的配送功能,它以企业自身服务为核心;

第二,强调企业自身的作用;

第三,稳定性差;

第四,该模式的合作对象既可以是经营配送业务的企业,也可以是非经营配送业务的企业。

下面以3家企业为例,说明它们之间开展互用配送模式的基本情况:

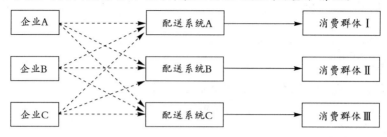

图2-3 互用配送模式的基本形式

第四节 第三方配送模式

一、第三方配送的内涵

(一)第三方配送的概念

第三方配送就是指货物交易双方或供需双方把自己需要完成的部分或全部配送业务委托给第三方专业性的配送企业来完成的一种配送运作模式。

随着物流产业的不断发展以及第三方配送体系的不断完善,第三方配送模式应成为工商企业和网络企业进行货物配送的首选模式和主要发展方向。其基本功能是设计、执行及管理商务活动中的物流配送要求,利用现代物流技术与物流配送网络,依据与第一方(供应商)或第二方(客户)签订的物流合同,以最低的物流成本,快速、安全、准确地为客户在特定的时间段,按特定的配送价格提供个性化的系列物流配送服务。

(二)第三方配送的特点

1. 高效性

第三方配送企业可根据客户的需求情况,通过信息传递系统调整库存数量和结构,调节配送企业内部的订货数量和结构,进而调整配送作业活动;而对于一些非程序的活动,可通过信息自动传递系统进行提示或预报来调节配送,从而提高信息的传输效率和配送效率。配送企业通过建立一套有效的计算机辅助决策系统,将一些程序化的活动利用计算机辅助决策系统来完成,从而提高决策效率。此外,基于网络的信息系统也可迅速有效地完成信息的交流、单证的传输以及提高配送过程中的支付效率。

2. 低成本性

第三方配送企业利用现代网络信息技术,不仅使配送企业本身成本得到大幅度降低,而且也为客户节约了成本。随着第三方配送的快速发展,将来也能降低整个社会的配送成本。在现代配送的情况下,可以有效地利用第三方配送企业现代信息技术及交易等优势,这不仅节约了配送双方的库存成本,而且也能降低配送双方的结算成本及单证传输成本。

3.个性化

个性化特点是指第三方配送企业能根据客户的不同需求提供一对一的配送服务,从而更好地满足不同客户的配送需求。个性化服务在配送中的应用、推广和发展将开创第三方配送服务的新时代。它不仅使普通的大宗配送业务得到发展,而且能够适应客户需求多样化的发展趋势和潮流。

二、第三方配送的运作

(一)企业销售配送模式

企业销售配送第三方物流配送模式是工商企业将其销售物流配送业务外包给独立核算的第三方物流公司或配送中心运作。企业的采购和供应物流配送业务仍由供应物流管理部门承担。企业销售物流配送运行情况如图2-4所示:

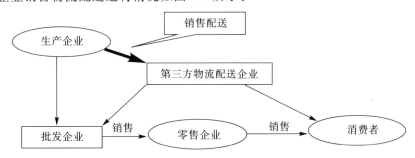

图2-4 企业销售配送的第三方物流配送模式

(二)企业供应配送模式

这种配送组织管理形式是由第三方配送服务供应商对某一企业或者若干企业的供应需求实行统一订货、集中库存、准时配送或采用代存代供等其他配送服务的形式。企业供应配送模式运行情况如图2-5所示:

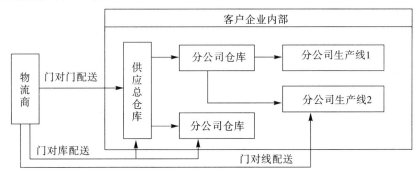

图2-5 企业供应配送的第三方物流配送模式

这种供应配送按客户送达要求的不同可以分为以下几种形式:

1. "门到门"配送供应

由配送企业将客户供应需求配送到客户"门口",后续工作由客户自己去做。也有可能在客户企业内部进一步延伸成企业内的配送。

2. "门对库"配送供应

由配送企业将客户供应需求直接配送到企业内部各个分公司的仓库。

3. "门到线"配送供应

由配送企业将客户的供应需求直接配送到生产线。显然,这种配送可以实现客户企业的"零库存",对配送的准时性和可靠性要求较高。

(三)供应—销售物流一体化配送模式

随着物流社会化趋势的不断演进,非物流企业供应链管理战略的实施,除企业的销售配送业务社会化以外,企业供应配送也将社会化,即由第三方物流公司来完成。特别是工商企业和专职的第三方物流配送企业形成战略同盟关系后,供应—销售物流一体化所体现的物流集约化优势更为明显。即第三方物流在完成服务企业销售配送的同时,又承担客户货物内部供应的职能。也就是说,第三方物流既是客户企业产品销售的物流提供者,又是客户企业货物供应的物流代理人。这种销售—供应一体化的第三方物流配送模式是配送经营中的一种重要形式,它不仅有利于形成稳定的物流供需关系,而且有利于工商企业专注于生产销售等核心业务的发展。同时,长期稳定的物流供需关系,还有利于实现物流配送业务的配送中心化、配送作业计划化和配送手段的现代化,从而保证物流渠道的畅通稳定和物流配送运作的高效率、高效益、低成本。因而,供应—销售物流一体化第三方物流服务模式备受人们关注。当然,超大型企业集团也可自己运作供应和销售物流配送,但中小企业物流配送走社会化之路是绝对有利于企业降低销售成本、提升企业竞争力的。

◇ 本章小结

配送以不同的运作特点和形式满足不同客户的要求,从而形成了不同的配送类型和模式。每种配送形式都具有自身的特点和适应性。企业自营配送是工商企业独自出资建立的物流配送系统,它有企业的分销配送和企业内部的供应配送两种情况。其中,前者有企业对企业的分销配送和企业对客户的分销配送两种形式,后者有大型连锁商业企业内部供应配送和巨型生产企业内部供应配送两种形式。共同配送是两个或两个以上的配送企业对多个客户共同开展配送活动的一种物流模式,它有系统优化型的共同配送、车辆利用型的共同配送、配送设施利用型的共同配送等形式。共同配送比自营配送复杂得多,从而也易引起很多配送管理上的问题。第三方配送就是指交易双方或供需双方把自己需要完成的部分或全部配送业务委托给第三方专业性的配送企业来完成的一种配送运作模式,它具有高效性、低成本性和个性化等特点,它有企业销售配送、企业供应配送、供应—销售物流一体化配送等第三方物流配送模式。

案例分析

日本关西物流中心(KRC)对电线产品的共同配送案例

1. 问题的提出

由于该物流中心经营的电线产品要求交货期短、定时配送,而品种多、批量小,从而使物流成本上升,物流成本占比达到产品销售额的11%。在这种背景条件下,企业被迫采用共同配送模式。

2. 自然状况

关西物流中心的自然状况是：

在库品种	200种
出库件数	30000件/月
出库货重	800吨/月
流通加工件数	18000件/月
配送中心面积	9188平方米
员工	60人

3. 共同化的基本条件

关西物流中心物流配送共同化的基本条件为：

(1)公平、平等和自愿的原则,成果均分和效益共享。

(2)严守物流业务上的秘密。

(3)共举盟主,设立总部。

4. 共同化的目标和实施项目

关西物流中心物流配送共同化的目标包括：

(1)提高运输效率,降低运费。

(2)统一业务,共同使用存储设施。

(3)扩大配送面积,提高作业效率。

(4)提高进货频率。

关西物流中心物流配送共同化的实施方案见下表：

车辆台数和批量	运费	运营规则
1.共同配送部分	1.运费牵涉	1.负责人选定
(1)车辆台数	基本运费	2.出车时间
(2)车种	额外运费	3.集装方法统一
(3)件数/车	特殊运费	4.配货、送货一致
(4)重量/车	2.合同签订	5.故障排除
(5)批量	运输公司	(1)联络网的整备
2.非共同配送部分	销售公司	(2)联络方法的调整
3.车辆减少的分配	3.运费分配	
4.其他对策	(公平、平等)	
	4.其他费用负担	

5. 共同化的效果

共同化方案的实施,取得了以下效果:

(1)车辆装载率提高,共同化前为 52%,共同化后为 74%。

(2)减少运输车辆 5 台(由 18 台减至 13 台)。

(3)运费下降。

(4)配送面积增加。

(5)交货准时。

(6)配送业务统一。

问题讨论:

1.分析本案例中的日本关西物流中心采取的共同配送模式有无改进的余地?如果有,则应该从哪些方面着手进行进一步优化?

2.你认为这个案例对我国的配送中心发展有何启示?

◇ 复习思考题

1.简述配送的类型及其各自的特点。

2.企业对企业的分销配送和企业对客户的分销配送有何区别?

3.简述共同配送模式的含义和特点。

4.开展共同配送对货主企业与物流企业各有什么优缺点?

5.如何有效地实施共同配送?

6.比较自营配送模式和第三方物流配送模式的优缺点。

◇ 实训题

假设在合肥市长江路繁华地段建造一个大型家电商场,商场方决定对本商场内出售的空调货物向合肥市区及辖区三县(肥东县、肥西县和长丰县)的客户进行配送活动,请对此配送活动的配送模式进行策划。

第三章 配送中心规划

学习目标

通过本章学习,学生要了解配送中心的产生与发展,配送中心的内部规划和配送中心的规划程序;理解配送中心的内涵与分类,配送中心总体规划的原则、目标与内容;掌握配送中心的作用与功能、配送中心的选址。

开篇案例

沃尔玛的配送中心

1945年,沃尔玛诞生于美国。在它创立之初,由于地处偏僻小镇,几乎没有哪个分销商愿意让它送货,所以它不得不自己向制造商订货,然后再联系货车送货,效率非常低。在这种情况下,沃尔玛的创始人山姆·沃尔顿决定建立自己的配送组织。1970年,沃尔玛的第一家配送中心在美国阿肯色州的一个小城市——本顿维尔市建立,这个配送中心供货给4个州的32家商场,集中处理公司所销货物的40%的配送任务。目前,沃尔玛在美国已有30多家配送中心,分别供货给美国的3000多家商场。

2001年,沃尔玛在全球一共建立了70个配送中心。它作为世界500强企业,到现在为止只在几个国家运作,只在它看准的、有发展的地区经营。沃尔玛在经营方面十分谨慎,在这样的情况下发展到70个,说明它的物流配送中心的组织结构调整做得比较到位。沃尔玛的实际配送成本占其销售额的2%,而一般来说,物流成本占整个销售额的10%左右,有些食品行业甚至达到20%或者30%。沃尔玛始终如一坚守的思想就是要把最好的东西用最低的价格卖给客户,这也是它的成功所在。另外,沃尔玛的竞争对手一般只有50%的货物进行集中配送,而沃尔玛90%以上的货物进行集中配送,只有少数从加工厂直接送到店里去,这样与对手相比成本就低很多。

阅读以上案例,请思考沃尔玛迅速成长的关键是什么。

第一节　配送中心概述

一、配送中心的产生与发展

(一)配送中心产生的历史原因

从历史上看,配送中心是在仓库基础上发展起来的,这是一种较为普通的观点。仓库在其功能上,长期以来都是作为保管货物的设施,如仓库是专门集中贮存各种货物的建筑物和场所,或是专门从事货物收发保管活动的单位和企业。虽然这种观点从收、发两方面赋予了仓库一定的动态功能,但这并没有涉及配送的本质。

在社会不断的发展过程中,由于经济的发展、生产总量的逐渐扩大,所以仓库的功能也在不断地演进和分化。在我国,早在闻名于世的中华大运河进行自南向北的粮食漕运时期就已经出现了以转运职能为主的仓库设施,明代出现了有别于传统仓库功能的转运仓库,其叫作"转搬仓"。新中国成立后,为适应计划经济体制,我国出现了大量以衔接流通为职能的"转运仓库"。现阶段,我国一部分物流企业和配送中心就是由转运仓库通过功能拓展而发展起来的。

在国外,仓库根据其功能分为两大类型:一类是以储藏为主要功能的"保管仓库",另一类是以货物的周转为主要功能的"流通仓库"。流通仓库以保管期短、货物出入库频率高为主要特征,这和我国的中转仓库有类似之处。这一功能与传统仓库相比有很大区别。货物在流通仓库中处于经常运动的状态,停留时间较短,有较高的进出库频率。流通仓库的进一步发展使仓库和连接仓库的流通渠道形成了一个整体,从而起到了对整个货物渠道的调节作用。为了将其功能和传统仓库进行区别,越来越多的人便称其为"配送中心"或"流通中心"。

(二)配送中心发展的现实原因

1.社会生产力的发展

从整个国际物流的发展来看,配送中心的形成和不断发展是社会生产力发展的必然结果,也是实现物流合理化的客观要求。

在国外,发达国家为了实现物流合理化的目标进行了积极的探索。在经济复兴和经济高速发展时期,流通状况存在着许多问题,比如,物流分散、道路拥挤、运输效率低、流通费用高。美国"20世纪财团"通过调查发现,按货物零售价格为基数进行计算,流通费用所占比例达59%,其中大部分是物流费用。流通结构分散和物流费用逐年上升严重阻碍了生产的发展和企业利润的提高。在这种形势下,改变传统的物流形式、采用现代的物流技术、进一步提高物流合理化程度成为企业界人士的共同要求。美国企业界人士受二战期间"战时后勤"观念与实践的影响和启发,率先把"战时后勤"的概念引用到了企业的经营管理活动中,推出了新的供货形式,将物流中的装卸、搬运、保管、运输等功能一体化和连贯化,并取得了较为明显的成效。同时,他们改革不合理的流通体制,从而使原有仓库得以改造。20世纪60年代,美国将原来的大部分老式仓库合并改造成了"配送中心",这样就使老式仓库减少了90%。在日本,企业界也针对物流中存在的很多问题寻求解决办法,在制定物流中心和物流节点的同时,积极推行共同配送制度。

由于客户在货物处理上、时间上和服务上都提出了更高的要求,所以为了尽量满足客户的这些要求,为了建立正确、迅速、安全、廉价的作业体制,日本运输业界的大部分企业都建造了正式的配送中心。

2. 物流领域的分工进一步细化

20世纪70年代石油危机之后,为了挖掘物流过程中的经济潜力,物流过程出现了细分,再加上市场经济体制造就的普遍买方市场环境,从而使以服务来争夺客户成为竞争的重要手段,为此企业制定了"营销重心下移"、"贴近客户"的营销战略。贴近客户一端的所谓"末端物流"受到了空前的重视,配送中心就是为适应这种新的经济环境,在仓库不断进化和演变过程中出现的新的物流设施。可以说,配送中心的出现和不断完善是物流领域社会分工、专业分工进一步细化之后的产物。

二、配送中心的内涵与分类

(一)配送中心的内涵

从目前的情况来看,"配送中心"这个词汇不断出现在各个领域,但大多都是根据各自的理解来使用"配送中心"一词。因此,理解"配送中心"的含义对于正确开展配送、正确进行配送中心的规划建设、正确交流与沟通是非常重要的。

国内外对配送中心的定义大体有以下几种:

"配送中心是从事货物配备(集货、加工、分货、拣选、配货)和组织对客户的送货,以高水平实现销售或供应的现代流通设施。"(《现代物流学》,中国物资出版社)

"配送中心是从供应者手中接受多种大量货物,并进行倒装、分类、保管、流通加工和情报处理等作业,然后按照众多需要者的订货要求备齐货物,以令人满意的服务水平进行配送的设施。"(日本《物流手册》)

"配送中心是一种物流节点,它不以贮藏仓库这种单一形式出现,而是发挥配送职能的流通仓库。"(日本《市场用语辞典》)

以上对配送中心的不同认识和描述,反映了在"效率优先"的市场经济环境下,人们主要追求的是由配送中心带来的效率。

在国家标准《物流术语》(GB/T 18354—2006)中将"配送中心"定义为:它是从事配送业务且具有完善信息网络的场所或组织,应基本符合下列要求:主要为特定客户或末端客户提供服务,配送功能健全,辐射范围小,多品种、小批量、多批次、短周期。

延伸阅读

对配送中心概念的争论

辐射范围只是一个相对的概念,不能将其作为判断配送中心的先决条件。如果作为先决条件,那么我们不禁要问,美国沃尔玛公司的配送中心每天要为分布在6个州的100余家连锁店配送货物,算不算配送中心呢?荷兰的"国际配送中心"要为欧共体的所有成员国配送货物,算不算配送中心呢?再就是随着世界经济全球化大趋势的不断演进,交通运输技术的进步和信息网络技术的发展,跨国公司全球采购、本土生产、世界销售的潮流将不可逆转,大量的原材料、成品、半成品的跨国配送也是不可避免的。我们的地球会显得越来越小,所以,人们把地球喻为"地球村",在地球村的物料配送是大范围还是小范围呢?由此看来,辐射范围的大小不是界定配送中心的基本条件。

(二)配送中心的分类

配送中心是专门从事货物配送活动的经济实体。随着市场经济的发展,世界经济一体化的形成,货物流通的规模和流通量不断增大,配送中心的服务对象、服务形式、服务范围和服务功能也不尽相同。根据国内外已构建的配送中心情况,大体上可以分成若干类型:

1. 按配送中心的服务功能划分

(1)供应型配送中心。即专门向客户供应货物,以行使供应职能的配送中心。其服务对象有两类:一是组装、装配型生产企业,为该企业供应零部件、原材料或半成品;二是大型商业超级市场、连锁企业以及配送网点。供应型配送中心的主要特点是,配送的客户有限并且稳定,客户的配送要求范围也比较确定,属于企业型客户。因此,配送中心集中库存的品种比较固定,配送中心的进货渠道也比较稳固,大多建有大型现代化仓库,占地面积大,采用高效、先进的机械化作业。例如,始建于1987年3月的英国斯温顿Honda汽车配件配送中心,占地面积为150万平方米,总建筑面积为7000平方米,经营配件6万余种,储存的大型配件达1560货格,小型配件为5万箱左右。位于美国洛杉矶的Suzuki汽车配件中心,占地面积40000平方米,总建筑面积8200平方米,经营的汽车配件达10000多种。

(2)销售型配送中心。销售型配送中心是以销售货物为主要目的,以开展配送为手段而组建的配送中心。在竞争激烈的市场环境下,许多生产者和货物经营者为了扩大自己的市场份额,采取了种种降低流通成本和完善其服务的办法和措施。

这种配送中心按其所有权来划分有三种类型:一是生产企业(或称制造商)为直接将自己的产品销售给客户,以提高市场占有率而建的配送中心。如我国的海尔集团所建的配送中心、美国Keebler芝加哥配送中心等。二是专门从事货物销售的流通企业为扩大销售而自建或合建的配送中心。我国目前拟建或在建的配送中心多属此类。三是流通企业和生产企业共建的销售型配送中心,这是一种公用型配送中心。这类配送中心的特点是客户不确定、客户多、每个客户购买的数量少。因此,其不但不易实行计划配送,而且集中库存的库存结构比较复杂。

(3)储存型配送中心。储存型配送中心是有很强储存功能的配送中心。一般来讲,在买方市场下,企业产品销售需要有较大库存支持,其配送中心可能有较强储存功能;在卖方市场下,企业原材料、零部件供应需要有较大库存支持,相应配送中心也要有较强的储存功能。大范围配送的网络中心需要有较大库存支持,也可能是储存型配送中心。我国目前拟建的配送中心都采用集中库存形式,库存量较大且多为储存型。

配送中心采用集中库存形式,可以将大量采购的货物储存在中心,而各个工厂或店铺不再保有库存,根据生产和销售需要由配送中心及时组织配送。这种将分散库存变为集中库存的做法有利于降低库存成本,从而提高库存周转率。

(4)流通型配送中心。流通型配送中心重点强调的是配送中心的集运功能,作为产品集中和组合的场所,将同方向的、小批量的产品或原料集中起来,及时地分发到各客户指定的地点。它主要是以城市区域内各连锁店铺为服务对象,对蔬菜、水果、鲜花等需要及时配送的货物进行配送。流通型配送中心的主要特点是不设储存仓库,只设周转区,占地面积比较小,可以节省仓库、现代货架的巨额投资,而且只需要配备分类机械。大量货物整进并按一定批量零出,采用大型分货机,进货时直接进入分货机传送带,分送到各客户货位或直接分送到配送汽车上,货物在配送中心仅做少许停滞,这是一种以暂存或随进随出形式进行配货、送货的配送中心。日本的阪神配送中心,其中心内只有暂存,而大量储存则依靠一个大型补给仓库。

(5)加工型配送中心。它是流通型配送中心在功能上的延伸,是一种根据客户需要对配送货物进行加工,而后实施配送的配送中心。世界著名的快餐连锁店麦当劳、肯德基的配送中心就是提供加工服务后向其连锁店配送的典型的加工型配送中心。在工业、建筑、水泥制品等领域的配送中心同样属于这种类型,如:石家庄水泥配送中心既提供成品混凝土,又提供各种类型的水泥预制件,并直接配送至客户处。

2.按服务范围划分

(1)城市配送中心。向城市范围内的客户提供配送服务的配送中心称为"城市配送中心"。由于城市范围一般处于汽车运输的经济里程内,所以采用汽车运输进行配送。这类配送中心有两个明显的特征:一是采用汽车将货物直接送达客户,因为运距短、最经济;二是因为汽车运输机动性强、供应快、调度灵活,可以开展少批量、多批次、多客户、多品种的配送,可以实行"门到门"式的送货服务。

(2)区域配送中心。以较强的辐射能力和库存储备向跨市、跨省(州)范围内的客户提供配送服务的配送中心称为"区域配送中心"。这类配送中心有三个基本特征:一是辐射能力较强,经营规模较大,设施和设备先进;二是配送的货物批量较大,往往是配送给下一级的城市配送中心和大型商业企业;三是配送的对象大多是大型客户,如城市配送中心和大型工商企业。

(3)国际配送中心。向国际范围内客户提供配送服务的配送中心称为"国际配送中心"。其主要特征有四个:一是经营规模大,辐射范围广,配送设施和设备的机械化、自动化程度高;二是配送形式采用大批量、少批次和集装单元;三是配送对象主要是超大型客户,如区域配送中心和跨国工商企业集团;四是存储吞吐能力强。

三、配送中心的作用与功能

（一）配送中心的作用

1. 有效地调节生产与消费之间的矛盾

随着市场竞争的加剧以及客户生活形式的变化，客户对货物的市场需求在时间、季节和需求量上都存在着大量的随机性，而现代化的生产、加工无法完全在工厂、车间内来满足和适应这种情况，这就必须依靠配送中心来调节生产与消费之间的矛盾。如：在我国，国庆节、春节等节假日以及西方国家的圣诞节等节假日期间货物的销售量会大幅度增加，这时，配送中心的库存就对确保销售起到了有力的支撑作用。由此可以看出，配送中心不是仅以储存为目的。然而，配送中心对保持一定的库存起到了蓄水池的作用。

2. 有效地降低物流成本

著名的管理学权威 P·E 德鲁克曾经讲过："流通是经济领域的黑暗大陆"。日本早稻田大学西泽修教授在对物流成本进行专项研究时发现，现行的财务会计制度和会计核算方法都不可能掌握物流费用的实际情况，因而，人们对物流费用的了解是一片空白，甚至有很大的虚假性，他把这种情况比作"物流冰山"的特点，大部分沉在水面以下的是我们看不到的黑色区域，而我们看到的不过是物流的一部分。通过在供应商与客户之间设置配送中心，将干线部分的大批量、高效率运输与支线部分的小批量、快速配送结合起来，从而在保证物流服务质量的前提下，有效地降低了供应方的物流成本，而需求方也能享受到价格优惠。

3. 有效地扩大了货物的市场占有率

在日益激烈的竞争环境中，企业为了赢得客户，满足客户日益强烈的多样化、个性化需求，维持市场份额，除了提供品质优良的货物外，还必须提供适时、适量的配送服务。利用配送中心的组配功能可以在满足客户需求的同时，降低配送成本，从而取得双赢效果。

因而，配送中心既是企业之间竞争的一种有效手段，也是企业增加营业额、扩大市场占有率的主要途径，并越来越受到重视。

4. 有效地提高服务质量

由于货物之间的品质差异越来越小，所以客户对货物品牌的忠诚度越来越低。当客户所要购买的品牌缺货时，他们就会马上以其他品牌代之。因此，为了维持自身品牌的市场占有率，客观上要求生产企业必须进行多品种、少批量的订货及多频度的配送，并且具有快速响应能力。

在现代物流活动中，由于货物物理、化学性质的复杂、多样化，交通运输的多形式、长距离、长时间、多起终点、地理与气候的多样性，所以对保管、包装、加工、配送、信息等都提出了很高的要求。只有集中建立配送中心，才有可能提供更加专业、更加优质的服务。

5. 促进地区经济的快速发展

在市场经济体系中，配送中心同基础设施条件一样是连接国民经济各地区，沟通生产与消费、供给与需求之间的桥梁和纽带,物流配送把国民经济各个部分紧密地联系在一起。配送中心可以从多方面带动经济的发展,是吸引投资的环境条件之一,同时也是经济发展的保障,还是拉动经济增长的内部因素。

(二)配送中心的功能

1. 采购功能

配送中心只有采购到所需供应配送的货物,才能及时、准确无误地为其客户即生产企业或商业企业供应货物。为此,针对市场的供求变化情况制定和及时调整统一而周全的采购计划,并由专门的人员组织实施的采购活动是配送中心的首要功能。

2. 储存功能

配送中心的服务对象是为数众多的生产企业和商业网点(如超级市场和连锁店)。配送中心的职能和作用是按照客户的需求及时将各种配装好的货物送交到客户手中,以满足生产需要和消费需要。为了顺利而有序地完成任务及更好地发挥保障生产和消费需要的作用,通常,配送中心都要兴建现代化的仓库并配备一定数量的仓储设备,以存储一定数量的货物。某些区域性大型配送中心和开展代理交货配送业务的配送中心,不但要在配送货物的过程中存储货物,而且它所存储的货物数量很大、品种很多。

3. 组配功能

货物拣取、包装处理好后,需要由运输设备送达客户手中。当货物配送时,需包括派车计划及路线选择、装车调度等,其中,派车计划包括该批出货货物所需配送的车辆类型。由于每个客户企业对货物的品种、规格、型号、数量、质量、到达时间和地点等的要求不同,配送中心必须按客户的需求对货物进行分拣和配组。配送中心的这一功能是与传统仓储企业的明显区别之一,这也是配送中心的最重要的特征之一。可以说,没有组配功能,就无所谓的配送中心。

4. 分拣功能

作为物流节点的配送中心,其服务对象是为数众多的企业。在这些为数众多的客户中,彼此之间存在着很多差别:不仅各自的性质不尽相同,而且其经营规模也不一样。在订货与进货的时候,不同的客户对于货物的品种、规格、型号、数量、质量、送达时间和地点等都会提出不同的要求。面对这种情况,为了有效地同时向不同的客户配送多种货物,配送中心必须采取适当的形式对接收到的货物进行拣选,并在此基础上按照配送计划分装和配装货物。

5. 分装功能

提供货物的企业常常通过大批量生产来降低生产成本,但使用产品的客户为了降低库存、加快资金周转、减少资金占用则往往采用小批量进货的方法。配送中心为了满足双方客户的要求,在产品大量购进后会就地分装,然后实施配送。

6. 加工功能

目前,为了扩大经营范围和提高配送水平,国内外许多配送中心都配备了各种加工设备,并由此形成了一定的流通加工能力。这些配送中心能够按照客户提出的要求和合理配送货物的原则,将组织进来的货物加工成一定的规格、尺寸和形状的物品。这种业务的开展,不但大大方便了客户,省却了客户不少的繁琐劳动,而且也大大提高了货物的利用率和配送效率,客观上强化了配送中心的整体功能。

7. 信息处理功能

配送中心连接着物流运转的干线和支线,直接面对着产品的供需双方。因而,不仅是实物的连接,而且是信息的传递和处理,包括在配送中心的信息生成和交换。信息共享是整个物流系统的重要一环。

现代化的配送中心都具有完整的信息处理系统。该系统能为配送中心本身及上下游企业提供各式各样的信息情报,为整个流通过程的控制、决策和运营提供依据。而且,配送中心与销售商店直接建立信息交流,可及时得到商店的销售信息,有利于合理组织货源、控制最佳库存。同时,还可将销售和库存信息迅速、及时地反馈给制造商,以便安排货物生产计划。无论在集货、储存、拣选、流通加工、分拣、配送等一系列物流环节的控制过程中,还是在物流管理、费用成本、结算方面均可实现信息共享。

配送中心与仓库物流中心的比较见表 3-1 所示。

表 3-1 配送中心与仓库物流中心的比较

项目	配送中心	仓库	物流中心
服务对象	特定客户	特定客户	面向社会
主要功能	各项配送功能	货物保管	各项物流功能
经营特点	配送为主,储存为辅	库房管理	强大的储存、吞吐能力
配送品种	多品种	——	少品种
配送批量	小批量	——	大批量
辐射范围	辐射范围小	辐射范围小	辐射范围大
保管空间	与其他功能各占一半	全是保管空间	——

第二节　配送中心规划程序

一、筹建准备阶段

在配送中心建设的筹建准备阶段,首先要设立配送中心筹建委员会。为了避免出现片面性,筹建委员会应该吸收多方面成员参加,包括本企业、物流咨询公司、物流工程技术公司、土建公司等人员以及一些经验丰富的物流专家或顾问等。该委员会主要完成两项工作:一是对配送中心的必要性和可行性进行分析和论证;二是确定配送中心的规模以及配送中心的服务水平基本标准。

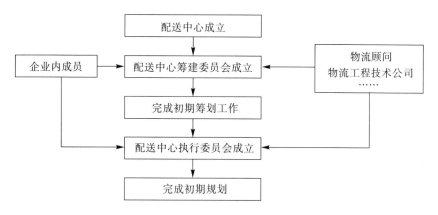

图 3-1 配送中心筹建准备阶段的工作程序

在本阶段,筹建委员会还应确认配送中心系统的背景条件,包括配送对象的地点、数量,配送中心的位置、规模,配送货物的类型、库存标准,配送中心的作业内容等等;应进行实际调研或具体构想,把握物流系统的状况以及货物的特性,如货物的规格、品种、形态、重量,各种货物进出库数量,每天进货、发货总数量,以及供货时间要求、订货次数、订货费用和服务水平等;还要考虑将来的发展和可能发生的变化,以及配送中心所处的环境、法规方面的限制因素。

该阶段也是项目的详细论证阶段,此阶段的工作将为以后的设计打下一个可靠的基础。这一阶段所进行的工作如果证明原先决策有误,则可能导致项目终止或有方向性的变更。因为本阶段要进行大量的调研,同时也需要对资料数据进行科学分析。所以,公司必须给以足够重视,投入必要的人力和费用。

二、总体规划阶段

配送中心的总体规划包括配送中心的设立时机规划、配送中心的类型选择、配送中心的所有者选择、配送中心的地址选择、规模选择、设施选择、配送作业流程规划等内容。

进行配送中心的总体规划,应注意配送中心的几个要素:配送的对象、配送货物的种类、配送货物的数量或库存量、配送的路线、物流的服务品质、交货时间、配送成本等,力求规划合理、实用。

三、方案评估阶段

配送中心的建设,尤其是大型配送中心的建设需要较大规模的投资。在配送中心建设方案确定以后,需要对方案进行评估,测算方案的投资效果,以便作出决策。

(一)确定配送中心的投资额

配送中心的投资主要包括预备性投资、直接投资、相关投资和运营费用。预备性投资是指用于建立配送中心需征地、拆迁、市政、交通等方面的投资,这是一笔较大数目的投资,尤其在一些黄金地段,这项投资可超过总投资额的50%;直接投资用于配送中心项目主体的投资,包括配送中心各主要建筑物建设、货架、叉车、分拣设备的购置费及安装费,信息系统的购置费与安装费,自有车辆的购置费等;相关投资是对与基本建设及未来经营活动有关的投资,例如,对燃料、水、电、环境保护等方面的投资。这是每一个配送中心都应具有的。如果只考虑直接投资而忽视相关投资,易造成投资估计发生偏差;配送中心由于在选址、规模、运作能力、配送形式和客户状况等方面存在不同,这就造成在运营费用上有较大的差别,所以在评价时必须进行全面估计。

(二)进行投资收益估算

由于配送中心主要是为各客户提供配送服务,它是一种无形产品,所以对配送中心投资收益的计算具有一定的模糊性。同时,在经营活动中,人的因素等不确定因素很多,所以在计算效益时,要对客户、市场占有率等方面做不同层次的估计,分别组成不同方案进行比较。

(三)对比投资项目的成本—收益

将项目投资成本的现值与项目未来收益的现值做比较,若收益的现值大于投资成本的现值,则项目的效果理想,可进行投资;反之,则放弃。当然,也可以用其他方法进行判断,如投资报酬率法、现值指数法、投资回收期法等。在实际工作中,不确定因素较多,应结合实际综合考虑,作出最终决策。

四、详细设计阶段

详细设计阶段是在对总体方案进行完善设计的基础上,决定作业场所的详细配置,对配送中心所使用的各种设备进行详细设计,并对办公及信息系统、运营系统进行详细设计等。本阶段的主要任务包括:

(一)设备制造厂的选定

设备制造厂的选定一般通过投标竞争的形式进行选择。在选定制造厂后,应和制造厂一起对基本设计的指导思想进行认定,取得共识,并考虑和采纳厂方的新方案和意见,以便制定下一步的计划。

(二)详细设计

要编制具体的实施条目和有关设备形式的详细计划,主要有以下各点:装卸、搬运、保管所用的机械和辅助机械的型号规格;运输车辆的类型、规格;装卸、搬运用的容器形状和尺寸;配送中心内部详细的平面布置与机械设备的配置方案;办公与信息系统的有关设施规格、数量等;信息系统的设计;运营系统的设计。

大规模的配送中心是由许多参加单位共同进行系统规划与实施的。为了保证系统的统一性,要制定共同遵守的规则,如通讯和信号的接口、控制形式等。

五、系统实施阶段

为了保证配送系统的统一性和配送系统目标与功能的完整性,应对参与设计、施工各方所涉及的内容,从性能、操作、安全性、可靠性、可维护性等方面进行评价和审查。在确定承建商前应深入现场,对该承建商的生产环境、质量管理体制等进行考察,如发现问题应提出改善要求。对于配送中心所需购置的各种设备,在其制造期间也需进行现场了解,对质量和交货日期等进行检查。

第三节　配送中心总体规划

配送中心是一个复杂的系统,其系统总体规划包括许多方面的内容。配送中心投资对企业来说是一笔巨大投资,因此,物流配送中心投资具有高风险特征。

为避免由于规划错误而产生的投资风险,规划者必须遵循正确的规划原则及规划程序对配送中心建设进行项目规划。

一、规划原则

(一)整体和谐原则

配送中心的层次、性质、规模与区域经济发展、消费布局等密切相关,互相交织、互相促进、互相制约。建立一个非常合理的配送中心,必须将区域作为一个整体,统一考虑,依据该区域的自然地理条件,结合行政区域划分,统筹兼顾,全面安排。既要做微观的考虑,又要做宏观的考虑。

(二)经济性原则

建设配送中心涉及的项目很多,各项投入也非常多,特别是仓储设施耗资巨大,一旦建成就不可再随意地变更地址。因此,必须对建设项目进行可行性研究,并做多个方案的综合比较,以求实现最大的经济效益。经济性原则就是要看它是否有利于各个参与方的利益,不仅要分析仓储、设施的建设对本企业的作用和效益,还要考虑设施功能对其他企业所发挥的作用,以求多方受益。

(三)因地制宜原则

建设配送中心应该特别重视因地制宜原则,应该充分利用原有资源并进行有效整合,避免过多地建设新的仓储配送资源。仓储配送设施的建设是投资大、建设周期长和回收周期长的项目,拆迁和更新设施会带来巨大的再投资。因此,设施建设必须考虑自身的财力、土地成本、建筑成本和设备成本等条件,应尽可能地利用本地现有的基础设施、仓储设施、人力资源等条件。

(四)环境保护与社会可持续发展原则

在规划配送中心时,应考虑各项作业可能导致的环境问题。规划应尽量使占地面积较大、噪声废气污染严重、对周围景观有破坏性作用的设施远离交通拥挤、人口密集的城市中心,从而为人们创造良好的工作和生活环境,实现经济、社会的可持续发展。

(五)动态性原则

配送中心的规划设计要将动态性融入其中。这是因为影响仓储配送规划决策的众多因素并不是静态的,而是不断发生变化的动态因素,服务对象、需求量、经营成本、交通状况等都是动态因素。货物流通相对于生产而言具有一定的被动性,如果企业对配送中心进行决策时,不加以考虑这些因素的变化,则会导致配送中心的适用性降低。

(六)便利性原则

配送中心的主要活动,一方面,在配送中心内部,这依赖于配送中心的设计及工艺装备;另一方面,配送中心的配送活动远在中心之外的一个辐射地区,该活动依赖于交通条件。这也是配送中心布局的一个特殊原则。便利性原则的贯彻有两方面:一方面,在布局时要考虑现有交通条件;另一方面,在布局配送中心时,交通应作为同时布局的内容,只布局配送中心而不布局交通,则有可能会使配送中心的布局失败。

配送中心规划与交通运输之间的关系

据东京大学的越正毅教授对交通阻塞的间接经济损失的推断,仅东京因交通阻塞所造成的经济损失一年就达1兆日元。

有关研究表明,在澳大利亚,城市交通阻塞的损失可能低于英国和其他一些国家。但是,若包括外延损失,则在澳大利亚最大的城市墨尔本和悉尼的交通阻塞损失分别估计为18亿澳元和21亿澳元。在中国尚未见到此类数据报道,但据一些较大城市的市场观测,此类损失也不可低估。运输车辆的实载率与降低物流费用有一定关系,根据日本汽车运输统计年报推算,在日本,小型货车的实载率呈下降趋势。

车辆实载率随时间推移呈下降趋势,这一点在中国也十分突出。我们在规划配送中心时就应当充分注意到,这一问题不仅涉及城市交通阻塞、配送中心选址,而且涉及筹资组建与运营以及运输经营集约化等综合性问题。

二、规划目标

总体来说,配送中心规划的目标就是要为社会提供服务,谋求高效率,以减少社会资源的浪费。实践证明,在货物运距较远、客户较多且需求日趋复杂的情况下,直接从工厂或仓库装货,并将货物配好送至客户手中并不经济。因此,许多厂商和批发商开始在流通枢纽设置配送中心来开展货物配送活动,以提高配送效率。具体目标如下:

(一)降低物流成本

通过在供应商与客户之间设置配送中心,将干线部分的大批量、高效率运输与支线部分的小批量、快速配送结合起来,从而在保证物流服务质量的前提下有效降低物流成本。

(二)降低库存

将社会上存在的若干"自备仓库"储存、保管的货物通过配送中心适当地加以集中,避免因仓库重叠、分散而导致储存货物的积压和浪费。

(三)提高客户服务水平

设置配送中心,由配送中心组织配送活动,可以及时了解客户需求,按时、按量、按要求送货上门,从而体现出高效的服务质量,以扩大销售。

三、规划内容

(一)设立时机

配送中心建立的时机选择是解决什么时候建立配送中心的问题。建立配送中心的最佳时机需要根据各自的实际情况进行决策,既要保证配送中心能及时为企业提供服务,又要尽可能使资源浪费最少。建设过早,易造成资源闲置、浪费;建设过晚,不能满足企业配送业务的需要,不利于优质服务的提供。同时,应积极借鉴国外经验,广开思路,以构建符合我国国情的配送体系。

从世界连锁业发展的实践来看,配送中心设立的时机基于以下一些数据的考虑:一个便利店连锁公司在拥有20个店、总面积达到4000平方米时就可以考虑建立配送中心;一个超市连锁公司,在拥有10个店、总面积达到5000平方米时就有建立配送中心的必要。一个特级超市连锁公司,在开店的同时就应该考虑与之配套的配送体系建设。

此外,日本配送中心建立的时机选择也给我国企业极大的启示和借鉴。日本物流专家认为,配送中心应该建立在连锁店铺发展到相当规模的时候,而不是一开始就建立。具体情况是:当1万平方米左右的综合商店拥有10个相同店铺时,可考虑建立集分货配送、流通库存和加工三大功能于一体的配送中心,此种商店常位于商圈达10万人左右的地域。当1000平方米左右的超市连锁店发展到10个或300~500平方米的食品型超市发展到30家时,可考虑建立分货配送和流通库存功能于一体的配送中心,而将鲜活货物的加工放在店内进行。当店铺数量达到100家时,加工量与配送量趋于稳定,可考虑建立以流通加工为主要功能的配送中心。

(二)配送中心的类型选择

配送中心的类型选择是解决建什么样的配送中心的问题。目的是选择更好、更合适的配送中心,从而为客户服务。在选择上,既要把握各类配送中心的特征,又要使各类配送中心与企业特征相符。

一般来说,配送中心的类型选择包括:确定是何种功能的配送中心,确定配送何种货物,确定辐射的范围与区域等三个方面。

延伸阅读

连锁企业配送中心的类型选择

1. 配送中心的功能选择

一般来说,连锁企业配送中心主要是为本企业服务的。因此,企业的经营战略、货物结构和网点布局直接影响着配送中心的类型选择。选择什么功能类型的配送中心,应根据连锁企业发展的需要来确定。作为连锁企业的配送中心,不仅要有基本的配送功能,而且要有采购功能或者进货功能、加工功能,从而使之成为连锁企业集中货物和分发货物的枢纽。从连锁企业发展的要求来看,配送中心的功能当然越全越好,但从整体经济来看并非完全如此,在配送中心的功能选择上应结合企业发展的需要来确定。

2. 配送中心的货物选择

在货物的选择上,国际上一些著名的连锁企业常常选择专业型配送中心,以适应大规模连锁企业发展的需要,即将配送中心按货物标志分为若干个,诸如食品配送中心、果菜配送中心和日用品配送中心等。但是,大规模的连锁企业难以实现百分之百的专业配送。因此,有时也利用他人所有的专业型配送中心。对于规模不大的连锁企业,则选择综合型配送中心,即负责配送连锁店铺经营的绝大多数货物,以形成规模效益。

3. 配送中心的辐射范围选择

在范围的选择上,配送中心的辐射范围必须与连锁店铺分布相一致。店铺遍布的区域越大,配送中心辐射的区域也越大,所以必须保证每一个店铺都能及时、准确地得到货物。同时,对于大的连锁企业,店铺数量大、分布相当分散,这就需要建立不止一家配送中心,此时就要确定每一个配送中心承担的配送任务,从而为选择配送中心的地点和规模奠定基础。

(三)配送中心的所有者决策

配送中心的所有者决策主要解决的是配送中心是自建还是他建的问题。配送中心的建立应从实际出发,根据配送业务量的大小而决定。按照所有者的不同,配送中心分为他有型配送中心、共有型配送中心和自有型配送中心三种类型。对这三种类型的选择,需要依据配送环境和自身条件进行考虑,选择他有型配送中心需要对所选择的配送中心进行评估,选择自有型或共有型配送中心需要对企业自身财力进行策划,并进行效益比较分析,以决定使用的类型。

延伸阅读

连锁企业的三种配送中心

1. 自有型配送中心

自有型配送中心是指连锁经营企业自己投资兴建，主要为企业内店铺进行配送服务的配送中心。这种配送中心的运作模式是：各个连锁企业在一定的区域范围内独立建立配套的组织体系和经营网络，独立地开展配送活动。其优势在于灵活、自主；劣势在于配送中心投资较大、资金回收慢，且难以达到共有型配送中心的专业化程度。

2. 他有型配送中心

他有型配送中心是指连锁企业不设自身所有的配送中心，而是将企业内的配送功能委托或承包给专门的配送公司。例如，日本菱食公司的配送中心面向1.2万个连锁店、中小型超市和便利店配送食品。这些小型超市和便利店自己不设配送中心，而全部交由菱食公司的配送中心统一采购，以实行社会化配送。其优势在于专业化程度比较突出，可以为连锁企业提供高效服务、节省大量建设资金，使连锁企业集中精力于店铺管理，便于连锁企业转移货物积压、缺货的风险等。但这种配送中心是以现代化和专业化储运设施为基础的，企业在选择他有型配送中心时要分析配送中心产生的费用、提供服务的能力、与自己的业务关系等。

3. 共有型配送中心

共有型配送中心是指连锁企业与其他企业共同投资、共享服务的配送中心。其优点是通过一个共同的配送体系，将各企业的配送需求组织起来，在配送时间、数量、次数、路线等方面做出最佳选择，从而进行合理有效的配送。例如，统一集团是台湾拥有超市最多的公司，1990年，其设立了捷盟公司并成立了配送中心，负责统一超市供货商货物的统一配送业务。由于配送中心投资大，所以其决定共同投资组建配送中心，参与投资的各商家出资比例为：统一51%、统一超市14%、三菱公司25%、菱食公司10%。它们风险共担、效益共享，从而使配送中心的效率大大提高，配送的1650种货物源源不断地顺利到达各个店铺。

（四）配送中心的选址

配送中心拥有众多建筑物、构筑物以及固定的机械设备。因此其一旦建成就很难搬迁，如果选址不当，则将付出长远代价。因而，对于配送中心的选址规划，建设者需要给予高度重视。较佳的配送中心选址方案应是货物通过配送中心汇集、中转、分发，直至输送到需求点的全过程的总体效益最好的方案。配送中心的选址：一是要靠近商业网点集中的市中心，以达到靠近市场、缩短运距、降低运费、迅速配送的目的。二是要靠近交通主干道出入口。公路是配送中心供、配货的主要货运形式，靠近交通便捷的干道进出口便成为考虑配送中心布局的主要因素之一。三是要追求较低的地价区位。配送中心一般占地面积较大，地价的高低对其地址的选择有重要影响。

选址规划主要包括:分析约束条件,如客户需求、运输条件、用地条件、公用设施及相关法规等;确定评价标准;选择选址方法,根据实际情况,一般采用定性与定量相结合的方法;最后得出选址结果。

(五)配送中心的规模选择

服务能力是衡量配送中心规模是否恰当的重要指标。配送中心的规模与服务能力具有正相关性,即配送中心的规模越大,其配送服务能力也就越强。

配送中心作为服务性机构应注意服务能力的提高,但是一味地追求高服务会增加企业的成本支出。因此,进行"成本—收益"分析是必要的。一般来说,配送规模与单位配送成本之间的关系,在开始的某一时段内会随着配送规模的不断扩大,单位配送成本也随之不断降低,其原因在于规模经济性;若配送规模达到一定程度之后再进一步扩大,则单位配送成本开始随之上升,因为此时规模不经济性开始发生作用。因此,服务能力和单位配送成本下降阶段的交点就是配送中心的最小规模,此时,进一步扩大规模有助于获得规模经济。理论上的最佳配送中心规模应是在服务能力和单位配送成本上升阶段的交点,此时,若再进一步扩大规模则可能引起规模不经济。也就是说,过分强调配送服务能力而不注意单位配送成本,认为配送中心规模越大越好的思想是不正确的;相反,过分偏重单位配送成本的降低,而忽视配送服务能力的思想也是不可取的。配送中心的规模大小要根据市场总容量、发展趋势以及竞争对手的状况来设计。

延伸阅读

美国不同类型配送中心用地规模

服务范围	用地规模(千米^2)	个数	配送产品类型(由主到次)
地方性	1~5	9	食品、日用百货
区域性	1~5	16	食品、日用百货、冷冻货物、酒类
	5~10	16	食品、化学产品、机械产品
	10~15	2	工业产品、日用百货、食品、木材、危险品、家电
	15~20	6	计算机、化学产品
	20~40	3	冷冻、冷藏食品及饮料、日用百货

[资料来源:AMC(Affiliated Warehouse Companies,INC)]

(六)配送中心设施的规划

配送中心的设施设备是配送中心正常运作的必要条件,设施设备规划涉及建筑模式、空间布局、设备安置等多方面问题,需要运用系统分析的方法来求得整体优化,从而最大限度地减少物料搬运、简化作业流程,以创造良好、舒适的工作环境。据资料介绍,在制造企业的总成本中,用于物料搬运的占20%~50%,如果合理地进行设施规划则可以降低10%~30%。

配送中心的设施设备规划布局一般包括原有设施设备分析、配送中心的功能分区、设施的内部作业区域布局、设备规划布局、公用设施规划布局等。

(七)作业流程的规划

作业流程规划是配送中心规划的重要步骤,决定了配送中心作业流程的详细要求,如设施配备、场所分区等,这对后续建设具有重要的影响。对传统物流企业进行作业流程重组、提高物流作业效率、降低物流成本是传统物流企业向现代配送中心转型的重要途径。不同类型的配送中心,其作业流程也有很大的不同。在实际规划设计中应该根据配送中心的功能,结合货物特性与客户需求对作业流程进行必要的调整。

(八)信息系统的规划

信息化、网络化、自动化是配送中心的发展趋势,信息系统规划是配送中心规划的重要组成部分。配送中心的信息系统规划,既要满足配送中心内部作业的要求,有助于提高物流作业的效率;也要同配送中心外部的信息系统相连,方便配送中心及时获取和处理各种经营信息。一般来讲,信息系统规划设计包括配送中心内部的管理信息系统分析、设计与配送中心的网络平台构筑两部分。

第四节 配送中心选址

配送中心选址,是指在一个具有若干供应网点及若干需求网点的经济区域内选定一个地址来设置配送中心的规划过程。较佳的配送中心选址方案是使货物通过配送中心的汇集、中转、分发,直至输送到需求网点的全过程的效益最好。

一、配送中心选址的原则与基本条件

(一)选址的原则

1. 适应性原则

配送中心的选址应与国家或地区的经济发展方针、政策相适应,与我国物流资源分布和需求分布相适应,与国民经济和社会发展相适应。

2. 协调性原则

物流配送中心的选址应将国家或地区的物流网络当作一个大系统来考虑,从而使物流配送中心的设施设备在地域分布、物流作业生产力、技术水平等方面与整个物流系统协调发展。

3. 经济性原则

在物流配送中心的发展过程中,有关选址的费用主要包括建设费用及物流费用(经营费用)两部分。物流配送中心的选址定在市区、近郊或远郊,其未来物流活动辅助设施的建设

规模、建设费用以及运费等物流费用是不同的,选址时应以总费用最低作为物流配送中心选址的经济性原则。

4. 战略性原则

物流配送中心的选址应具有战略眼光。一要考虑全局,二要考虑长远。局部要服从全局,眼前利益要服从长远利益,既要考虑目前的实际需要,又要考虑日后发展的可能。

(二)选址的基本条件

配送中心在选址时,企业要根据建设配送中心的目的、方针,明确以下各项条件,逐步筛选候选地。

1. 必要条件

必要条件包括客户的分布状况、预期业务量增长率、配送中心辐射范围等。

2. 运输条件

配送中心应靠近铁路货运站、港口等运输节点,同时也应靠近运输业者的办公地点。

3. 配送服务条件

根据供货时间的要求,配送中心应能够及时通知客户货物到达时间、配送频率、订发货周期、配送距离及范围。

4. 用地条件

应确定利用配送中心现有土地还是重新取得土地。若重新征地,则地价是高还是低,允许范围的用地分布情况等。

5. 法规制度

在指定用地区域内,是否有不允许建设仓库和配送中心等设施的土地。

6. 管理职能条件

配送中心与业务主管部门是否要求靠近,管理人员的岗位职责、计算机设施使用情况。

7. 流通职能条件

商流与物流是否要分开,是否在配送中心中进行加工、包装等作业。

8. 其他条件

不同的货物类别有不同的需要和物流设施,如为了保证货物质量的保温和冷冻、防震、危险品保管等设施,对选择地址方面有哪些特殊要求,是否有满足这种条件的地区。

在选择地址时,要将上述各种条件进行比较,经反复论证再圈定选址范围和备选地址。

配送中心的设计者对上述各项条件必须进行充分详尽的研究,根据这些条件决定设施规模和选址。

二、配送中心选址的数据资料

选择地址的方法,一般通过成本计算,也就是将运输费用、配送费用及物流设施费用模型化,根据约束条件及目标函数建立数学模型,从中寻求费用最小的方案。但是,在采用这种选择方法寻求最优的地址时,必须对业务量和费用进行分析和判断。

(一)业务量

选址时,应掌握的业务量包括:工厂到配送中心之间的运输量,向客户配送的货物数量,配送中心保管的数量,配送路线上的业务量。由于这些数量在不同时期会有种种波动,所以要对所采用的数据水平进行研究。另外,除了对现有的各项数据进行分析外,还必须确定设施使用后的预测数值。

(二)费用

选址时,应掌握的费用包括:工厂至配送中心之间的运输费,配送中心到客户之间的配送费,与设施、土地有关的费用及人工费、业务费等。

由于前两项费用会随着业务量和运送距离的变化而变动,所以必须对每一吨每公里的费用进行分析(成本分析);最后一项包括可变费用和固定费用,最好根据这两者之和进行费用分析。

(三)其他

用缩尺地图表示客户的位置、现有设施的配置方位及工厂的位置,并整理各候选地址的配送路线及距离等资料,必备车辆数、作业人数、装卸形式、装卸机械费用等要与费用分析结合起来考虑。

三、配送中心选址的程序

(一)配送中心选址的方法

配送中心选址应综合运用定性分析和定量分析的方法,在全面考虑选址影响因素的基础上初选出若干个可选的地址,进一步借助比较法、专家评价法、模糊综合评价等数学方法进行量化比较,最终得出较优的方案。

(二)配送中心选址的程序和步骤

1.分析选址约束条件

选址时,首先要明确建立配送中心的必要性、目的和意义,然后根据物流系统的现状进行分析,制定物流系统的基本计划,明确所需要了解的基本条件,以便大大缩小选址的范围。

2.收集整理资料

选择地址的方法,一般通过成本计算,也就是将运输费用、配送费用及物流设施费用模型化,采用约束条件及目标函数建立数学公式,从中寻求费用最小的方案。但是,采用这种选择方法寻求最优的地址时必须对业务量和费用进行分析和判断。

3.筛选地址

对上述资料进行充分整理和分析,考虑各种因素的影响并对需求进行预测,初步确定选址范围,即确定初始候选地址。

4.定量分析

针对不同情况选用不同的模型进行计算,从而得出结果。如对多个配送中心选址时,则采用奎汉·哈姆勃兹模型、鲍摩—瓦尔夫模型、CELP法等;如果是对单一配送中心进行选址,则可采用重心法。

5.评价结果

结合市场适应性、购置土地条件、服务质量等因素对所得结果进行评价,看其是否具有现实意义及可行性。

6.复查

分析其他影响因素对结果的相对影响程度,分别赋予它们一定的权重,采用加权法对结果进行复查。如果复查通过,则原结果即为最终结果;如果复查发现原结果不适用,则返回第三步继续进行处理,直至得到最终结果。

7.确定选址结果

在用加权法复查通过后,所得的结果即可作为最终的结果。但是,所得解不一定为最优解,可能只是符合条件的满意解。

(三)配送中心选址方案的经济论证

配送中心的建设,特别是大型配送中心的建设,需要较大规模的投资。在选址方案确定之后,还需要对方案进行经济论证。配送中心选址的经济论证主要从以下两个方面进行:

1.投资额的确定

配送中心的投资主要有以下几个方面:

(1)预备性投资。配送中心是占地较大的项目,它和仓库的不同之处在于,配送中心应处于与客户接近的最优位置。因此,在基本建设主体投资之前,需有征地、拆迁、市政、交通等预备性的投资,这是一笔额度颇大的投资,尤其在一些黄金地域,这项投资可能超过总投资额的50%。

(2)直接投资。用于配送中心项目主体的投资,包括配送中心各主要建筑物的建设成本,货架、叉车、分拣设备的购置、安装费,信息系统的购置、安装费,配送中心自有车辆的购置费等。

(3)相关投资。不同地区与基本设施建设及未来经济活动有关的项目,诸如燃料、水、电、环境保护等都需要有一定的投资。在有些地区,相关投资可能很大,如果只考虑直接投资而忽视相关投资,则投资的估计可能发生偏差。

(4)运营费用。不同配送中心选址也取决于配送产品、配送形式和客户状况。这些因素会造成运营费用较大的差别,在布局时必须重视这些投资因素。有时候建设费用虽低,但运营费用很高。在投资中,如果不考虑运营费用,则投资效果的判断往往会出现失误。

2. 投资效果的分析和确定

配送中心的选址必须在准确掌握投资额度之后确认其投资效果,然后以投资效果来做最后决策。投资效果问题,归根结底是对投资效益的估算。配送中心和一般生产企业之间有一个很大的区别就是它没有一定数量、一定质量、一定价格的产品,因而,收益的计量性模糊,灰色因素较多。此外,在经营活动中,人的因素等不确定因素很多。所以,在计算效益时,需要对客户、市场占有率等若干方面做不同层次的估计,以分别组成不同方案进行比较。

四、配送中心选址的方法

（一）解析方法

解析方法,是指物流地理重心方法。只考虑运输成本对配送中心选址的影响,而运输成本一般是运输需求量、距离以及时间的函数,所以解析方法根据需求量、距离、时间三者的结合,通过在坐标上显示,以配送中心位置为因变量,用代数方法来求解配送中心的坐标。这种方法主要适用于解决单个配送中心的选址问题。

（二）最优规划方法

在一些特定的约束条件下,从许多可用的选择中挑选一个最佳方案。运用线性规划技术解决选址问题一般须具备两个条件:一是必须有两个或两个以上的活动或竞争同一资源的对象;二是在同一个问题中,所有的相关关系总是确定的。随着20世纪70年代计算机运算能力的增强,使得以最优规划方法求解大型配送中心选址问题逐渐成为可能。最优规划方法中的线性规划技术和整数规划技术是目前应用最为广泛的技术。但其在使用中有两大局限性:一是模型必须较抽象、简单,否则得不出解,因此模型的描述距实际较远;二是很多定性因素被忽略掉了。因此,在考虑定性条件下,不可能得到可以得出的很多结论。

（三）启发式方法

启发式方法是一种逐次逼近最优解的方法。用启发式方法进行配送中心选址时,首先要定义计算总费用的方法,拟订判别准则、规定改进途径、给出初始解,然后迭代求解。启发式方法只寻找可行解,而不是最优解。有许多计算机化的启发式方法可以解决几百、几千个问题。早在60年代就有人提出了用启发式方法解决大型设施选址问题。启发式方法已经在很多场合广泛应用。负荷距离法中的重心法就是一种启发式方法。

（四）模拟方法

模拟方法是通过模型重现某一系统的行为或活动,而不必实地去建造并运转一个系统。

在选址上,模拟方法就是分析者通过反复改变和组合各个地区的需求等随机变动的各种假设,通过一定时间的模拟运行来估计各个地区的平均需求,从而在此基础上确定配送中心的分布。模拟方法可描述多方面的影响因素,因此,其具有较强的实用价值,常用来求解较大型的、无法手算的问题。其不足之处在于模拟方法不能提出初始方案,只能通过对已存在的备选方案进行评价,从中找出最优方案。例如,某公司有137个需求中心、5个地区性的配送中心、4个生产工厂,通过动态模拟计算分析得出的结论是,可把现有的5个配送中心归并成3个,这样可使总成本达到最小,该方案实施后每年可节约13万美元。这是70年代的一个真实事例。

(五)综合因素评价法

综合因素评价法是一种全面考虑各种影响因素,并根据各影响因素重要性的不同对方案进行评价、打分,以找出最优的选址方案。

尽管以上方法各有其优缺点,但在实际中通常以最优规划方法为主,再综合其他方法确定最终的选址方案。

第五节 配送中心的内部规划

配送中心是供应链中的一个重要环节。配送中心的种类很多,其规模大小各异。然而,无论是哪一种类型的配送中心,其内部结构基本上都是相同的,往往被划分为收货区、管理区、储存区、加工区、分拣配货区、发货区、退货处理区、废弃物处理区以及设备存放维护区等几个区域。也就是说,各种配送中心都是由指挥系统、管理系统和各种作业区组成的。现以一般性的配送中心为例,分别叙述各个系统的性质和职能。

一、配送中心内部结构的组成

虽然配送中心是在一般中转仓库基础上形成和发展起来的,但配送中心内部结构和布局与一般仓库有很大的不同。配送中心内部结构一般包括以下几个区域:

(一)进货区

在这个作业区内,工作人员完成接收货物的任务和货物入库、拣选之前的准备工作(如卸货、检验、分拣等工作)。因货物在接货区停留的时间不长,并且处于流动状态,故接货区的面积不算太大。它的主要设施有铁路(或公路)专用线、卸货站台和暂存验收检查区。

(二)储存区

在这个作业区里,需要存储或分类存储经过检验后的货物。由于所进货物需要在这个区域内停留一段时间,并且要占据一定的位置,所以,储存区所占的面积比较大,大体上要占整个作业区面积的一半左右,个别配送中心(如煤炭、水泥配送中心)的储存区面积甚至要占配送中心总面积的一半以上。储存区是存储货物的场所,它是个静态区域。在这个区域内,一般都建有专用仓库(包括现代化的立体仓库),并且配置各种设备,其中包括各种货架、叉车和吊车等起重设备。从位置上看,储存区多设在紧靠接货站台的地方,也有设在加工区后面的。

（三）备货、理货区

在这个区域里,进行分货、拣货、配货作业,从而为送货做准备。其面积大小因配送中心的类型不同而异。一般来说,向多家客户配送多种货物且按照少批量、多批次形式配送货物的配送中心,该区域的面积都比较大;反之,拣选及配货任务不太大的配送中心,其理货区所占的面积也不大。在备货、理货区里配置有手推载货车、重力式货架和回转式货架、升降机、传送装置、自动分拣设施等。包括拣选、配货在内的理货作业是配送中心作业流程中的一项重要作业,有人称它为"核心工艺",其效率高低不仅直接影响下道工序的正常操作,而且直接影响整个配送活动的运行质量及其效益。从这个意义上说,理货区是配送中心的重点作业区。

（四）分放、配装区

由于种种原因,有些分拣出来并配备好的货物不能立即装车发送,而需要集中在某一场所等待统一发运,这种放置和处理待发送货物的场地就是分放、配装区,这个区域是货物的暂存区,货物转瞬即出,停留时间短、暂存周转快,所以占地面积相对较小。

在分放、配装区内,配送中心的工作人员根据每个货主的货物数量进行分放、配车和选择装运形式来完成配装作业。在这个作业区内一般配置电脑、小型装卸机械和运输工具。

（五）外运发货区

外运发货区是工作人员将组配好的货物装车外运的作业区域。从布局和结构上看,发货区和进货区类似,也是由运输货物的路线和接靠载货车辆的站台、场地等组成。不同的是,发货区位于整个作业区的末端,而进货区位于首端。

（六）加工区

有很多从事加工作业的配送中心,在结构上除了设置一般性的作业区,还设有配送货加工区。这个区域配备着加工设备,如剪床、锯床、打包机、配套生产线等。因加工工艺有别,配送中心（加工型）的加工区所配置的设备也不完全相同。和储存区一样,加工区所占的面积也比较大,尤其是煤炭、水泥、木材等生产资料加工区所占面积更大。

（七）管理、指挥区（管理机构）

指挥和管理系统是配送中心的中枢神经。其职能是:对外负责收集和汇总各种信息（包括客户订货或要货信息）,并作出相应的决策;对内负责协调、组织各种活动,指挥调度各类人员,共同完成配送任务。就其位置而言,有的集中设在某一区域（管理区）内,有的则分布在各个作业区,由一个调度中心统一进行协调。

二、配送中心内部区域面积的规划

各功能区域面积的确定与各区域的功能、作业形式、所配备的设施和设备以及物流量等有关,应分别进行详细计算。例如,储存区面积的大小与储存区具体采用的储存方法、储存设备和作业设备密切相关,常用的储存方法有地面堆码、货架存放、自动仓库等几种形式,应根据确定的总的储存能力计算所需的面积或空间。

这里介绍一种对功能区域的面积进行估算的方法。对于物流作业区域,由于其面积主要取决于货物作业量,所以可以用以下的公式估算该区域的面积:

$$S = \sum h_j / \lambda$$

式中:h_j 为第 j 种货物每日的作业量(t);λ 为该区域的面积利用系数(t/平方米)。各区域的面积利用系数取决于货物的类型、货物的存放形式以及所采用的作业设备等,应根据经验和具体条件确定。

延伸阅读

配送中心面积及作业量计算表

每日处理货物 50 吨的小规模配送中心,其作业面积及作业量的计算如下表:

编号	设施名称	每日作业量	单位面积作业量(吨/平方米)	设施面积(平方米)
1	收货区	25	0.2	125
2	验收区	(25)	收货兼验收	
3	分类区	15	0.2	75
4	保管区	35	1.0	35
5	流通加工区	2.5	0.2	12.5
6	特殊货物存放区	2.5	0.2	12.5
7	配送区	25	0.2	125
8	事务区			30
合计				415

说明:本表所列日处理货物量定义为入库量为 25 吨,出库量为 25 吨,仓库经常储备为 7 天的需要量(5 吨/日)。

三、配送中心内部作业空间规划

在入库作业时所使用的保管区域,此区域的货物大多以中长期状态进行保管,所以称为"保管储区"。一般配送中心均以此区域为最大且最主要的保管区域,货物在此区域均以较大的储存单位进行保管,这是整个配送中心的管理重点。

作业空间,是指为了作业活动顺利进行所必备的空间,如作业通道、货物之间的安全间隙等。

作业空间规划在整个配送中心规划中占有重要的地位。这一规划将直接影响运营成本、空间投资与效益。

（一）通道空间的布置规划

通道的正确安排和宽度的设计直接影响物流效率。一般规划布置厂房时首先设计通道位置和宽度。影响通道位置和宽度的因素有：通道形式、搬运设备的型号、尺寸、能力和旋转半径，储存货物尺寸、距进出口和装卸区的距离、储存的批量尺寸、防火墙位置、行列空间、服务区和设备的位置、地板负载能力，电梯和斜道位置以及出入方便性等。

为了保证配送中心内车辆行驶井然有序，一般采用"单向行驶、分门出入的原则"。配送中心的主要道路宽度较大，通常为4车道，甚至6车道。考虑到大型卡车、集装箱进出，最小转弯半径不小于15米。

库房内的通道，可分为运输通道（主通道）、作业通道（副通道）和检查通道。运输通道（主通道）供装卸运输设备在库内运行，其宽度主要取决于装卸运输设备的类型、外形尺寸和单元装载的大小。如铁路专用线入库，其通道宽不应小于4.5米；移动式起重机和汽车进库，其通道宽度应为3～4米；若库内安装桥式起重机，则其运输通道宽度可缩放到1～5米。当库内利用叉车作业时，其运输通道宽度可通过公式计算求出。如果单元装载的宽度不太大，则可利用下式进行计算：

$$A = D + P + L + C$$

式中：A为运输通道的宽度；D为驱动物中心线距叉取货物的距离；P为叉车外侧转向半径；L为单元装载货物的长度；C为叉车转向轮滑行的操作余数。

作业通道是供作业人员存取搬运货物的行走通道。其宽度取决于作业形式和货物的大小。当通道内由人工存取货物时，其宽度可按下式计算：

$$a = b + l + 2c$$

式中：a为通道的宽度；b为作业人员身体的厚度；l为货物的最大长度；c为作业人员的活动范围。

如果使用手推车进入作业通道作业，则通道的宽度应视手指车的宽度而定。

检查通道是供仓库人员检查库存货物时的行走通道。其宽度只要能使检查人员自由通过即可，一般为0.5米左右。

（二）进出货区的作业空间规划

众所周知，货物在进货时可能需要拆装、理货、检查或暂存以出货时待车装载配送。为此在进出货平台上应留出空间作为缓冲区。为了使平台与车辆高度满足装卸货的顺利进行，进出货平台需要连接设备。此连接设备需要1～2.5平方米的空间，若使用固定式连接设备则需1.5～3.5平方米的空间。为使车辆及人员顺畅进出，在暂存区和连接设备之间应有出入通道。

码头的配置形式一般有四种：一是进出货共用码头。这种形式适合于进出货时间错开的仓库,可提高空间和设备利用率,但管理困难,特别是在进出货高峰时间,容易造成进出货相互影响的不良效果。二是进出货分开使用码头,二者相邻管理。这种形式使进出货空间分开,不会使进出货相互影响,但是空间利用率低,这种形式适用于厂房空间较大,进出货容易相互影响的仓库。三是进出货分别使用码头,二者不相邻。这是进出货作业完全独立的两个码头,不但空间分开而且设备也独立。优点是进出货畅通、迅速,但设备利用率低。这种形式适用于厂房空间不足的情况。四是规划若干个进货、出货站台,若厂房空间足够且货物进出频繁复杂,则可规划多个站台以适应及时进出货物需求的管理形式。(见图3-2a、3-2b、3-2c、3-2d)

码头的设计形式一般有锯齿型和直线型两种,如图3-3a、3-3b。

图 3-2a　进出货共用码头

图 3-2b　进出货分用码头

图 3-2c

图 3-2d

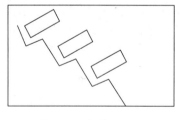

图 3-3a　锯齿型码头

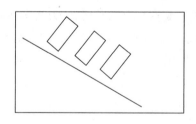

图 3-3b　直线型码头

(三)储存区的作业空间规划

存储空间管理的重点就是如何提高存储空间的有效利用率。存储空间实际上就是指保管空间,从表面上看是为储存货物之用,但实际上这个空间是货物采购、运输、加工和配送的中继站,也是配送中心的中心枢纽。

在规划仓储空间时,首先应该考虑如下因素:货物尺寸和数量,托盘尺寸和货架空间,设备的型号、尺寸、能力和旋转半径,走廊宽度、位置和需要的空间,柱间距离等以及作业原则。

1.平置堆放托盘

当大量发货时,以把托盘放在地板上平置堆放为宜。此时,应考虑托盘数量、尺寸和通道。在考虑实际仓库所需空间时,还应考虑到高层叉车存取作业所需的空间。此外,中枢型通道约占全部面积的 30%~35%。

2. 使用托盘货架储存

当使用托盘货架储存货物时,在计算存货空间时,除了考虑货物储存和数量、托盘尺寸、货架形式和层数,还要考虑相应的通道空间。

由于货架具有区块特性,即每个区域由两排货架和通道组成,实际仓储区空间包括存取通道和仓库区块空间,所以在计算货架的货位空间时,应以一个货位为计算基础。

3. 利用轻型货架储存

对于尺寸不大的小量、多品种货物,应采用利用轻型货架储存,在计算空间时,应考虑货物尺寸、数量、货架形式、货架的储位空间等因素。

(四)拣货区的作业空间规划

在计算空间时,首先应考虑拣货区的货物总数,因为货物数的多少将影响地面上的托盘空间。实际空间的多少取决于货物总数和库存量所需的托盘数。因为实际库存单位为托盘单位,所以不足一个托盘的货物仍按一个托盘来估算。为此,库存空间需要适当放大,一般以 1.3 倍为宜。

◇ 本章小结

配送中心是在仓库基础上发展起来的,它是从事配送业务的物流场所或组织,具有集散、储存、组配、分拣等功能,是现代物流系统中的一个重要的物流节点,按照需要可将配送中心分为多种类型。配送中心的投资兴建具有很大的风险,为避免由于规划错误而产生的投资风险,规划者必须遵循正确的规划原则及规划程序对配送中心建设进行项目规划。配送中心的规划主要分为两部分进行。一是要进行系统总体规划,即从配送中心的规模、设施、体制、人才、作业流程、区域功能、作业区的能力等方面进行分析与论证。二是要进行配送中心的内部规划,具体到各功能区的划分、区域面积的确定、作业空间的规划等方面。

案例分析

山东省新华书店物流配送中心的规划与管理

经过十几年的实践探索,山东省已建立了一批融商流、物流、信息流为一体,集储存保管、流通加工、图书配送、信息传递等多功能于一体的图书物流配送中心。但总体而言,还存在一定的问题,主要存在功能不健全,规模小、发展不平衡,现代化程度低,人员素质不高,标准化程度低等问题。

一、山东省新华书店建设物流配送中心的目的

(一)扩大市场占有率

由于物流配送中心所做的是最终配置工作,同时新华书店可以迅速地掌握客户的需求变化,快速做出市场反应,缩短图书进入市场的时间,以占有市场。

（二）降低物流成本

降低物流成本是山东省新华书店建设物流配送中心的重要目的之一。一般情况下，建设图书物流配送中心可以大大提高作业效率，从而降低库存和物流费用。

（三）发挥品牌优势，提高服务质量

"买图书，到新华"的美誉早已传遍千家万户。新华书店作为一个具有良好声誉的服务企业，更应发挥品牌优势，提高服务质量。新华书店建设物流配送中心可以从以下几个方面提高服务质量：节省交货时间，缩短提货期，提高交货频度，降低缺货率、误配率，紧急配送、假日配送，改善司机的服务态度等。

二、山东省新华书店物流配送中心的选址

（一）客户分布

物流配送中心选址时，首先要考虑的是服务客户的分布。为了提高服务水平及降低物流成本，山东省新华书店物流配送中心建在济南市南外环且接近客户分布的地方。

（二）交通条件

交通条件是影响物流配送成本及效率的重要因素之一。交通运输不便将直接影响图书配送的进行。同时，必须考虑对外交通的运输路线以及未来交通与邻近地区的发展状况等因素。山东省新华书店物流配送中心坐落在南外环，交通较发达，有利于进行配送运输作业。

（三）土地条件

对于土地的使用必须符合相关的法规及城市规划的限制，尽量选在物流园或经济开发区。同时，考虑建设用地的形状、长宽、面积与未来扩充的可能性。此外，还需要考虑土地面积大小和地价高低。

（四）自然条件

在物流配送中心用地选择过程中，自然条件也是必须考虑的一个因素，事先了解当地的自然条件有助于降低投资风险。山东省新华书店选择了南部地区。

（五）政策环境

政策环境也是物流配送中心选址评估的重点之一。政策环境包括企业优惠措施（土地提供、减税），城市规划（土地开发、道路建设等），地区产业政策等。山东省新华书店物流配送中心的建设，也是积极响应了山东省大力发展物流产业的政策而做出的决定。

三、山东省新华书店物流配送中心的区域布置

（一）接货区

在这个区域里完成接货及入库前的工作，如接货、卸货、清点、检验、分类及入库准备等。

（二）储存区

在这个区域里分类储存所进的图书。由于这是个静态区域，进入的图书要在这个区域中放置一定时间，所以与不断进货的接货区相比较，这个区域所占的面积较大。

（三）理货、备货区

在这个区域里进行分货、拣货、配货作业，为送货做准备。

(四)分放、配装区

在这个区域里,按客户需要,将配好的等待外运的图书暂放暂存,或根据每个客户货堆状况决定配车形式、配装形式,然后直接装车或运到发货站台装车。这一区域的图书是暂存,存储时间短、周转快,所以占地面积相对较少。

(五)外运发货区

在这个区域将准备好的图书装入外运车辆发出。外运发货区结构和接货区类似,有站台、外运路线等设施。

(六)加工区

山东省新华书店物流配送中心还设置了流通加工区域。在这个区域进行分装、包装、图书并包等各种类型的流通加工。加工区在物流配送中心所占面积较大。

问题讨论:

1. 山东省新华书店为什么要建立物流配送中心?
2. 山东省新华书店是如何进行物流配送中心规划的?

◇ 复习思考题

1. 按配送中心的服务功能将配送中心划分为几种类型?
2. 简述配送中心的作用与功能。
3. 简述配送中心总体规划的原则。
4. 简述配送中心规划的内容。
5. 什么是作业空间?配送中心内部作业空间包括哪些内容?
6. 简述配送中心规划程序。

◇ 实训题

参观并调查一所大型配送中心,撰写一篇介绍该配送中心的功能、选址因素、流程的调查报告。

第四章 配送中心管理

学习目标

通过本章学习,学生要掌握配送中心管理的目标与内容,理解配送中心组织机构确立的原则及组织模式,掌握配送中心的组织结构,了解配送中心组织职能部门划分与职责、配送中心岗位操作流程,了解发达国家的配送中心管理。

开篇案例

苏果超市的配送中心管理

苏果超市有限公司是一家集批发、配送、物流、加工、零售于一体的大型连锁企业,它以物流技术为其核心竞争力,着眼于整个公司的运作效率和效益,建立了技术密集型的大型物流配送中心,其物流软硬件方面的条件在全国连锁业遥遥领先。苏果物流配送中心的建立,使得各个门店尽可能降低了库存量,甚至实现了真正的"零库存",同时提高了苏果超市的议价能力,这成为苏果超市近几年快速扩张的重要保证。与此同时,苏果积极推进物流配送服务的社会化,不仅增加了销售量、提高了市场占有率,还通过自己的配送网络,将"诚信为本、服务社会"的苏果理念传播开,为规范市场竞争秩序,维护客户利益做出了贡献。

由于苏果物流配送中心是企业专属物流,所以在服务中心、成本控制、利润中心的转型发展中,物流配送中心依然扮演着服务中心的角色,为门店提供配送服务仍是其主要职责。虽然苏果对物流配送中心提出了成本核算要求,但是它还没有真正成为利润中心。

阅读以上案例,请思考随着中国连锁业的快速发展,竞争日趋激烈,苏果如何才能更加充分地利用现有的物流配送资源,实现规模经济,获取更大的社会效益。

第一节　配送中心管理概述

一、配送中心管理的目标

（一）效益最大化

生产企业将生产出来的产品转化为货物是一个复杂的过程，期间要经过储存和运输等诸多环节，要依靠多种运输工具及多种手段才能实现产品的销售。同时，在现代经济环境下，客户对货物处理的内容、时间和服务水平都提出了更高的要求，为了及时满足客户的这些要求，必须建立区域性或城市性的配送中心，并引进先进的分拣设施和配送设备，组织批量进发货物，进行集中运输和集中储运，从而提高流通的社会化水平，实现规模效益。否则，就难以建立正确、迅速、安全、廉价的作业体制。因此，效益最大化是配送中心管理的首要目标。

（二）服务最优化

配送中心的管理水平很大程度上决定了服务的质量，在保持效益最大化的情况下，服务最优化是配送中心管理的又一重要目标。优质服务就是要满足客户的各种需求，保证货物送达的及时性与数量的可靠性，从而提升客户的满意度，塑造配送中心的美誉度，培养客户的忠诚度。服务最优化是配送中心获取利润的源泉，是其经营之本。

（三）资源合理化

配送中心可以将配送所需的各种资源进行有效整合，从而提高配送中心的空间利用率，充分发挥现代化机械设备的使用效率，节省配送中心的人力资源。同时，配送中心将物流配送的诸多功能整合后进行集中管理，这有利于充分发挥"规模经济"提升配送作业的整体效率。

（四）流量最大化

流量最大化，指的是物流量最大化。物流量的大小是评价配送中心管理水平的重要指标，它受附近工商企业和物流企业数量、规模以及配送中心所在区域经济发展的影响。配送中心管理应该充分考虑市场需求状况以及附近工商企业的数量与规模等因素，同时要同生产商、销售商之间建立协调和高效的合作关系，以使配送中心的运行效率达到最高。

二、配送中心管理的内容

（一）作业管理

简单地说，配送作业就是按照客户的要求将货物分拣出来，按时按量发送到指定地点的过程。

配送中心作业是一个包括进货、储存、拣货、发货等诸多环节的流程,每个作业环节的具体操作和环节间的顺畅衔接都是作业管理的重要内容。因而,配送作业的合理性以及配送效率的高低都会直接影响整个配送系统的正常运行。配送中心管理中最基本、最重要的是作业管理,配送作业是配送中心运作的核心内容。这就要求采用科学有效的方法和配送流程,在现代信息管理手段的辅助下,顺利履行这一管理职能。配送中心作业管理的流程见图4-1所示。

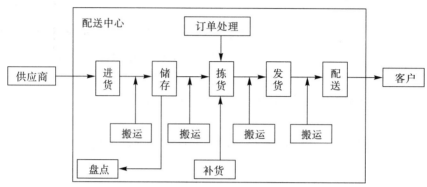

图 4-1　配送中心的基本作业管理流程

（二）设备管理

"工欲善其事,必先利其器"。配送中心的设备是其提高效益、降低成本、提高服务质量、保证高效率运作的重要前提。所以,必须对相应设备进行科学合理的管理。

设备管理就是指为使设备在其寿命周期的费用达到最经济的程度,综合运用现代化科学管理方法和现代信息技术手段,合理有效地组织、指挥、调度、监督货物的入库、出库、储存、装卸、搬运、计量、保管、财务、安全保卫等各项活动,将适用于机器设备的工程技术、设备和财务经营等其他职能综合考虑,从设备的选择开始,直到设备的报废为止所开展的一系列管理工作。设备管理的目的就是保证为配送中心提供最优技术装备,把其生产活动建立在最佳物质基础之上,以取得较好的经济效益。

（三）成本管理

当今物流行业面临的一个突出问题是如何降低货物在流通环节中的物流成本。由于货物在从制造商传送到客户手中的整个物流过程中,配送中心日益成为一个重要环节,配送成本在整个物流成本中所占的比例越来越大。因此,对配送中心进行成本管理,提高配送中心的经营效益就显得尤为重要。

配送中心成本管理是用成本管理配送活动,即采用作业成本法、目标成本法等对配送活动中的日常物流成本支出进行严格管理,从而使成本减少到最低限度,以达到预期的成本目标。由此可见,配送中心成本管理是配送管理的一个环节,是加强配送中心管理工作的重要内容。成本管理涉及人、设施设备、技术、资金、物料等全部生产要素,贯穿了配送中心运作的全部过程。掌握配送中心成本的分析与控制方法是配送中心科学决策和运行的基础。

(四)存货安全管理

任何一个企业,原则上都需要有某种程度的库存。但由于需求的难以预测性,所以可能会出现库存过多或过少这两种情况。库存过多,流动资金积压在库存上,影响现金流的周转;库存过少,不能供应市场的需要,增加推销或订货费用,不符合规模经济规律。

配送中心存货安全管理是配送中心的一项重要工作。这是因为配送中心担负着工商企业生产经营各种货物的收发、存储、保管养护、控制、监督和保证生产经营需要等多项业务职能,这些活动都与生产经营及其经济效益密切相关。

近年来,为了提高客户服务水平,在市场竞争中处于优势地位,许多配送中心在实践中推行高效率路线配送和时间表式发送等计划配送制度,并向共同配送发展,这对配送中心库存管理的安全性提出了很高的要求。因此,配送中心在库存管理中必须牢固树立安全管理思想,在确保客户利益的前提下,通过对库存的集中存储、科学管理以及高效率配送等手段,有效地降低整个社会的库存总水平,减少社会资金的占用,节约运力及相关的物流费用。

(五)信息管理

配送中心介于货物的供应商与客户之间,在两者之间还起到信息传递的桥梁与纽带作用,物流信息贯穿于配送中心活动的全过程。物流信息具有信息源多、分布广、信息量大、动态性强、信息的价值衰减速度快、及时性要求高等特性。同时,配送中心物流系统与生产系统、销售系统、供应系统、消费系统等都密切相关,这使得配送中心的信息管理十分重要。配送中心信息管理是通过管理信息系统对配送中心内外信息进行收集、存储、加工处理,从中获得有用的信息,且以表格、文件、报告、图形、声音等形式输出,并有效地利用这些信息组织、协调和控制各种业务的正常运作,以完成配送中心的功能及作业为目的,从而实现配送的基础工作。同时,配送中心信息管理受配送中心的功能及作业的制约。

(六)客户服务绩效管理

对配送中心来说,客户服务贯穿于从接受订单开始到将货物送到客户手中的全部配送过程。做好客户服务不仅可以留住老客户,保持和发展客户的忠诚度与满意度,还可以通过良好的企业形象赢得大量的新客户。

进行客户服务绩效管理,主要是通过建立客户服务绩效评价指标、客户服务评价标准,以提高客户服务绩效来实现的。

延伸阅读

东日本配送中心管理经验

日本宝酒造株式会社(以下简称"宝酒造")是一家经营烧酒等酒精饮料和调味料的大型企业,多年来宝酒造只是自营物流。为了应对激烈的市场竞争,降低物流成本和提高物流效率,公司于 2001 年 9 月投资 30 亿日元,在松户工厂内撤除了部分生产设备,并在原址上新建了自动化的立体仓库——东日本配送中心。新中心建成后,公司先后关闭了设在其他地区的 2 个小厂,实现了集中生产、集中仓储、集中运输,提高了企业集约化程度和规模效益,并集中实现了产品就地生产、就地储存、就地发送的目标,使企业的物流费用大幅度降低。配送中心共有托盘 23 万个,由于引进业界一流的现代化物流作业机械系统,包括高速搬运台车、层面分拆装置层面装卸机、机械人堆垛装置等最新搬运管理系统,所以自动化水平处于行业领先地位,这不仅提高了作业效率和有效库容量,而且减少了作业人员和物流成本。

第二节　配送中心组织管理

配送中心为了进行经营管理活动,实现其目标,必须建立合理的组织结构。配送中心组织结构的设置,其目的是要将以往需要经过制造、批发、仓储、零售等多部门、多层次复杂的工序简单化,缩短流通路径,降低流通成本,提高配送中心的工作效率。因此,就必须以前瞻性、整体性的组织体系来建设配送中心,并加强对配送中心的运作管理。

企业组织机构,是指企业内部组织机构按分工协作关系和领导隶属关系有序结合的总体。

一、配送中心组织结构确立的原则

(一)合理性原则

配送中心各部门的组建应同企业的规模和经营的业务相适应,要求合理设置管理层次,合理配置工作人员。配送业发达的国家,其配送中心的组织结构在市场竞争的压力下由多层次的宝塔结构向扁平化结构演变。

随着我国经济的发展,配送中心的大量兴起,如何优化其组织结构就显得尤为重要。现代化配送中心组织结构的合理性主要表现在:配送中心在服从经营需要的前提下,要因业务设机构、设职,因职用人,尽量减少不必要的部门和人员,力求精兵简政,以达到组织结构设置的合理化,从而提高工作效率。同时,各级组织部门要有明确的职责范围、权限以及相互间的协作关系,具有健全和完善的信息沟通渠道,制定合理的奖惩制度,有利于发挥职工主动性和积极性等。

(二)权责明确原则

在配送中心组织结构的确立中,要注意各部门之间的纵向组织关系。也就是说,要形成一条职责、权限分明的等级链,不得越级管理。

这种管理的优点是能够形成一种自上而下的逐级负责、层层负责的机制,保证经营业务的顺利开展。同时,也要注意保证各部门、各环节机构在自己的职责和权限范围内具有独立行使权,充分发挥各级组织部门的主动性和积极性,上级对下级在其职责范围内作出的决定不能随意否定。

（三）高效性原则

组织结构必须具有管理工作的高效率和经营运作的高效益，这是配送中心建立组织机构必须遵循的根本原则。同时，这一原则也是验证其组织结构合理与否的准绳。

因此，现代化的配送中心组织机构的确立必须在科学分工、明确职责的基础上，实行责、权、利的统一原则，从而提高管理效率和全员劳动效率。

（四）协调性原则

现代配送与传统配送的根本区别在于，现代配送引入了系统的观点，追求的是整体最优，而不是单个或几个部分的最优。也就是说，不管是哪种类型的配送中心，由各个部门构成的配送中心必须是一个有机结合的、统一的组织体系。在这个组织体系中，所有的经营活动都要有效地协调起来，以实现企业的总目标。因此，所有部门都应该在企业总目标的基础上，把作业活动协调起来，保证信息在企业内部的无障碍传递及决策的快速性，以实现配送活动的整体最优。

（五）与客户服务相适应的原则

配送中心活动的对象是客户，满足客户配送服务的各种需求。良好的沟通是提高配送中心整体能力和及时了解、满足客户需求的关键，配送中心组织机构的设置既要便于企业内部各部门之间的沟通，也要便于与企业外部、客户之间的沟通，了解客户业务的特点，以确保客户信息能快速有效地传递到位，客户要求能得到快速反映。

上述各项原则是配送中心建立和健全组织机构应当遵循的一些基本原则。但是，每个配送中心的情况不同，在具体运作过程中要根据自身的特点有所侧重。

二、配送中心的配送模式

配送中心根据其经营权限和服务范围的不同，其配送模式主要分为物流模式和配销模式两种。

（一）物流模式

物流模式，是指商流、物流相分离的模式（如图4-2），这类模式多存在于在传统储运企业基础上发展起来的物流企业，其业务是在传统仓储与运输业务基础上增强配送服务功能，以更快的速度、更高的服务水平为社会提供全面的物流服务。其货物经营决策（如货物组合、货物采购、货物定价、批发零售等）由生产企业总部负责，配送中心只根据企业的要求进行物流作业，配送组织者不直接参与货物的交易活动，不经销货物，只负责专门为客户提供验收入库、保管、加工、分拣、送货等物流服务。其业务实质上属于"物流代理"，从组织形式上看，其商流和物流活动是分离的，分别由不同的主体承担。

如中国货物储运公司唐家口仓库。客户把从日本进口的电视机元器件直接运送到唐家口仓库,公司派驻到仓库的"驻库员"负责确定分货、配货计划和每日的配送数量,仓库工作人员负责搬运、装车等工作。电视机元器件装车后被直接送到生产厂的流水线。在配送元器件的同时,仓库又将产成品运回仓库,由仓库负责保管并代理发运。在整个业务活动过程中,配送中心只是向客户提供代存、代送货物等后勤服务,并不直接经销货物。

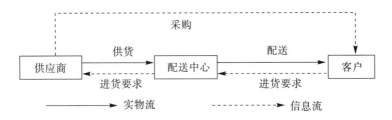

图4-2 配送中心组织物流模式图

物流模式的主要特点在于其业务活动仅限于物流代理,业务比较单一;有利于提高专业化的物流服务水平,占用配送中心的流动资金少,其收益主要来自于服务费,经营风险较小。但由于配送中心不直接掌握货源,所以其调度和调节能力比较差。

(二)配销模式

配销模式,是指配送中心作为一个相对独立的利润中心,不仅负责货物采购及配送作业,而且可以向客户直接批发、销售货物。这种模式适用于跨地区、跨国经营的连锁超市公司。

配销模式(如图4-3)又称为"商流、物流一体化"的配送模式,其基本含义是配送的组织者既从事货物的进货、储存、分拣、送货等物流活动,又负责货物的采购与销售等商流活动。这类配送模式的组织者通常是货物经销企业,或是生产企业附属的物流机构。配送的主体通常是销售企业或生产企业,也可以是生产企业的专门物流机构。这些经营实体不仅独立地从事货物流通的物流工作,而且将配送活动作为一种"营销手段"和"营销策略",既参与货物交易,实现货物所有权的过渡与转移,又在此基础上向客户提供高效优质的物流服务。配送的组织者由于直接组织货源及货物销售,因而能够形成资源优势,扩大营销网络及业务范围和服务对象。这种配送模式要求较高,常见于大型汽车配件中心的配送业务。在我国的物流实践中,配销模式的组织形式大多存在于以批发为主体经营业务的货物流通机构。

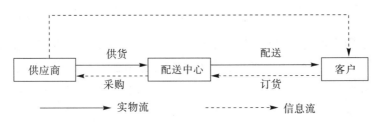

图4-3 配送中心组织配销模式图

配销模式的特点在于:对于流通组织者,由于其直接负责货源的组织和货物销售,所以能形成储备资源优势,并有利于扩大营销网络和经营业务范围。同时,也便于满足客户的不同需求。但这种模式的组织者既要参与货物交易,又要组织物流活动,因此,不但投入的资金、人力、物力比较多,需要一定的经济实力,而且也需要较强的组织和经营能力。

商流、物流一体化的配送模式,对于行为主体来说,由于其可以直接组织到货源以及拥有产品所有权和支配权,所以在配送活动中能够形成一定的优势。但是,按照上述模式开展配送活动,行为主体既要参与货物交易活动又要组织物流配送活动,不但投入的资金和人力、设备等比较多,而且资金、人力比较分散,若没有一定的经济实力,则不可能形成一定规模。另外,因为这种配送模式是围绕着销售活动而展开的,所以常常受到后者的制约。在现代化大生产条件下,生产企业大多按照专业化原则进行大批量、单品种生产,生产企业采取销售配送模式直接配送自己的产品,因受到资金制约,在物流方面不一定能取得优势,所以,对于生产企业来说,它不是配送的主要模式。

此外,配送中心的配送模式还有一种是由大型连锁企业总部授权配送中心设立采购部,代表总部行使接收连锁门店的订单,并向供应商采购货物和确定货物价格,总部的货物部只保留货物组合、货物批发零售以及对配送中心的监督与指导的权力,这一模式被称为"授权模式"。

三、配送中心的组织结构

配送中心的组织机构管理形式,是指配送中心的整个组织机构按部门划分或按层次划分,组成纵横交错关系的组织形式,它取决于业务规模、经营内容、人员素质、经营管理水平和内外部环境等因素。而且,配送中心组织结构也是随着配送中心的发展、管理水平和技术手段的不断提高而不断改进的。作为一个流通型组织,从一般的发展过程来看,其组织结构主要有以下三种类型:

(一)职能型组织结构

职能型组织结构,是指企业按职能部门划分组织经营活动,可具体体现企业活动的特点。具有配销功能的配送中心一般采用功能型的组织结构形式(如图4-4)。

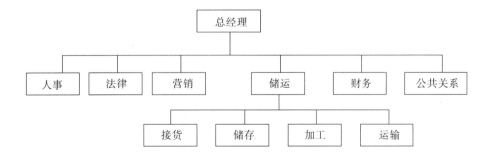

图 4-4 配送中心职能型组织结构图

一方面,这种组织结构可以确保高层管理者维护企业基本活动的权力与威望,使人力的使用更有效,能充分发挥职能机构专业管理的作用和专业管理人员的专长,加强管理工作的专业化分工,提倡内行领导,以达到管理工作的正确性和高效率。另一方面,通过这种组织形式,配送中心可以从上游制造商或供应商处进货,然后再以不同的价格转卖给客户或小型的零售企业,并通过现代化的管理形式对下游企业提供物流支援活动,取代传统的经销商或中间商在市场经营中的地位。

但由于各职能部门的管理人员长期在一个专业部门工作,形成了自己的行为模式,所以往往从本位出发考虑问题,只忠实于自己所在的部门,而不把企业看成一个整体,部门之间难以协调,这容易导致企业对外界的反应比较缓慢。

(二)产品型组织结构

这种结构要求配送中心根据经营产品的类别来划分组织结构,各产品系列部都要担负国际和国内配送的任务(如图4-5)。

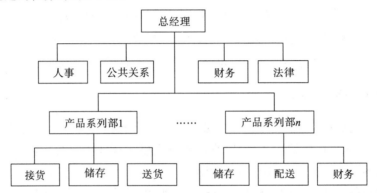

图4-5 配送中心产品型组织结构图

产品型组织结构的最大优点在于其灵活性,当配送中心涉足新的产品领域时,只要在组织结构上增加一个新的产品系列部就可以了。这可以减少市场风险,提高劳动效率,降低经营成本。另外,产品型组织结构有利于配送中心加强对外部环境的适应性,以市场为主导,及时调整经营方向。

然而,产品型组织结构也存在着一定的局限性:第一,产品型组织结构的一个普遍存在的缺点是缺乏地区知识,难以形成良好的客户关系;第二,由于各产品系列部各自展开配送活动,所以各产品系列部之间不可避免地会产生矛盾和冲突,而且配送中心内的整体协调和统一指挥也难以实现;第三,产品划分部门,必须有较多的有全面管理能力的人员,总部和事业部中的职能部门可能重叠而导致管理费用的增加。

(三)区域型组织结构

对于生产产品或服务所需要的全部活动都基于地理位置而集中在一起的企业,应按区域划分部门,建立区域型组织结构,即将一个特定地区的经营活动集中在一起,委托给一个管理者去完成。区域型组织结构,见图4-6所示。

按区域划分组织结构可以调动各地区管理者的积极性,加强各地区各种活动间的协调,还可减少运输费用和时间,降低配送成本。但也存在着需要较多管理人员,造成机构重复设置,高层管理者难以控制各地区的管理工作、较难保持配送中心整体方针目标的一致性等问题。这种组织结构较适合于综合配送中心。

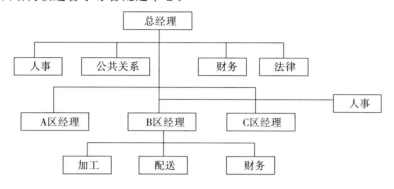

图 4-6 配送中心区域型组织结构图

(四)事业部组织结构形式

事业部组织结构又称"联邦分权制",最初由美国通用汽车公司总裁斯隆于1924年提出。目前,该形式已成为大型企业、跨国公司普遍采用的一种组织结构。物流配送中心作为独立的经济实体也可以采用这种组织结构。它的特点是按货物类别、经营业务或地区设若干个事业部,实行集中决策下的分散经营和分权管理。事业部是实现经营目标的基本经营单位,具体管理经营活动。这种组织结构的优点是:有利于上层管理者摆脱日常的行政事务,集中进行决策;有利于事业部根据市场变化作出相应的经济决策;有利于组织专业化生产,提高效率。其缺点是:由于事业部是一个利益中心,所以往往只考虑自己的利益而影响相互间的协作。它适宜于规模大、货物种类多、分布面广的配送中心。

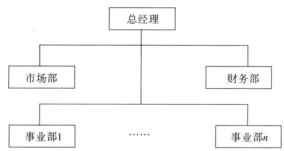

图 4-7 配送中心事业部组织结构图

第三节 配送中心岗位职责及操作流程

一、经理岗位职责

(1)负责合理安排配送中心人员的工作,制定配送中心的日常工作制度。

(2)定期组织对库存货物的盘点,发现问题及时上报处理。
(3)依据企业制度及有关规定,负责执行货物进出库的工作流程。
(4)合理调配运输车辆,保障货物流转的正常进行。
(5)加强对残次货物的管理,将每日产生的残次货物及时上报业务部,并请示解决方案。

二、传单员岗位职责

(1)在配送中心经理的领导下,做好本职工作。
(2)负责单据的接收、传递、登记、分类、保管等工作。
(3)跟踪单据处理,保证其时效性。
(4)确保单据的保密性。
(5)按时完成上级交办的其他任务。

三、接单员岗位职责及操作流程

(一)岗位职责

(1)负责接收相关的订单资料。
(2)在规定的时间内,将客户的订单进行确认和分类,并由此判断与确定所要配送货物的种类、规格、数量及送达时间。
(3)建立客户订单档案。
(4)对订单进行存货查询,并根据查询结果进行库存分配。
(5)将处理结果打印输出,如拣货单、出货单等。
(6)根据输出单据进行出货物流作业。
(7)按时完成上级交办的其他任务。

(二)操作流程

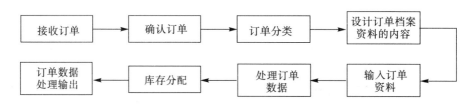

图 4-8　配送中心接单员岗位操作流程图

四、进货员岗位职责及操作流程

(一)岗位职责

(1)负责组织人员卸货。
(2)检验货物条形码,核对货物件数以及货物包装上的品名、规格等,对件数不符的货物,要查明原因,并按照实际情况纠正差错。

(3)签盖回单。

(二)操作流程

图 4-9　配送中心进货员岗位操作流程图

五、仓库管理员岗位职责及操作流程

(一)岗位职责

(1)在上级主管的领导下,做好本职工作。
(2)熟悉货物品种、规格、型号、产地及性能,对货物标明标记,分类排列。
(3)按规定做好出库验收、记账、发放手续,及时做好清仓工作,做到账账相符、账物相符。
(4)随时掌握库存动态,保持货物及时供应,充分发挥周转效率。
(5)搞好安全管理工作,检查防火、防窃、防爆设施,及时纠正不安全因素。
(6)按时完成上级交办的其他任务。

(二)操作流程

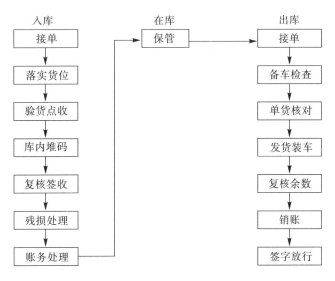

图 4-10　配送中心仓库管理员岗位操作流程图

六、盘点员岗位职责及操作流程

(一)岗位职责

(1)通过点数、计数查明货物在库的实际数量,核对库存账面资料与实际库存数量是否一致。

(2)检查在库货物质量有无变化、有无超过有效期和保质期、有无长期积压等现象,必要时还必须对货物进行技术检验。

(3)检查保管是否与各种货物的保管要求相符。

(4)负责检查堆码是否合理稳固、库内温湿度是否符合要求、各类计量器具是否准确等。

(5)检查各种安全措施和消防设备、器材是否符合安全要求,建筑物和设备是否处于安全状态。

(6)按时完成上级交办的其他任务。

(二)操作流程

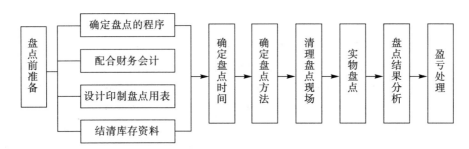

图 4-11 配送中心盘点员岗位操作流程图

七、拣货员岗位职责及操作流程

(一)岗位职责

(1)根据客户的订单要求,从储存的货物中将客户所需的货物分拣出来,放到发货场指定的位置,以备发货。

(2)熟练进行拣货作业,认真完成每日的拣货作业任务。

(3)做出拣货出库实绩总结和报告。

(4)做好拣货设备的定期检查,在设备出现不良状况时,要及时向保养人员报告。

(5)按时完成上级交办的其他任务。

(二)操作流程

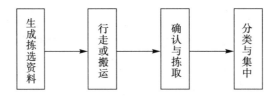

图 4-12 配送中心拣选员岗位操作流程图

八、补货员岗位职责及操作流程

（一）岗位职责

(1)根据以往的经验或者有关的统计技术方法或者计算机系统的帮助,确定最优库存水平和最优订购量。

(2)根据所确定的最优库存水平和最优订购量,在库存低于库存水平时,发出存货再订购指令,以确保存货中的每一种货物都在目标服务水平下达到最优库存水平。

(3)按时完成上级交办的其他任务。

（二）操作流程

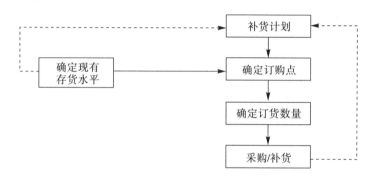

图 4-13　配送中心拣选员岗位操作流程图

九、现场包装人员岗位职责

(1)根据要求,对选定的货物进行包装。

(2)填写清单,贴标签。

(3)按时完成上级交办的其他任务。

十、录入员岗位职责

(1)直接对配送中心主管负责。

(2)负责对配送中心相关单据的录入、审核、确认及传递等工作。

(3)录入单据要求规范、准确。

(4)将单据归类存放,保持办公环境的整洁。

(5)按时打印业务单据。

(6)按时完成上级交办的其他任务。

十一、验收员岗位职责

(1)根据国家有关规定及配送中心的货物验收标准,认真对货物进行验收。

(2)对配送中心货物的安全负责。

(3)配合供应商卸货,并按规定对货物进行摆放。

(4)根据供应商的预送货量做好货位调整。

(5)对所验收货物的数量和质量负责。

(6)负责货物退换工作。

(7)按时完成上级交办的其他任务。

十二、库管员岗位职责

(1)建立健全库房货物账目,严格出入库手续。

(2)依据流程规定,负责对货物进行验收、组织装卸、清点数量、核对型号,并办理一切入账手续。

(3)妥善管理残次货物,及时向上级主管汇报。

(4)负责库存货物的码放工作。

(5)做好库区的防火、防盗工作,保证库存货物的安全。

(6)负责安排库工的日常工作。

(7)按时完成上级交办的其他工作。

第四节 发达国家的配送中心管理

一、美国的配送中心管理

(一)美国配送中心的发展概况

美国的配送中心是在改造老式仓库的基础上,逐步形成和发展起来的。在经济复苏和经济高速发展时期,针对物流分散、道路拥挤、运输效率低、流通费用高等流通领域存在的问题,为实现物流的合理化,美国企业界人士率先把"战时后勤"的概念引用到了企业的经营管理活动中,推出了新的供货形式,将物流中的装卸、搬运、保管、运输等功能一体化和连贯化,并取得了较为明显的成效。同时,他们改革不合理的流通体制,使原有的仓库得以改造。在这种物流的变革中,美国企业采取了以下主要措施:

(1)将老式的仓库改为配送中心。20世纪60年代,美国将原来的老式仓库大部分合并改造成配送中心,从而使老式仓库减少了90%。

(2)引进电脑管理网络,对装卸、搬运、保管实行标准化操作,以提高作业效率。

(3)连锁店共同组建配送中心,促进连锁店效益的增长。

(二)美国配送中心的类型

美国连锁店的配送中心有多种,主要有批发型、零售型和仓储型三种类型。批发型配送中心主要靠计算机管理,业务部通过计算机获取会员店的订货信息,并及时向生产厂家和储运部发出订货指示单。零售型以美国沃尔玛货物公司的配送中心为典型,该类型配送中心一般为某零售商独资兴建,专为本公司的连锁店按时提供货物,确保各店稳定经营。美国福来明公司的食品配送中心是典型的仓储式配送中心,它的主要任务是接受独立杂货商联盟的委托业务,为该联盟在该地区的若干加盟店负责货物配送。

(三)美国配送中心的特点

(1)变革观念,优质服务。美国超市、平价俱乐部等连锁经营的出现,引起了美国社会专业分工的细化和思想观念的转变,并带来了物流的变革。与之相适应,美国的一些配送中心不但将供货方和购货方看作服务对象,而且看作经营伙伴,把客户满意摆在公司指标和工作重心的首位,力争提供百分之百的可靠性服务,从而使配送中心的各个环节的业务都能让客户满意。

(2)配送正确率高。配送中心一般要经过收货、验货、输入收货记录、归档、发货、编制装运单、调整库存记录、装车、配送、交货等环节的作业。每个环节的作业人员必须将外包装上的条形码与货架条形码同计算机储存的信息核对,同时要求部门经理定期对其所管辖区域的存货做一次全面盘点,以提高配送的正确率。

(3)即时服务。每个配送中心均有一个运输部,当运输部接到订单的运输通知时,即由该部负责根据客户要求的时间,制定计划,落实运输队。无论是配送中心拥有自备卡车还是委托其他运输公司,其都有责任对客户提供高效率的服务,做到客户要求什么时间送到,配送中心就保证什么时候送到的承诺。

(4)通过先进的技术和设施,降低作业成本。美国认为,企业只有最大限度地把成本降下来,才能以更优异的服务和低廉的价格参与市场竞争,从而获得更大的利润。美国的配送中心主要通过三条途径来降低成本:第一,广泛应用计算机管理和条形码技术,一些大型配送中心甚至使用卫星通讯、射频识别装置来指挥运行的车辆。第二,选择和使用合适的机械设备,讲求实效,不盲目追求机械化、自动化。第三,利用发达的交通网络选择合理的配送路线,降低运输费用。

二、日本配送中心的实践

在日本,随着商业连锁化经营步伐的加快,客户对社会化配送组织提出了更高的要求。由于客户在货物处理上、时间上和服务上都提出了更高的要求,为了满足客户的这些要求,建立正确、迅速、安全、廉价的作业体制,日本运输业界的大部分企业都建立了配送中心。企业界也对物流中存在的问题积极寻求解决办法,推行共同配送制度。日本的配送中心发展趋势为:系统内自建的配送中心逐步缩小,而配送的社会化物流设施和共同配送趋势日益显著。

(一)日本配送中心的类型

日本配送中心主要有以下几种运作类型:

1. 大型商业企业自设的配送中心

一般由资金雄厚的商业销售公司或连锁超市公司投资建设,主要为本公司内的零售店铺进行配送。同时,也对社会中的小零售店进行配送。配送的货物主要有酒类、生鲜食品、香烟、衣物、日用品等。

2. 批发商投资,小型零售商加盟组建的配送中心

为了与大型连锁超市公司竞争,一些小型零售企业和连锁超市加盟合作、自愿组合,接受批发商投资建设配送中心的进货与配送。这种以批发商为龙头,由零售商加盟的配送中心,实际上是货物的社会化配送。这样既可解决小型零售商因规模小、资金少而难以实现低成本规模经营的问题,也提高了批发商自身的市场占有率。同时,实现了物流设施充分利用的社会效益。

3. 接受委托,为连锁商店服务的配送中心

这种类型的配送中心接受连锁商店的委托,为其实施配送,双方以合同为约束手段,开展稳定的业务合作。

(二)日本配送中心的特点

1. 实行计算机网络管理

日本的配送中心不仅分拣系统和立体仓库等采用计算机控制,而且库存管理和业务经营等也普遍实现电子化。配送中心采用计算机联网订货、记账、分拣、配货等,使得整个物流过程衔接紧密、准确、合理,零售商店的货架存量压缩到最小限度,虽然直接为零售店服务的配送中心库存很少,但大大降低了缺货率,缩短了交货周期,加速了货物周转,从而使货物配送及时准确,保证了物流经营的正常进行,给企业带来了可观的经济效益。

日本的大型物流企业比较注重网络的发展。例如,在日本物流配送行业排名第5的日立物流株式会社,1998年总资产达155亿日元,销售收入为2040亿日元,毛利为43亿日元。它在日本国内设有124个网点,在海外15个国家设有62个网点,在中国的上海和香港都设有合资公司或办事处。由于拥有比较完善的物流配送网络,所以在发展和承揽业务、满足客户需要、降低物流成本等方面都具有较大优势。

2. 执行严格的规章制度

严格的规章制度使货物配送作业准确有序地进行,并真正体现了优质服务。一套严格的规章制度使配送中心的各个作业环节安排周密,按规定时间完成,并且都有详细的作业记录。比如,配送中心对从商店订货到送达之间的时间都有严格规定,一般规定保鲜程度要求高的食品今天订货明天送到,其他如香烟、可乐、百货等今天订货后天送到。如果送货途中因意外不能准时到达,则必须立刻与总部联系,由总部采取紧急补救措施,确保履行合同。

3. 实现物流一体化配送

当前,日本的配送中心基本上都能满足厂商或销售商对物流全过程提出的高速化、高效化的要求,具备了收货、验货、储存、装卸、配货、流通加工、分拣、发货、配送、结算、信息处理等多种功能,实现了物流一体化。

4.使用先进的物流设施

日本配送中心的物流设施都比较先进,其主要表现在:一是自动化程度高,节约了人力。二是对冷藏保鲜控制温度要求高,以保证货物新鲜。如收货、发货只要按相应按键,计算机会自动记录,并将信息分别送至统计、结算、配车等有关部门。高架仓库的冷冻库和冷藏库设计科学合理,钢货架底座设有可移动的轨道,使用方便,这就大大提高了冷库的面积利用率和高度利用率。此外,在送货冷藏车上,可同时装载三种温度的货物,确保各类货物的不同温度要求,并在整个物流过程中都能控制温度。先进的物流设施的使用,节约了运作成本,并保证提供了优质的配送服务。

三、美国配送中心与日本配送中心的比较

（一）物流配送软硬件的开发及应用侧重点不同

美国配送中心所使用的资讯系统资料显示,除一般的管理系统外,美国配送中心在发展过程中还存在对多仓储、多配送中心管理系统和分布面积较散的连锁商店之间货物运送的侧重。日本则因为地域狭窄、交通复杂而具备一个较富弹性且经济的配送系统。在机械自动化程度方面,美、日等国由于其物流中心的发展历史较久,所以机械自动化程度都较高,作业形式较为成熟。

（二）配送中心的特色功能存在差异

日本配送中心通过提高货物质量、增加花色品种、增加供货频率等形式强化供货枢纽的战略功能；通过综合物流管理形式以控制物流成本的功能；通过增强应变能力以适应物流量随经营规模的发展不断变化的应变功能。而美国配送中心则特别重视单个客户的服务功能,即尽力满足客户提出的各种要求。

四、欧盟主要成员国配送中心的实践

欧盟自全球一体化进程加快以来,物流发展迅速,并形成了新的产业。很多成员国家的配送中心的业务活动主要以运输货物为主,围绕着运输进行货物的配送。

（一）欧盟配送中心的类型

1.运输业配送中心

在欧洲一些国家,配送中心的业务活动主要以运输货物为主,围绕着运输进行配送。这样的物流配送中心运输能力较强,可调动的运输设备比较多。但是,并非所有的运输车辆都是物流配送中心自备,有些物流配送中心拥有的运输设备很少,他们向客户配送货物或运送货物主要是依靠租用社会上众多运输公司的车辆来完成的。如英联邦运输公司集配中心为了使货物分拣、配送作业趋于合理化及实现集约化经营,实行了集中运输、集中分拣、集中管

理运输车辆的物流体制。在货物集配中心,拥有自动分拣设备、运输设备、车辆维修工厂的设施设备。

2. 零售业配送中心

这类配送中心隶属于零售公司,既是提供物流服务的组织,又是货物销售中心。

3. 批发业配送中心

主要向多家超市和商店配送各种货物,如加工食品、冷冻食品、服装、日用品、建材等,其库存能力强,配送规模大、速度快,各类设施比较完善,适应于各种配送需求。如芬兰SESKO公司中央配送中心是垄断芬兰货物批发和零售市场的五大集团之一。它把芬兰划分成了13个区域,按区域配置分店和设立仓库,它直接经营的商店有800家,公司的地方仓库储存着400~2000种畅销货物。

4. 汽车制造业配送中心

在英、法等国家,随着汽车制造业的不断发展和竞争的加剧,汽车配件的供给和需求不断增加,先后建立起了许多供应汽车配件的组织,即配件中心。从职能上看,这些配件中心既负责向客户供应和销售汽车配件,也从事货物的存储、分拣、输送等物流活动,并向客户提供系列化的后勤服务,从而起着配送中心的作用。

(二)欧盟配送中心的特点

1. 配送中心集中化

近年来,欧盟各成员国物流发展呈进一步集中化的趋势。许多跨国公司达成联盟,将过去分散在各国的多个配送中心、物流中心逐步削减和整合,进一步简化中间环节,加快配送速度、降低总成本,以提高物流效益。

2. 配送中心业务以运输为主

为促进运输企业向物流服务转化,各种运输企业,不论是陆运、海运还是空运企业,都不同程度地向物流服务转化,扩展运输的功能,实现以运输为主的配送活动。一些世界级运输企业,在最近几年里都已完成了向物流业的转化,并成为各国物流发展的重要力量。从发达国家的情况看,许多成功的第三方物流服务企业,也是从运输企业发展转化而来的。

综上所述,国外配送中心已呈现出系统化、规模化、多功能化、信息化、社会化的发展趋势。

◇ 本章小结

配送中心是一种多功能、集约化的物流节点,是企业综合物流功能的缩影。对配送中心进行有效的管理是提高配送中心效率的主要途径之一。配送中心管理以实现效益最大化、服务最优化、资源合理化、流量最大化为目标,以对配送作业、设施设备、配送成本、存货安全、客户服务绩效进行管理为主要内容。配送中心为了进行有效的经营管理活动,实现上述目标,必须建立合理的企业组织机构,将多部门、多层次复杂的工序简单化,缩短流通路径,降低流通成本。同时,必须提高配送中心的工作人员的业务素质与能力,使其掌握正确的岗位操作流程,以提高配送中心的工作效率。

案例分析

日本神户生协连锁超市鸣尾浜配送中心运作与管理

神户生协是日本客户合作社(CO—OP)中规模最大的连锁商业企业。它拥有会员约123万户,年销售总额3840亿日元(折合人民币300亿元),销售货物以食品为主(占72%)。

神户生协拥有超市连锁门店171个,每天购货达35万人次。对于那些因会员少、尚不具备开设门店的地区,则建立无店铺销售网,设送货点22万多个,服务对象近30万户家庭。面对供应面广、品种多、数量大的供配货需求,神户生协建造了鸣尾浜配送中心,承担了全部销售货物的配送任务。

在规划这座配送中心时,他们认为,应有利于提高对客户(商场)的服务水平。根据货物多品种、小批量、多批次货的特点,做到能在指定的时间里,将需要的货物按所需数量送到客户的手里,以提高销售额、削减商场库存、提高商店作业效率,减少流通过程的物流成本,增强企业的竞争力。

一、多功能的供货枢纽

鸣尾浜配送中心具有以下重要功能:

1. 强化供货枢纽的战略功能

根据物流集约化原则,神户生协在规划鸣尾浜配送中心时,强调了强化供货枢纽的战略功能。

(1)货物出货单位要小,以满足商场越来越强烈的拆零要求。

(2)将原来由商场承担的工作量大、耗时多的贴标签、改包装等流通加工作业放到配送中心里完成,以满足小型超市商场运营的需要。

(3)扩大库存货物的品种,以强化配送中心的供货能力,降低货物的缺货率,特别是采用了与POS系统联网的EOS电子订货系统来处理连锁店的订货,并根据库存信息预测总订货量,向供应商发出订货单。

(4)扩大分拣功能,根据对中转型货物的集约化作业,改善零售店收货和搬运作业。

(5)除一部分特殊货物外,畅销货物全部由配送中心送货,为实现向商场配送计划化奠定基础。

(6)满足无店铺定点销售物流的需求。

(7)开发支撑配送中心高效运转的信息处理系统。

2. 抑制物流成本

配送中心使用不少先进的物流设备和设施,为了保证正常运转,必须做好日常的维修保养工作,以降低物流成本。其包括加强人事管理、配送中心运营费用的预算和外托合同企业(如运输公司)的联系等。

3. 增加配送中心的应变能力

由于配送中心的物流量随经营规模的发展而不断扩大,所以必须确保在一段较长的时间内能满足企业发展的需要。配送中心的设计,分别以10年的周、日处理量作为最大值、平均值,故具有满足此后数年的处理能力。另外,要做到今后扩建的余地。

二、现代化的物流设计

配送中心的选址是一项至关重要的工作。神户生协把配送中心选在神户西宫市鸣尾浜地区。其理由是:第一,日本关西商业经营的重心在大阪,配送中心必须能迅速调运货物;第二,根据神户生协连锁超市发展区域点多面广的特点,尽可能利用附近的43号国道和大阪海岸公路;第三,大量车辆出入配送中心,产生较大的噪音,必须择地在准工业地域。

鸣尾浜地区全部是填海造地而成,配送中心基地面积38000平方米,宽190米、长200米,呈长方形;四周为宽12米和20米的公路。

配送中心建筑呈L型,大部分为2层建筑,仅南端生活办公用房为3层。总建设面积33805平方米,其中,用于配送作业面积27907平方米。

为了合理组织车流,基地设2个出入大门,东门出、西门进,各宽15米。建筑东西两翼各有一条卡车坡道,宽6.5米(包括1米宽人行道),坡度为15%。卡车由西坡道下楼,单向行驶。

配送中心是现浇钢筋混凝土结构的建筑物,柱网尺寸为12米×9米,底层高7.5米,第二层为6米;屋盖为钢结构,桁架梁、金属瓦楞屋面。

建筑物底层为分拣系统及发货场地、站台、储存货架及拣货作业场地。上下两层站台总长460米,拥有停靠车位147个(其中,收货58个、发货89个)。

三、合理的物流流程和运作

配送中心根据货物进销的不同情况和货物ABC分析,将物流分成3条路线:

1. 路线1(库存型物流)

进销频繁的货物,整批采购、保管,经过拣选、配货、分拣、配送到门店无店铺销售的送货点。

2. 路线2(中转型物流)

通过整合计算机系统和其他方式订购的货物信息,采取整批采购的方法,满足客户的需求。

3. 路线3(直送型物流)

货物从供货单位,不经过配送中心,直接组织货源送往销售店。

鸣尾浜配送中心的作业情况如下:

(1)收货:供货商将货物送至配送中心二楼收货站台,人工卸车,包装均为统一规格系列的纸箱。整批货物由人工堆码托盘、叉车搬运;路线2货物由人工卸至辊道输送机,进行验收,再经合流后送入3条主输送带。

(2)储存、搬运:大部分货物储存在二楼,路线1整批货物以托盘为储存单元,由叉车送入普通货架;需要开箱拆零的单元,由叉车送入普通货架;需要开箱拆零的货物,再从货架上取出、搬入轻型重力式货架、人工拣选。

普通货架和轻型重力式货架相对平行布置,货架分上下两层,每层3格,高4.5米。货架的走道中间设置以胶带输送机为主体的传递搬运系统,总长5200米。进销频繁的货物则以托盘为单元,存入在底层站台。配送中心全部储存容量为3500托盘、17万箱。

(3)拣选:鸣尾浜配送中心在建设过程中,反复研究总结了日本不少配送中心成功与失败的经验与教训,结合超市销售量大、利薄的特点,认为对于批量零星而进出频繁的货物,不宜采用立体仓库、巷道拣选机,故配送中心决定采用普通货架、人工拣选的形式,以适应多种销售形式。

整箱销售的货物,以托盘为单位,货架存放。发货时,工作人员按订货单,从货架搬入两侧的输送带传送系统。

路线2的货物属中转货物,在配送中心进行的是越库配送(Crooss Docking)。收货后,暂存辊道输送机上,经人工粘贴发货条形码后,直接送主输送带,进入分拣系统。

开箱拆零货物,以纸箱为单元,存入在轻型重力式货架上。发货时,由人工开箱拆零拣货,另行组配拼箱,送入传送系统。拼箱用的空纸箱则利用回收的旧纸箱,由悬吊式链条输送机(置于胶带输送机的上空)传递。对于特别零星的货物,则采用计算机控制的拣选系统。

(4)分拣系统:全部发运货物的纸箱上均粘贴印有条形码的发运标签(内容包括:销售店名称、货物名称、数量等),该标签由计算机打印。这些货物从各拣选渠道汇集到3条主输送带,从二楼传入底楼,最后合流至分拣系统。

分拣信息由激光扫描器读取纸箱上的条形码信息,进行自动分拣。分拣系统采用高速胶带传动斜轮分拣机,分拣作业线总长160米、分拣道口41条、道口间距3米、传送速度100米/分、分拣能力为6000箱/时。分拣的纸箱允许的最大长度为0.9米、最大重量25公斤,超重时,分拣机自动停止运转。

(5)配送:从分拣道口斜滑道下的货物,由人工装入笼车等集装单元化运载工具,并送至发货站台待运。而后,货物按编排队的配送路线,分别装入厢式卡车,配送到各超市连锁店。笼车回空时,可折叠起来,节省车容。

由于采用了笼车,所以大大减少了中间的装卸环节,有效地改进了从配送中心的储存货架起,一直到商场里的货物陈列货架为止的整个装卸搬运作业过程,加快了运输车辆的周转。配送中心的卡车,只需一名司机兼装卸工,便可完成全部装卸搬运作业,非常经济实用。

鸣尾滨配送中心建成后,充分发挥了促进和扩大货物流通的作用。它配合零售店,辅助供应工作,提供各种服务,如拆零发货、代贴价格标签、采用计算机联网订货、记账结算等。

由于采用了计算机库存管理,所以大大降低了缺货率,缩短了要货期。加快了发货,原来每周订货2次,现在做到当天订货、当天或隔天即可送到零售门店,大大压缩了商场的库存,加速了货物的周转,给企业带来了极可观的经济效益。

问题讨论:

1. 神户生协如何将客户所需货物在指定的时间内送到客户手中?
2. 如何理解鸣尾浜配送中心的建成,充分发挥了促进和扩大货物流通的作用?

◇ **复习思考题**

1. 简述配送中心管理的目标。
2. 配送中心管理的内容体现在哪些方面？
3. 简述配送中心组织机构确立的原则。
4. 配送中心的配送模式和组织结构有哪几种？
5. 简述配送中心的职能部门划分与职责。

◇ **实训题**

参观相应的物流企业或企业的配送中心，进一步了解与掌握配送中心的岗位设置及组织结构。

第五章 配送作业管理

学习目标

通过本章的学习,学生要了解配送作业的基本环节,掌握配送作业的流程,熟悉进货作业管理,熟悉储存及保管保养作业管理,熟悉补货作业管理,熟悉配送信息管理,了解其他配送作业管理。

开篇案例

香港喜里物流公司

随着香港经济的复苏和全球经济一体化,香港作为国际性进出口口岸的重要性日显重要,由此也推动了香港物流业的高速发展。喜里物流公司已成为香港大型现代化、社会化和国际化的第三方物流企业。

喜里物流公司是跨国企业郭氏集团的成员,以香港为基地,业务面向亚太地区,喜里物流公司拥有香港首家第三方物流电子配送中心。它能够为客户提供订货处理、存货管理、货物分流管理、货物配送及电子商务等服务,功能比较齐全。

库存管理:喜里物流公司拥有61.4万平方米仓库。仓库分为普通、保税、危险品、冷冻及控温控湿等仓库。实行计算机管理,设立互联网网上查询业务,为客户提供库存量查询、物流动态报告、订单现状追踪及分析服务等。

配送管理:可提供国内及跨境的货物运输服务、全球性海空货运服务。在香港有100多辆0.6~16吨的货车。可以实行B2B和B2C的送货服务,包括装配、货物检验及回程物流。

网上物流服务:客户可在互联网上下订单、查询库存状况及索取管理报告,可以和供应链伙伴建立即时互动的网上资讯联系。

电子配送服务:采用条码及射频识别技术管理资讯传递。建立客户提货站和采用流动销售点付款服务。

(资料来源:中国物流与采购网)

阅读以上案例,请说明香港喜里物流公司是如何开展配送作业的。

第一节 配送作业的基本环节和作业流程

一、配送作业的基本环节

配送是根据客户的订货要求,在配送中心或物流节点进行货物的集结与组配,从而以最适合的形式将货物送达客户的全过程。配送作业包括以下几个基本环节:

(一)备货

备货是将分散的或小批量的货物集中起来,以便进行运输、配送的作业。备货是配送的准备工作或基础工作,客户需要组织货源时,它通常由配送机构组织进行进货、储存、保管等基本业务。其中,进货包括集货、卸货、验收、结算、堆垛等作业。储存活动除了进行存储作业,还要进行盘点作业管理,这也就是要求在配送机构实现商流与物流的合一。比如,商业性批发配送机构的连锁超市配送中心也可以由配送机构只代理供方或需方货物的集货、卸货、验收、储存等物流活动,而采购、结算等物流活动由供需双方直接完成,即是商流与物流分离的模式。由传统仓库发展而来的仓储配送中心即属于这一类。

(二)理货

理货是配送的一项重要内容,也是配送区别于一般送货的重要标志。理货包括货物分拣、配货、配装、配送加工等活动。分拣是将货物按品名、规格、出入库先后顺序进行分门别类的作业。分拣是配送不同于一般形式的送货以及不同于其他物流形式的重要的功能要素,也是配送成败的一项重要的支持性工作。配货,是指使用各种搬运和传输装置将分拣出来的货物按照客户的要求或货物自身的特点配备齐全以备装运。配装,是指在单个客户配送数量不能达到车辆的有效载运负荷时进行搭配装载以便充分利用车辆的运能、运力。配送有别于一般性的送货还在于,通过配装可以大大提高送货水平及降低送货成本。同时,能缓解交通流量过大所造成的交通堵塞、减少运次、降低空气污染。所以,配装也是配送系统中具有现代特点的功能要素之一。配送加工是按照客户的要求进行的流通加工。在配送活动中,有时需要根据客户的要求或配送对象,为便于流通和消费、改进货物质量、促进货物销售,对货物进行套裁、简单组装、分装、贴标、包装等加工活动,其主要目的是提高客户的满意程度。

(三)送货

送货是将配好的货物按照配送计划确定的配送路线送达客户指定地点,并与客户进行交接。如何确定最佳配送路线,如何使配装和路线有效地结合起来,这是体现配送运输特点的地方,也是难度较大的工作。送货活动又可具体分为配送运输和送达服务两个方面。

配送活动除了以上几个基本环节,一般还包括订单处理、分放、车辆回程等活动环节。

二、配送作业的流程

(一)配送作业的一般流程

配送作业的一般流程是配送活动的典型作业流程模式,其运动过程是:备货—存储—分拣—配货—配装—送货—送达。在市场经济条件下,客户所需要的货物大部分都由销售企业或供需企业某一方委托专业配送企业进行配送服务,但货物特性多样,配送服务形态也各种各样。一般认为,随着货物的日益丰富,消费需求个性化、多样化,多品种、少批量、多批次、多客户的配送服务形式最能有效地通过配送服务实现流通终端的资源配置,这是当今最具时代特色的典型配送活动形式。这种形式的配送活动服务对象繁多,配送作业流程复杂,将这种最具有代表性的配送活动作业流程确定为通用、标准流程。配送作业的一般流程如图 5-1 所示:

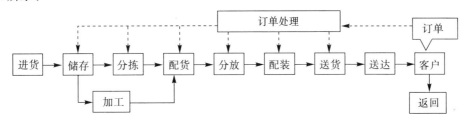

图 5-1　配送作业的一般流程

(二)典型货物的配送流程

1. 生产资料的配送流程

"生产资料"是劳动手段和劳动对象的总称。在管理运作过程中,人们常常把生产资料分成两大类:工业品生产资料和农产品生产资料。

一般来说,生产资料的消费量比较大,从而运输量也比较大。从物流的角度看,有些生产资料是以散装或裸露形式流转的(如煤炭、水泥、木材等),有些则以捆装和集装形式流转的(如金属材料、机电产品等),有些货物是经过初加工以后才供应给客户使用的(如木方、配煤、型煤等),也有些直接进入消费领域而不经过初加工过程。由于货物的性质和消费情况各异,所以其配送流程也迥然不同。从形式上看,生产资料配送流程大体上可分为两种。

第一种流程是:在配送过程中,作业内容和工序比较简单,除了有进货(备货)、储存、装货和送货等作业,基本上不存在其他工序。这种配送的流程如下所示:

进货(备货)—储存—装卸—送货

在这种配送流程中,装卸运输作业通常要使用专业的工具或设备,并且车辆可直接开到储货场地进行作业(直接发送)。在流通实践中,按照这种流程进行配送的生产资料主要有煤炭、水泥、成品油等。

第二种流程是:在配送活动中包含着加工(产品的初级加工)。换言之,加工作业成了配

送流程中的一道重要工序。由于货物种类和客户需求不同,所以在加工工序之后续接的作业不尽一致,具体如下所示:

进货—储存—加工—装货—送货;

进货—储存—加工—储存—分拣—配货—送货。

很明显,第二种流程要比第一种流程复杂。不但作业工序多,而且同样的工序会重复出现(如储存)。在货物供应活动中,采用第二种流程的生产资料主要有钢材、木材等。下面仅选出几种有代表性的生产资料来具体说明其配送流程。

(1)金属材料的配送流程。作为配送对象的金属材料主要包括这样几种:黑色金属材料(包括各种型材、板材、线材等)、有色金属材料(有色金属及其型材)和各种金属制品(如铸件、管件坯料)。金属材料有如下一些特点:重量大、强度高、规格品种繁多,但运输时可以混装。这类货物的产需关系比较稳定,但是需求结构比较复杂。因此,金属材料配送多数都包含加工工序。对于一些需求量不太大但需要品种较多的客户,金属材料的配送流程中又常常包含着分拣、配货和配装等作业。就加工工序而言,主要有这样几项作业:集中下料;材料剪切、定尺和整形;除锈、剔除毛刺。金属材料的配送流程如图5-2所示:

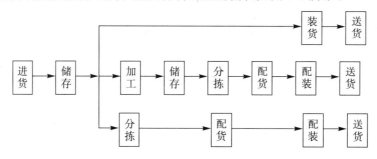

图 5-2　金属材料的配送流程

从图中可以看出,金属材料配送存在着一种特殊情况:若配送品种单一且数量较多的货物,则流程中没有也不需要安排分拣、配装等作业(或工序),配送车辆可以直接开到储货场进行装货、送货。由于金属材料的需求相对稳定,所以在实践过程中适宜采用计划配送的形式供货;同时,因金属材料的需求量大并且带有连续性,所以,也适宜采用集团配送和定时、定量配送的形式向客户供货。

(2)煤炭的配送流程。作为配送对象的煤炭主要有原煤、型煤、配煤(混配煤炭)。这类货物需求有这样一些共同特点:需求量大、需求范围广、消耗稳定、客户较固定。由于此类货物储运是以散堆为主,所以很难与其他货物配装。

鉴于煤炭有其特殊的物理性能和化学性质,因而在实际操作中形成了两种不同的配送流程。一是从储存场地直接装货、直接送货;二是在储货场地设置加工环节,将煤炭加工成配煤(即将几种发热量不同的煤炭掺混在一起,以达到客户的使用要求)和型煤,然后进行装货和送货,如图5-3所示:

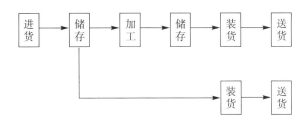

图 5-3　煤炭的配送流程

煤炭配送流程是单品种散装生产资料配送的典型模式。按照此流程运作，其基本要求是：配送企业要有集中库存的能力和设施，配送主体必须有较强的加工能力，需配置专用的设备和采用专门的技术。煤炭配送的特点是：配送量大和发送（货物）频繁。有些不需要加工的煤炭，在满足整车装运要求的前提下进行配送时，运输车辆可以直接到储煤场地去装车和发货。另外，因配送的煤炭品种单一，故配送流程中不需要进行分拣、配货等作业。

由于煤炭的配送量比较大，加上需求稳定（客户比较固定），所以，在实际操作时常采用计划配送和定量配送等形式向客户供货。

（3）化工材料的配送流程。这是特殊生产资料配送的典型模式。化工材料种类繁多，有些无毒无害，有些有毒有害。化工材料的特点是：活性强，不同种类的化工材料不能混装、混存，其装载运输和储存需使用特制的容器、设备和设施。

由于化工材料形态较为复杂，进货情况不同，所以其配送流程也不尽一致。从总体上看，基本上有两种形式，即散装或大包装配送流程和小包装配送流程。

①散装或大包装配送流程。配送企业（配送中心）集中进货后，通常都要按照要求进行分装加工（变大包装为小包装），然后采取一般配送流程进行配送作业。散装化工材料的配送流程如图 5-4 所示：

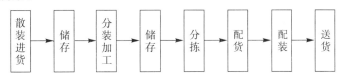

图 5-4　散装化工材料的配送流程

②小包装配送流程。有些化工货物在出厂前就已包装成小单元（客户可以接受的单元标准）。对于这类货物，配送企业集中进货后不需要再进行分装加工就可以直接按照一般的配送流程安排作业。小包装化工材料的配送流程如图 5-5 所示：

图 5-5　小包装化工材料的配送流程

由于很多用于工业生产的化工货物系有毒、有害物，所以，配送这类货物须配备专用的设施和设备（储存和运输设备）。此外，化工货物的配送只适宜由专业生产企业（化工企业）和专业流通企业（化轻公司）来组织。因客户不宜过多储存有毒、有害、有危险的货物，故定点、定量配送形式供货和计划配送形式供货是化工货物的主要配送流程形式。

2. 生活资料的配送流程

生活资料是用来满足人们生活需要的劳动产品,它包括供人类吃、穿、用的各种食品、饮料、衣物、用具和各种杂品。生活资料的品种、规格较之生产资料更为复杂,其需求变化也比生产资料要快。因此,生活资料的配送不但必须安排分拣、配货和配装等工艺(或工序),而且其作业难度也比较大。此外,就生活资料中的食品而言,有保鲜期、保质期和卫生等质量要求,一部分生活资料的配送流程中也包含着加工工序。关于生活资料配送的作业程序和具体内容,以日用小杂品的配送流程和食品的配送流程为例来进行说明。

(1)日用小杂品的配送流程。"日用小杂品"主要指这样几类产品:小百货(包括服装、鞋帽、日用品),小机电产品(如家用电器、仪器仪表和电工产品、轴承及小五金),图书和其他印刷品,无毒无害的化工产品和其他杂品。这类产品的共同特点是:有确定的包装,可以集装、混装和混载,货物的尺寸不大,可以成批存放在设有单元货格的现代化仓库中。

由于日用小杂品的品种、规格繁多,其市场需求又呈多品种、小批量状态,所以,其配送流程中必然要求有理货和配货等工序。由于每一个客户每次对日用小杂品的需求量有限,而这类货物又能够进行储存、配装,所以,为了进行合理运输,在配送流程中,又必然安排有配装工序。就整个配送流程来看,日用小杂品配送是一种标准化的配送模式,其配送流程如图5-6所示:

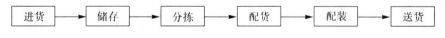

图5-6 日用小杂品的配送流程

日用小杂品的配送作业工序比较齐全,但流程中没有加工工序。这是因为日用小杂品多为有包装的货物,并且包装内的货物数量一般都不太多(即为小包装货物),故在这类货物的配送过程中,很少有流通加工环节出现。

日用小杂品的配送常常要根据客户的临时需要来安排和组织。因而,其配送量、配送路线和配送时间等很难固定下来。在现实生活中,往往都是采用即时配送形式和多品种、少批量、多批次配送的方法来向客户供货和发送货物。

(2)食品的配送流程。食品的种类很多,且形状各异,又都有保质期、保鲜期。根据这些特点,食品的配送有三种流程形式。

第一种流程:食品组织到以后基本上不储存,很快进行分拣、配货,然后快速送货。中间不存在储存工序。通常,保质期较短的和保鲜要求较高的食品(如点心类食品、肉制品、水产品)基本上都按照上述流程进行配送,其配送流程如图5-7所示:

图5-7 没有储存工序的食品配送流程

第二种流程:在备货作业后安插储存工序,然后依次进行配货和配装等作业。通常,保质期较长的食品主要是按照这样的流程配送的。操作程序是:大量食品组织进来后,先进行储存、保管,然后根据客户订单进行分拣、配货、配装,待车辆满载后,随即向各个客户送货,其配送流程如图 5-8 所示：

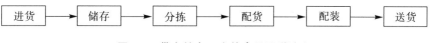

图 5-8　带有储存工序的食品配送流程

第三种流程：带有加工工序的配送流程。实际操作情况大体上是：大量食品集中到仓库或场地后，先进行粗加工，然后依次衔接储存、分拣、配货、配装和送货等工序，其配送流程如图 5-9 所示：

图 5-9　带有加工工序的食品配送流程

蔬菜、鲜果、鲜肉和水产品等需要进行粗加工的货物配送经常选用第三种流程。加工工序的作业内容主要有：分装货物（将大包装改为小包装），货物分级分等，去杂质（如蔬菜去根、鱼类去头和内脏），配置半成品等。

食品配送要特别强调速度和保质。因此，在物流实践过程中，一般都采用定时配送、即时配送等形式向客户供货。

第二节　进货作业管理

进货作业是货物从生产领域向消费领域转移过程中进入流通领域的第一步，是实现货物配送的前置工作。而商业配送活动中的进货工作涉及货物所有权的转移，货物一旦收下，配送代理人就承担保证货物完好的全部责任。因此，进货作业质量至关重要。通常，进货作业的内容包括：先从供应商处取得货物并集中起来，再运到代理商处，从送货车上将货物卸下，然后进入验收环节，即核对该货物的数量及状态（数量检查、质量检查、开箱等），并将必要信息以书面形式记录下来，然后把货物搬运到指定的储存场所，最后在相应的储位上对货物进行堆垛等。

一、集货作业管理

集货是配送的首要环节，是配送的准备工作，是将分散的和需要配送的货物集中起来以便进行集货。为了满足特定客户的配送要求，有时需要把客户从几家甚至数十家的供应商处预订的货物集中到一处。配送的优势之一就是通过集货形成规模效益。如深圳中海物流公司为 IBM 公司进行配送时，先将 IBM 公司遍布世界各地的 10 多个供应商提供的料件集中到香港中转站，然后通关运到深圳福田保税区配送中心，这是一个很复杂的集货过程。

仓库接到提货通知时，应及时进行集货工作，以保证提货人可以按时完整地提取货物。集货时，要认真核对货货物料，核实货物，避免出错。集货工作主要有：

（一）包装整理、重刷标志

仓库应清理原货包装，清除积尘、污物。对包装已残损的货物要求重新包装或者灌包的要及时安排包装作业。对原包装标志脱落、标志不清的进行补刷、补贴；提货人要求标注新标志，应在提货日之前进行。

（二）零星货物组合

为了作业方便和提高搬运灵活性，应当对零星货物进行整理配装，并使用大型容器收集或者堆装在托盘上以免提货时遗漏。同时，这也能提高劳动作业效率。

（三）根据要求装托盘或成组

托盘是一种用于机械化装卸搬运和堆存货物的集装工具，它的使用大大提高了物流的效率，现在也已经用于储存、运输以及售货等。在集货的时候，按提货人要求，通过装托盘或者成组，可以及时进行相应作业，从而保证作业质量。

（四）转到备货区备运

将要出库的货物预先搬运到备货区，以便能及时装运，这样能做到调节整个进货量的均衡，同时，保证进货节奏的稳定和防止出现忙闲不均的现象。

二、卸货作业管理

在配送活动中，卸货一般在收货站台上进行。送货方到指定地点卸货，并将抽样货物送货凭增值税发票交验，卸货形式通常有人工卸货、输送机卸货和码托盘叉车卸货等。

三、验收作业管理

（一）验收的目的

收货检验是配送工作中的一个重要环节，验收的目的是保证货物能及时、准确、安全地发运到目的地。货物在供应商和工厂与仓库之间相互有交接关系，所以验收的目的一是在于与送货方分清责任；二是在货物运输过程中，因种种原因可能造成货物溢缺、损失，供需双方更应当面查点交接，以分清责任。

（二）收货检验的内容

收货检验工作在货物配送工作中具有相当重要的地位，它是一项细致复杂的工作。因而，每一个收货员在工作中一定要做到忙而不乱、认真核对，一定要熟悉货物知识，要做到眼快手勤、机动灵活地选择验收方法。通常有三核对和全核对两种核对方法。

"三核对"即核对货物条形码（或物流条形码），核对货物的件数，核对货物包装上品名、规格、细数。只有做到"三核对"，才能达到品类相符、件数准确。由于用托盘收货时要做到"三核对"有一定难度，所以收货时采取边收边验的方法来保证"三核对"的执行。有的货物即使进行了"三核对"仍会产生一些规格和等级上的差错，如品种繁多的小货物。对这类货物就要采取全核对的方法,即要以单对货,核对所有项目,即品名、规格、颜色、等级、标准等,才能保证单货相符、准确无误。若发现货物件数不符,则必须查明原因,按照实际情况纠正差错,绝不含糊。

(三)验收前的准备工作

在配送中心的货物集中待运过程中,往往情况变化很大,有时大量集中到达,有时零星分散到达。收货工作必须根据具体情况做好各项准备工作,才能保证现场作业顺利进行。收货前的准备工作一般有如下几个方面:

其一,是供应商的送货预报,在计算机终端(如手掌机)内输入这些货物的条形码以及本日到货的所有预报信息。

其二,备好收货所需的空托盘,让货物直接卸在托盘上。

其三,预备好有关用具,避免临时忙乱。

(四)货物验收的要求和方法

货物验收是交接双方划分责任的界限,把完好的货物收进来,然后通过配送再把完好的货物送给客户。为此,必须经过货物条形码标识、数量、质量、包装四个方面的验收。

1. 货物条形码验收

在作业时,要抓住两个关键,一是检验该货物是不是送货预报的货物;二是验收该货物的条形码与货物数据库内已登录的资料是否相符。

2. 数量验收

由于配送中心的收货工作非常繁忙,所以通常会几辆卡车接连到达。为了节约时间,一般采取"先卸后验"的办法,几辆卡车同时卸车,先卸毕的先验收,交叉进行。这样既可节省人力,又可加快验收速度;既便于点验,又利于防止差错。

3. 质量验收

由于交接时间短促和现场码盘等条件的限制,所以在收货点验时,一般能用"看"、"闻"、"听"、"摇"、"拍"、"摸"等感官检验方法,检查范围也只能是包装外表。

对于流质货物的验收,应检验包装外表有无污渍(包括干渍和湿渍),若有污渍,则必须拆箱检验并调换包装;对于玻璃制品的验收(包括部分是玻璃制作的制品),要件件摇动或倾斜细听声响;对于香水、花露水等货物的验收,除了"听声响"外,还可以在箱子封口处"闻"一下,如果闻到香气严重刺鼻,则可以判定内部货物必定有异常状况;对于针棉织品等怕湿货物的验收,要注意包装外表有无水渍;对于有有效期的货物的验收,必须严格注意货物的出厂日期,并按规定把关,从而防止货物失效和变质。

4. 包装验收

包装验收的目的是为了保证货物在运行途中的安全。物流包装一般在正常的保管、装卸和运送途中,经得起颠簸、挤压、摩擦、污染等影响。在包装验收时,应具体检查纸箱封条是否破裂、箱盖(底)是否粘牢、纸箱内包装或货物是否外露、纸箱是否受过潮湿。

四、搬运作业管理

(一)搬运作业的主要目的和内容

搬运就是将不同形态的散装、包装或整体的原料、半成品或成品等货物在平面或垂直方向加以提起、放下或移动,该过程中可能要运送,也可能要重新摆置物料,从而使货物能适时、适量移至适当的位置或场所存放。搬运活动的主要目的和内容见表5-1。

表 5-1 搬运活动的主要目的和内容

目的	内容
1.提高生产力	顺畅的搬运系统能够消除物料不畅瓶颈以维持及确保生产的正常进行,使人力得到有效利用,让设备减少闲置
2.降低搬运成本	降低每位劳工及每单位货物的搬运成本,并减少延迟、损坏及浪费
3.提高库存周转率,以降低存货成本	有效率的搬运可加速货物移动及缩减搬运距离,进而减少总作业时间,并使得存货存置成本及其他相关成本皆得以降低
4.改善工作环境,保证人员、货物搬运安全	良好的搬运系统能使工作环境大为改善,不但能保证货物搬运的安全、减少保险费率,且能提高员工的工作效率
5.提高货物品质	良好的搬运可以减少货物的毁损,使货物品质水准提升,减少客户抱怨
6.促进配销成效	良好的搬运可提高配送系统作业效率,不但能缩短货物总配销时间、提升客户服务水准,而且能提高土地劳动生产力,对公司营运成效提高帮助很大

就配送系统而言,自运输车辆上卸下货物,从卸货点搬运至储存区、在配送中心内的搬运、从配送中心内取出货物等作业均属搬运作业。配送过程中的搬运活动发生时机如图5-10所示:

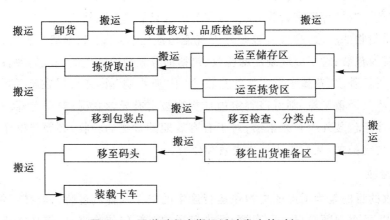

图 5-10 配送过程中搬运活动发生的时机

上述配送中心的搬运活动不一定包括所有的搬运作业,但已可使我们了解到货物搬运除了增加成本外,无法增加产品的价值。因此,我们必须尽可能减少货物搬运次数,以降低成本。

(二)搬运形式

搬运形式直接影响配送中心的作业效率,是否重复行走、货物是否应合并运送,都是管理者做决策时必须考虑的因素。因而,应配合设备的使用及搬运路线的规划来决定货物究竟采用何种搬运形式。

1.搬运移动形式——移动系统

移动系统根据货物搬运的移动形态划分成两种不同的运行体系:不同货物各自由原点直接向终点移动,称为"直流体系";综合不同区域的各类货物共同搬运,为这些货物运用相同的设备、依照相同的路线移动,称为"间接移动体系",而间接移动体系因其移动特性又可分为通路体系及中间转运体系。

(1)直流体系。该体系的运行形式为:货物由起点到终点以较短的距离移动。体系适用情况:若物料流程密度较高且移动距离短或适中,则用此法较为经济,尤其在处理紧急订单时最有效。

(2)通路体系。该体系的运行形式为:物料经事先确定的路线到达目的地,而路径相关的不同物料都能共同使用这条路线。体系适用情况:当搬运密度不高、距离较长且厂房布置不规则或扩散时,这是最经济的搬运形式。

(3)中间转运体系。该体系的运行形式为:物料由起点至终点往往要经由中间转运站加以分类或指派,而后才送达目的地。因而,此形式也就是由原点移到中心点再移往终点的形式。体系适用情况:当流量不大、距离很长、厂房区域是方型或者控制功能特别重要时,这是较经济的搬运形式。

2.搬运单位

货物移动的基本单位有三种形式:散装、个装和整装。散装是最简单且最廉价的货物搬运形式,每次的运送量较大,但散装搬运较容易破坏货物或造成边缘的损坏,应特别注意。个装往往是体积很大的货物,大部分的移动需要大型搬运机械或辅助设施来移运。个装也可累积到某些单元数量后再运,如托盘、笼车、盒子、篮子等都是单元载重。单元载重的好处在于可以保护货物并降低每单位的移动成本及装卸成本,从而让搬运作业运行更加完善、经济。而多数量的单元包装即整装是标准化的形式,其大小、形态与设计都要一致,这样才能节省成本。

(三)搬运的改善

货物搬运成本有两个重要的基本原则:一是距离原则,距离越短,单位距离成本越经济;二是数量原则,移动数量越多,单位移动成本越低。因此,搬运工作的改善可针对下列五项因素考虑:

1. 搬运的对象

搬运的对象,是指搬运货物的数量、重量、形态。要保证在整个作业过程中各点都要不断收到正确且适量、完好的货物,同时,要使搬运设备能对应搬运的货物量,以免徒增设备的产能耗费。

2. 搬运的距离

距离指搬运的位移及长度。搬运的位移包括水平、垂直、倾斜方向的移动,而长度则指位移的大小。因而,良好的搬运即是要设法运用最低成本、最有效方法克服搬运位移、长度,将所搬物件送到指定的场所。

3. 搬运的空间

物料、搬运设备皆有其所占空间,所以在系统规划时,必须预留足够适当的搬运空间才能达到搬运目的。

4. 搬运的时间

时间的意义包括两种:搬运过程所需的总耗费时间及完成任务的预期时间。要使这两项时间控制在规划之内,就必须配合适当的机具及运作形式,才能使物件在恰好的时间到达确定的地点,以避免过快(会影响后续作业效率)或不及(往往增加仓储成本)的情形发生。

5. 搬运的手段

针对搬运的对象,要使搬运达到有效的移动、利用有效的空间、掌握有效的时间,就必须采用适当的搬运手段。对于手段的运用,应遵循经济、效率两大原则,并在其中谋求一平衡点,这样才能满足对内、对外的需求。

五、堆垛作业管理

(一)货物堆垛作业的要求

货物一旦验收后就进入货物的入库堆垛程序。货物的堆码与苫垫工作是货物入库管理中的一个重要环节,这将会直接影响到货物的储存质量。堆码与苫垫就是根据货物的包装形状、重量和性能特点,结合地面负荷、储存时间,将货物按一定的要求集中堆放在指定的货位,并进行苫盖、垫底或密封。合理科学的货物堆码与苫垫能够使储存的货物仍保持使用价值,同时,可以提高仓库的利用率等。

货物的堆垛一定要从保证货物安全和方便点验、复查出发,要进行规范化操作。在货物码托盘时应注意,货物标志必须朝上,货物摆放不超过托盘的宽度,货物每样高度不得超过规定高度,货物重量不得超过托盘规定的载重量。托盘上的货物尽量堆放平稳,以便于堆高叠放。每盘货物件数必须标明,上端用行李松紧带捆扎牢固,以防止跌落。

1. 堆垛货物的要求

货物在正式堆垛前,必须达到以下要求:

(1)货物的名称、规格、数量、质量已全部查清。

(2)货物已根据物流的需要进行编码。

(3)货物外包装完好、干净,标志清楚。

(4)对受潮、锈蚀以及发生质量变化的不合格货物,已进行加工恢复或已剔除。

(5)为便于机械化各环节的操作,准备堆垛的货物已进行集装单元化处理。

2.堆码场地的要求

堆码场地可以分为三种,分别是库房内堆码场地、货棚内堆码场地、露天堆码场地。具体要求如下:

(1)库房内堆码场地。用于承受货物堆码的库房地坪要平坦、坚固、耐摩擦。货垛应在地基线和柱基线以外,垛底须垫高。

(2)货棚内堆码场地。货棚为防止雨雪渗漏、积聚,货棚内堆码场地四周必须有良好的排水沟、排水管道等排水系统。货棚内堆码的地坪应高于货棚地面,货垛一般应垫高20~40厘米。

(3)露天堆码场地。露天货场的地坪材料要根据堆存货物对地面的承载要求使地坪达到平坦、干燥、无积水、无杂草和坚实,并有良好的排水设施。堆码场地必须高于四周地面,货垛必须垫高40厘米。

3.货物堆垛的操作要求

(1)牢固。操作工人必须严格遵守安全操作规程,防止建筑物超过安全负荷量。码垛必须不偏不斜、不歪不倒、牢固坚实,并与屋顶、梁柱、墙壁保持一定的距离,确保堆垛的安全和牢固。

(2)合理。不同货物其性能、规格、尺寸不相同,应采用各种不同的垛形。不同品种、产地、等级、批次、单价的货物应分开堆垛,以便收发和保管。货垛的高度要适度,不能压坏底层货物和地坪,并与屋顶、照明灯保持一定距离为宜;货垛的间距、走道的宽度、货垛与墙面、梁柱的距离等都要合理、适度。垛距一般为0.5~0.8米,主要通道为2.5~4米。

(3)整齐。货垛应按一定的规格、尺寸叠放,排列要整齐、规范。货物包装标识应一律向外,便于查找。

(4)定量。货物储存量不应超过仓储定额,即应储存在仓库的有效面积、地坪承压能力和可用高度允许的范围内。同时,应尽量采用"五五化"堆码方法,便于记数和盘点。

(5)节约。堆垛时应注意节省空间位置,适当、合理地安排货位的使用,从而提高仓容利用率。

延伸阅读

货垛"五距"要求

货垛的"五距"指的是垛距、墙距、柱距、顶距和灯距。货垛"五距"应符合安全规范要求。在堆垛货垛时,不能依墙、靠柱、碰顶、贴灯,不能紧挨旁边的货垛,必须留有一定的间距。无论采用哪一种垛型,库房内都必须留出相应的走道,以方便货物的进出和消防用途。

1. 垛距

货垛与货垛之间的必要距离称为"垛距",常以支道作为垛距。垛距能方便存取作业,起通风、散热的作用,方便消防工作。库房垛距一般为 0.3~0.5 米,货场垛距一般不少于 0.5 米。

2. 墙距

为了防止库房墙壁和货场围墙上的潮气对货物的影响,也为了散热通风、消防工作、建筑安全、收发作业,货垛必须留有墙距。墙距可分为库房墙距和货场墙距,其中,库房墙距又分为内墙距和外墙距。内墙距,是指货物离没有窗户墙体的距离,此处潮气相对少些,一般距离为 0.1~0.3 米;外墙距,是指货物离有窗户墙体的距离,这里湿度相对大些,一般距离为 0.1~0.5 米。

3. 柱距

为了防止库房柱子的潮气影响货物,也为了保护仓库建筑物的安全,必须留有柱距。柱距一般为 0.1~0.3 米。

4. 顶距

货垛堆放的最大高度与库房、货棚屋顶横梁间的距离称为"顶距"。顶距能便于装卸、搬运作业,能通风散热,有利于消防工作,有利于收发、查点。顶距一般为 0.5~0.9 米,具体视情况而定。

5. 灯距

货垛与照明灯之间的必要距离称为"灯距"。为了确保储存货物的安全,防止照明灯发出的热量引起靠近货物燃烧而发生火灾,货垛必须留有足够的安全灯距。灯距按规定应有不少于 0.5 米的安全距离。

(二)堆垛的基本形式

堆垛形式主要是根据货物的基本性能、外形等进行选择。其基本形式主要有重叠式、纵横交错式、仰伏相间式、压缝式、宝塔式、通风式、栽柱式、衬垫式、"五五化"和集装式等。主要是做到仓库内整齐、方便作业和储存保管等,一般常用的堆垛形式如下:

1. 重叠式堆垛

重叠式堆垛是一件压一件的堆垛形式。堆垛时,逐件逐层向上重叠码高而成货垛。此垛形是机械化作业的主要垛形之一,为了保证货垛的稳定和计数方便,在堆到一定层数后改变方向继续堆高。此形式较适于中厚钢板、集装箱等货物。堆码板材时,可逢十行交错,以便记数。

2. 纵横交错式堆垛

纵横交错式堆垛是每层都改变方向的堆垛形式。将长短一致、宽度排列能够与长度相等的货物,一层横放,一层竖放,纵横交错堆码以形成方型垛。此形式较适于长短一致的锭材、管材、棒材、狭长的箱装材料等。

3. 仰伏相间式堆垛

对于钢轨、槽钢、角钢等货物,可以一层仰放、一层伏放,仰伏相间而相扣,以使堆垛稳固。也可以伏放几层,再仰放几层;或者仰伏相间组成小组再码成垛。但是,角钢和槽钢必须仰伏相间码垛。如果是在露天存放,则应该一头稍高、一头稍低,以利于排水。但该形式堆垛的操作有些不便。

4. 压缝式堆垛

将垛底底层排列成正方形、长方形或环行,然后上层压在下层的两个货物之上,类似于纵横交错式。

5. 宝塔式堆垛

宝塔式堆垛与压缝式堆垛类似,但压缝式堆垛是在两件货物之间压缝上码,宝塔式堆垛则在四件货物之中心上码逐层缩小,例如,电线电缆。

6. 通风式堆垛

根据储存要求,在堆垛时,需要防潮湿、通风保管的货物,每件货物和另一件货物之间都留有一定的空隙以利于通风。

7. 栽柱式堆垛

在货垛的两旁栽上2~3根木柱或者是钢棒,然后将材料平铺在柱中,每层或间隔几层在两侧相对应的柱子上用铁丝拉紧,以防倒塌。这种堆垛形式多用于金属材料中的长条形材料,例如,圆钢、中空钢的堆码,且适宜于机械堆码,采用较为普遍。

8. 衬垫式堆垛

在每层或每间隔几层货物之间夹进衬垫物,利用衬垫物使货垛的横断面平整,货物互相牵制,以加强货垛的稳固性。衬垫物需要视货物的形状而定。这种堆垛形式适用于四方整齐的裸装货物,例如,无包装的电动机、水泵等。

9. "五五化"堆垛

"五五化"堆垛就是以五为基本计算单位,堆码成各种总数为五的倍数的货垛。以五或五的倍数在固定区域内堆放,从而使货物"五五成行、五五成方、五五成包、五五成堆、五五成层",堆放整齐、上下垂直、过目知数。货物流动后,零头尾数要及时合并,以便于货物的数量控制、清点、盘存。

10. 集装式堆垛

集装式堆垛,是指采用托盘、集装箱等可以反复使用的集装工具进行货物堆码的一种形式。此形式由于减少了货物的中转环节、简化了货物的操作手续,所以不但降低了货物的货损,而且大大提高了操作效率。如托盘堆垛是近年来得到迅速发展的一种堆垛形式,它的特点是货物直接放在托盘上存放,货物从装卸、搬运入库直到出库运输,始终不离开托盘。因此,集装式堆垛的比例会大大提高,具有发展前景。

第三节　储存及保管保养作业管理

储存,一是为了解决货物生产与销售不同步的时间差问题,二是为了解决生产与消费之间的平衡问题。为保证正常配送的需要,并满足客户的随机需求,不仅应保持一定量的货物储备,而且要做好储备货物的保管保养工作,以保证储备货物的数量、质量。

储存保管作业的主要任务是把将来要使用或者要出货的物料保存起来,且经常要做库存货物的检核控制,不仅要善于利用储存空间,而且要注意存货管理,尤其是配送中心的储存与传统仓库的储存营运形态不同,更要注意空间运用的弹性及后者存量的有效控制。

一、储存保管的目标

(一)空间使用的最大化

要能够有效地利用空间,减少厂房的闲置与不够用。

(二)劳力及设备的有效使用

要求做到物尽其用,追求运营成本的最小化。

(三)所有货物都能随时存取

因为储存会增加货物的时间值,所以要能做到一旦有需求时储存保管系统可实现有计划的储存及良好的厂房布置。

(四)货物的有效移动

在存储区内进行的大部分活动是货物的搬运,需要多数的人力及设备来进行货物的搬进与搬出。因此,人力与机械设备操作应达到经济和安全的程度。

(五)货物良好的保护

因为储存的目的是保存货物直到被要求出库的时刻,所以货物在储存时必须保持在良好的条件下。

(六)良好的管理

畅通的通道、干净的地板、适当且有秩序的储存及安全的运行将使工作变得有效率并促使工作士气(生产率)得以提高。

二、储存策略

储存策略主要是确定储位的指派原则。良好的储存策略可以减少出入库移动的距离,缩短作业时间,甚至能够充分利用储存空间。常见的储存策略如下:

(一)定位储放

每一项储存货物都有固定储位,货物不能互用储位,因此,必须使每一项货物的储位容量不小于其可能的最大在库量。定位储放的优缺点如下：

1. 优点

(1) 每项货物都有固定储放位置，拣货人员容易熟悉货物储位。

(2) 货物的储位可按周转率大小(畅销程度)安排，以缩短出入库的搬运距离。

(3) 可针对各种货物的特性做储位的安排调整，将不同货物特性间的相互影响减至最小。

2. 缺点

储位必须按各项货物之最大在库量设计。因此，储区空间平时的使用效率较低。总的来说，定位储放容易管理，所以总搬运时间较少，但较多地占用储存空间。此策略较适用于以下两种情况：

(1) 厂房空间大。

(2) 多种少量货物的储放。

(二) 随机储放

每一个货物被指派储存的位置都是经由随机的过程所产生的，而且可经常改变；也就是说，任何品项都可以被存放在任何可利用的位置。此随机策略一般是由储存人员按习惯来储放，且通常与靠近出口法则联用，按货物入库的时间顺序储放于靠近出入口的储位。

随机储放的优缺点如下：

1. 优点

由于储位可公用，所以只需按所有库存货物最大在库量设计即可，储区空间的使用效率较高。

2. 缺点

货物的出入库管理及盘点工作的进行难度较大；周转率高的货物可能被储放在离出入口较远的位置，从而增加了出入库的搬运距离；具有相互影响特性的货物可能相邻储放，造成货物的损坏或发生危险。

3. 随机储放的适用

采用随机储放能使料架空间得到最有效的利用，因此，能使储位数目得以减少。模拟研究显示，随机储放与定位储放相比较，可节省35%的移动储存时间及增加了30%的储存空间，但较不利于货物的拣取作业。因此，随机储放较适用于下列两种情况：

(1) 厂房空间有限，尽量利用储存空间。

(2) 种类少或体积较大的货物。

(三) 分类储放

所有的储存货物按照一定特性加以分类，每一类货物都有固定的存放位置，而同属一类的不同货物又按一定的法则来指派储位。分类储放通常按以下几点来分类：货物相关性；流

动性;产品尺寸、重量;货物特性。分类储放的优缺点如下:

1. 优点

(1)便于畅销品的存取,具有定位储放的各项优点。

(2)各分类的储存区域可根据货物特性再做设计,有助于货物的储存管理。

2. 缺点

储位必须按各项货物最大在库量设计,因此,储区空间平均使用效率低。分类储放较定位储放具有弹性,但也有与定位储放同样的缺点,因而,较适用于以下情况:

(1)货物相关性大者,经常被同时订购。

(2)周转率差别大者。

(3)货物尺寸相差大者。

(四)分类随机储放

每一类货物都有固定存放的储存区,但在各类储存区内,每个储位的指派是随机的。分类随机储放的优缺点如下:

1. 优点

有分类储放的部分优点,又可节省储位数量,提高储存区的利用率。

2. 缺点

货物出入库管理及盘点工作的进行难度较高。

分类随机储放兼具分类储放及随机储放的特色,需要的储存空间介于两者之间。

(五)共同储放

如果确定知道各货物的进出仓库时间,不同的货物可共用相同储位的策略,则称为"共同储放"。共同储放在管理上虽然较复杂,但所用的储存空间及搬运时间更经济。

三、储位管理

(一)储位指派法则

储存策略是储存区规划的大原则,因而,还必须配合储位指派法则才能决定储存作业实际运作的模式。而伴随储存策略产生的储位指派法则可归纳出如下几项:

1. 可与随机储存策略、共用储存策略相配合

例如,利用"靠近出口法则"将刚到达的货物指派到离出入口最近的空储位上。

2. 可与定位储存策略、分类(随机)储存策略相配合

例如,以周转率为基础法则,按照货物在仓库的周转串(销售量除以存货量)来排定储位。先依周转率由大到小排列,再将此序列分为若干段,通常分为3~5段。同属于一段中的货物列为同一级,依照定位或分类储存的策略指定储存区域给每一级的货物。周转率愈高应离出入口愈近。

3. 货物相关性法则储位

货物相关性大者在订购时经常被同时订购,所以应尽可能存放在相邻位置。

4. 货物同一性法则

同一性法则,是指把同一货物储放于同一保管位置的法则。

5. 货物类似性法则

货物类似性法则,是指将类似货物比邻保管的法则。

6. 货物互补性法则

互补性高的货物也应存放于邻近位置,以便缺料时可迅速以另一品项替代。

7. 货物相容性法则

相容性低的产品绝不可放置在一起,以免损害物货的品质。

8. 叠高法则

叠高法则就是像堆积木般将货物叠高。

(二)储位规划评价指标

1. 仓储成本指标

仓储成本指标即保管金额/保管货物量。以1立方米的保管费用来估算,该费用包括固定保管费用与设备费用。

2. 空间效率指标

空间效率指标即(实际仓储可利用容积/储位容积)×100%。空间效率的评估可由实际的保管容积率来判别。

3. 时间指标

时间指标即拣货时间+移动时间。作业时间是拣货时间加上在保管时因储位空间的调整而移动货物的时间。

4. 流量指标

流量指标即(入库货量+出库货量)/(入库货量+出库货量+存货量)。流量的评估基准以月为单位,即以每月的入库量、出库量、存货量三项数值来运算,其值在0～1之间,越接近1,则说明库存的流通效率越高。

5. 作业感觉指标

作业感觉指标可以自行定义级数,如宽的、窄的、大的、小的、舒服的、不舒服的、整齐的、杂乱的、明亮的、暗的,再采用问卷形式调查作业人员对作业空间的感觉,由此可以得到这些感觉指标。

(三)储位分配形式

根据计算机化的应用程度,可将储位分配形式分为三种:人工分配形式、计算机辅助分配形式及计算机全自动分配形式。

1. 人工分配形式

人工分配形式是以人工进行储位分配,所凭借的是管理者的知识和经验,它要求分配决策者必须熟记储位分配原则,并且灵活运用。对于货物的分配,其一,必须经过一番规划,以便制定出一套保存货物的特性需求规则表。其二,要求仓储人员必须严格遵守分配决策者的指示,将货物存放于指定的储位上,并且及时更新储位信息。

2. 计算机辅助分配形式

在配送中心储位管理中,以计算机来分配储位依靠的是现代信息技术。利用自动读取设备来读取资料,透过无线电或网络再配合储位监控或储位管理软件来控制储位分配。这种方式错误率低,不会有太多的人为主观因素影响,因此在执行上,效率高于人工分配形式。它提供给储位分配者实时查询功能,为储位分配提供参考。但因为还是由人工下达储位分配指示,所以仍需调仓作业。

3. 计算机全自动分配形式

利用一些图形监控及储位管理软件,经收集在库储位信息及其他入库指示后,经计算机运算来下达储位分配指示。由计算机自动下达储位分配指示,任何时段都可以保持储位处于合理分配中,所以不需调仓。

四、保管保养作业管理

（一）保管保养的含义

货物的保管保养,是指仓库针对入库货物的特性,结合仓库的具体条件,采取各种科学手段对货物进行养护,以防止和延缓货物质量发生变化的行为。

对库存货物进行保管保养不仅是一个技术问题,更是一个综合管理问题。仓储保管人有绝对的义务对仓储货物进行妥善保管,这也是仓储合同赋予仓储保管人的责任。由于保管不善所造成的损失,保管人要承担赔偿责任。

（二）保管保养的意义

由于JIT观念的广泛运用,库存的时间在不断缩短,所以现代仓库管理的重点也从静态管理转变为动态管理。又由于现代物流技术的不断提高,货物养护技术也在不断简单化,所以制定必要的管理制度和操作规程,保持库存货物的使用价值,最大限度地减少货物自然耗损,杜绝保管不善而造成的货物损害,防止造成货物损失,具有重要而深远的意义。

（三）货物的保管保养措施

仓库应高度重视货物的保管保养工作,以制度性、规范性的形式确定保管下的责任;针对各种货物的特性,制定保管方法和程序,充分利用现有的技术手段开展针对性的保管、维护。

仓库保管遵循"以防为主、防治结合"的保管原则。要特别重视货物损害的预防,及时发现和消除事故隐患,防止损害事故的发生。特别要预防发生爆炸、火灾、水浸、污染等恶性事故和造成大规模损害的事故。在发生、发现损害现象时,要及时采取有效措施,防止损害扩大,以减少损失。

仓库货物保管的手段主要有:经常对货物进行检查、测试,及时发现异常情况;合理地对货物进行通风;控制阳光照射;防止雨雪水湿货物、及时排水除湿;除虫灭鼠,消除虫害、鼠害;妥善进行湿度控制、温度控制,防止货垛倒塌;防霉除霉,剔出变质货物;对特殊货物采取针对性的保管措施等。这些措施具体体现在仓库管理的以下几个方面的工作中:

1. 严格验收入库货物

要防止货物在储存期间发生各种不应有的变化,首先在货物入库时要严格验收,弄清货物及其包装的质量状况。对吸湿性货物要检测其含水量是否超过安全水平,对其他有异常情况的货物要查清原因,针对具体情况进行处理和采取救治措施,以做到防微杜渐。

2. 适当安排储存场所

由于不同货物性能不同,所以对保管条件的要求也不同,分区分类、合理安排存储场所是货物养护工作中的一个重要环节。如怕潮湿和易霉变、易生锈的货物应存放在较干燥的库房里;怕热易溶化、发黏、挥发、变质或易发生燃烧、爆炸的货物应存放在温度较低的阴凉场所;一些既怕热又怕冻且需要较大湿度的货物应存放在冬暖夏凉的楼下库房或地窖里。此外,性能相互抵触或易串味的货物不能在同一库房混存,以免相互产生不良影响。尤其对于化学危险货物要严格按照有关部门的规定,分区分类安排储存地点。

3. 科学进行堆码、苫垫

阳光、雨雪、地面潮气对货物质量影响很大,要切实做好货垛遮苫和货垛垛下苫垫隔潮工作,如利用石块、枕木、垫板、苇席、油毡或采用其他防潮措施。存放在货场的货物,货区四周要有排水沟,以防积水流入垛下,货垛周围要遮盖严密,以防雨淋日晒。

货垛的垛形与高度应根据各种货物的性能和包装材料,结合季节气候等情况妥善堆码。

4. 控制仓库温、湿度

应根据库存货物的保管保养要求,适时采取密封、通风、吸潮和其他控制与调节温、湿度的办法,力求把仓库温、湿度保持在适应货物储存的范围内。

5. 定期进行货物在库检查

由于仓库中保管的货物性质各异、品种繁多、规格型号复杂、进出库业务活动频繁,而每一次货物进出库业务都要检验质量或清点件数,加之货物受周围环境因素的影响,使货物可能发生数量或质量上的损失。所以,对库存货物和仓储工作进行定期或不定期的盘点和检查是非常必要的。

6. 做好仓库清洁卫生

储存环境不清洁,易引起微生物、虫类寄生繁殖,从而危害货物。因此,对仓库内外环境应经常清扫,彻底铲除仓库周围的杂草、垃圾等物。必要时,使用药剂杀灭微生物和潜伏的害虫。对容易遭受虫蛀、鼠咬的货物,要根据货物性能和虫、鼠生活习性及危害途径,及时采取有效的防治措施。

第四节　补货作业管理

补货作业是从保管区把货物运到另一个拣货区的工作。补货作业通常是以托盘为单位,从货物保管区域将货物移到另一个作为订单拣取的动管拣货区域,然后将此移库作业做库存信息处理,其主要作业流程如图 5-11 所示:

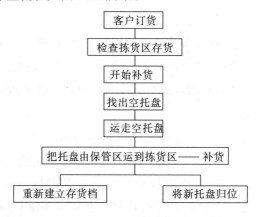

图 5-11　一般补货作业流程图

一、补货形式

与拣货作业息息相关的即是补货问题。补货作业必须小心地计划,不仅要确保存量,而且要将货物安置于方便存取的位置。下面即针对一般拣货安排给出一些可能的补货形式。

(一)整箱补货

此补货形式的保管区为料架储放,动管拣货区为两面开放式的流动棚架。拣货时,拣货员于流动棚架拣取区拣取单品放入浅箱(篮)中,而后放至输送机运至出货区。而当拣取后,发觉动管区的存货已低于水准之下,则要进行补货。其补货形式为:拣货员至料架保管区取货箱,以手推车载至拣货区,由流动棚架之后方(非拣取面)补货。此保管区、动管区储放形态的补货形式较适合体积小、少批量且多品种出货的货物。

(二)整托盘补货

1. 由地板堆叠保管区补货至地板堆叠动管区

此补货形式的保管区将货物平置堆叠储放在以托盘为单位的地板上,动管区亦将货物平置堆叠储放在以托盘为单位的地板上,不同之处在于保管区面积较大,储放货物量较多,而动管区面积较小,储放货物量较少。拣货时,拣货员于拣取区拣取托盘上的货箱放至中央输送机出货;或者,可使用堆垛机将托盘整个送至出货区(当拣取大量品项时)。而当拣取后发觉动管区的存货低于水准之下时,则要进行补货。其补货形式为:拣货员以堆垛机由托盘平置堆叠的保管区搬运至同样是托盘平置堆叠的拣货动管区。此保管区、动管区储放形态的补货形式较适合体积大或出货量多的货物。

2. 由地板堆叠保管区补货至托盘料架动管区

此补货形式的保管区将货物平置堆叠储放在以托盘为单位的地板上,动管区则为托盘料架储放。拣货时,拣货员在拣取区搭乘牵引车拉着推车移动拣货。拣取后,再将推车送至输送机轨道出货。而一旦发觉拣取后动管区的库存不足时,就要进行补货,其补货形式为:拣货员使用堆垛机很快地到地板平置堆叠的保管区搬回托盘,送至动管区托盘料架上储放。此保管区、动管区储放形态的补货形式较适合体积中等或中量(以箱为单位)出货的货物。

(三)料架上层至料架下层的补货

此补货形式为保管区与动管区属于同一料架,也就是将一料架上的两手方便取货之处(中下层)作为动管区,不容易取货之处(上层)作为保管区。进货时,则将动管区放不下的多余货箱放至上层保管区。在动管拣货区进行拣货时,当动管区的存货低于水准之下时,则可利用堆垛机将上层保管区的货物搬至下层动管区补货。此保管区、动管区储放形态的补货形式较适合体积不大、每品项存货量不高,且出货多属中小量(以箱为单位)的货物。

二、补货时机

补货作业的发生与否主要看动管拣货区的货物存量是否符合要求。因而,究竟何时补货要看动管拣货区的存量,以避免出现在拣货中途才发觉动管区的货量不够,还要临时补货而影响整个出货时间的情形。

(一)批次补货

在每天或每一批次拣取前,经由计算机计算所需货物的总拣取量,再查看动管拣货区的货物量,计算差额并在拣取前一特定时点补足货物。此为一次补足的补货原则,较适合一日内作业量变化不大、紧急追加订货不多的情况,或是每批次拣取量大、需事先掌握的情况。

(二)定时补货

将每天划分为数个时点,补货人员在时段内检查动管拣货区货架上货物存量,若不足则马上将货架补满。此为定时补足的补货原则,较适合分批拣货时间固定、处理紧急且订货的时间也固定的情况。

(三)随机补货

随机补货是指定专门的补货人员,随时巡视动管拣货区的货物存量,有不足时随时补货的形式。此为不定时补足的补货原则,较适合每批次拣取量不大、紧急追加订货较多,以至于一日内作业量不易事前掌握的情况。

第五节 配送信息管理

一、配送信息管理系统的作用

（一）实现物流、资金流和信息流的统一

根据统计,目前,国外企业的各种单据中有90%是配送部门接受、处理,并将有关信息通过网络传输到仓储、运输、报关和生产等其他业务部门的。由此可见,配送是整个物流过程的核心环节。特别是随着全球经济一体化和电子商务的发展,国与国、企业与企业之间的业务往来越来越多,而且整个商务活动中的物流、资金流和信息流都可以通过互联网实现,唯一需要现实完成的就是配送环节。因此,配送效率的高低直接关系国民经济的运行状况。而通过配送管理信息系统对数量庞大、种类繁多、要求各异的送货要求进行管理就可以做到精确、快捷和高效。甚至还可以通过配送管理信息系统整合各种资源,以便设计整个供应链。

（二）实现配送各项功能的基础工作

一个现代化的物流配送系统除了具备自动化的物流设备和物流技术,还应具备现代化的物流管理信息系统,这样才能取得最大的效率和效益。建立配送系统的根本意义在于提高服务水平和营业额,降低成本和增加效益。为了实现这一目的,要从物流配送的供货时间、有无缺货、错误率、畅销与滞销品信息以及新品的信息和样品提供等方面进行调查、研究和分析。现代化的物流配送管理信息系统的作用体现在:缩短订单处理周期;保证库存水平适量;提高仓储作业效率;提高运输配送效率;接受订货和发出订货更为简便;提高接受订货和发出订货精度;提高发货、配送准确率;调整需求和供给。

（三）为管理者提供各种信息

物流配送管理信息系统能为配送中心提供各种信息,为配送业务经营管理政策的制定、货物路线的开发、货物销售促销政策的制定提供参考。

1.提供绩效管理信息

绩效管理信息主要是为经营业务绩效管理与各项管理政策的制定提供参考。绩效的评估包括:货物销售绩效管理、作业处理绩效管理、仓库保管效率管理、配送效率管理、机具设备使用效率管理等。

2.提供经营规划信息

经营规划信息主要为配送中心经营规划提供参考。由各种实体配送活动及作业所产生的各项信息足以为经营规划人员提供参考,包括由现有组织结构、作业内容、机器设备使用率及使用需求比率来考虑使用自动化机具设备的可能性、租用分析及其使用的成本效益;由现有货物销售量分析或客户反映的货物需求来调节货物品种或新货物开发的可能性分析;由现有人力分配及使用状况来拟订未来的人力资源计划;参考自有车、租赁车公司的各项费用及可用车数、可调派人力及其他外雇车辆条件来衡量自有车、租赁车比率及所需费用并制定租赁管理条例;统计分析现有各项活动所需费用,以作为运费、仓库保管费、支出预算等成本控制的依据。

3. 提供配送资源计划信息

配送资源计划信息为多库配送中心的配送资源规划提供参考,包括多库配送中心的产品线规划分析、多库调货计划及执行、人力资源的规划配置、机具设备的需求分析、实际配送的运作规划。

二、配送信息系统的功能结构

配送信息系统最主要的功能就是客户资料的录入,并按客户的要求进行资料预处理,生成所需的单据,如订车单、选货单、装车单、加工单等,并将单据传送到各有关部门进行具体操作。此外,配送信息系统还可以查询货物处于什么状态。配送信息系统功能结构如图5-12所示:

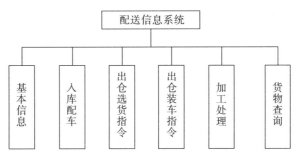

图 5-12 配送作业信息系统功能结构图

三、配送信息管理系统的基本业务

(一)订单处理作业

订单是现代企业运作的重要驱动力,采购、设计、制造、销售等一系列工作都围绕订单展开。因此,订单处理对于物流配送活动而言至关重要。

配送中心的交易始于客户的询价、业务部门的报价,然后是订单的接收。业务部门需查询出货日的库存状况、装卸货能力、流通加工负荷、包装能力、配送负荷等是否能满足客户需求。当无法按客户要求交货时,业务部门需进行协调。由于配送中心不随货收款,所以,在订单处理时需对客户的信用状况进行查核。另外,需统计各时段的订货数量,并调货、分配出货程序及数量,退货数据也在此阶段处理。此外,业务部门还需制定报价计算形式,进行报价历史管理,制定客户订购最小批量、订货形式或订购结账截止日等。

（二）采购作业

接受订单后，配送中心需向供货商或制造商订购货物。采购作业包括货物数量需求统计，向供货商查询交易条件，然后根据所需数量及供货商提供的经济订购批量制定出采购单。采购单发出后，则进行入库进货的跟踪。

（三）入库进货作业

开出采购单后，入库进货管理员即可根据采购单上的预定入库日期进行入库作业调度、入库月台调度；在货物入库当日，进行入库资料查核、入库质检，当质量或数量不符时，即进行适当修正或处理，并输入入库数据。入库管理员可按一定形式指定卸货及托盘堆叠。对于退回货物的入库还需经过质检、分类处理，然后登记入库。

（四）库存管理作业

库存管理作业包括库区管理及库存控制。库区管理包括：货物在仓库区域内的摆放形式、区域大小、区域分布规划；货物进出仓库形式的选择，如先进先出形式或后进先出形式；进出货形式的制定，如货物所需搬运工具、搬运形式，仓储区货位的调整及变动；包装容器的使用与保管维修等。库存控制则需要按照货物出库数量、入库所需时间等来确定采购数量及采购时间，并做采购时间预警系统；制定库存盘点方法，定期打印盘点清单，并根据盘点清单内容清查库存数量、修正库存账目并制作盘盈盘亏报表。

（五）补货及拣货作业

统计客户订单即可知道货物真正的需求量。在出库日，当库存数量满足出货需求量时，即可根据需求量打印出库拣货单及各项拣货指示，进行拣货区域的规划布置、工具选用及人员调派。出货拣取不只包括拣取作业，还需补充拣货货架上的货物，从而使拣货正常运作而不至于缺货。这包括补货量及补货时点的确定、补货作业调度和补货作业人员调派。

（六）流通加工作业

流通加工作业包括货物的分类、过磅、拆箱重包装、贴标签及货物组合包装。这就需要进行包装材料及包装容器的管理、组合包装规则的制定、流通加工包装工具的选用、流通加工作业的调度、作业人员的调派工作。

（七）出货作业

处理完成货物拣取及流通加工作业后，即可进行货物出货作业。出货作业包括：根据客户订单为客户打印出货单据，制定出货调度计划，打印出货批次报表、出货货物所需地址标签及出货核对表；由调度人员决定集货形式、选择集货工具、调派集货作业人员，并决定运输车辆大小与数量；由仓库管理人员或出货管理人员决定出货区域的规划布置及出货货物的摆放形式。

(八)送货作业

送货作业包括配送运输和送达服务两个方面。完成这些作业需事先规划配送区域的划分和配送路线的安排,由配送路线送货的先后次序来决定货物装车顺序,并在货物配送途中进行货物跟踪、控制及处理配送途中出现的意外状况。

(九)会计作业

货物出库后,销售部门可根据出货数据制作应收账单,并将账单转入会计部门作为收款凭据;货物入库后,则由收货部门制作入库货物统计表,以作为供货商催款稽核之用。会计部门制作各项财务报表供经营政策制定及经营管理参考。

(十)经营管理及绩效管理业务

经营管理和绩效管理可先由各个工作人员或中层管理人员提供各种信息与报表,包括:出货销售统计数据、客户对配送服务的反馈报告、配送货物次数及所需时间、配送货物的失误率、仓库缺货率分析、库存损失率报告、机具设备损坏及维修报告、燃料分析等。然后,根据各项活动及活动间的相关性,将作业内容相关性较大者或数据相关性较大者分成同一组群,并将这些组群视为计算机管理系统下的大结构。

第六节　其他配送作业管理

一、订单作业管理

从接到客户订单开始到准备出货之间的作业管理,称为"订单作业管理",包括订单确认、存货查询、库存分配和出货配送等。订单作业是与客户直接沟通的作业阶段,它会对后续的拣选作业、调度和配送产生直接影响。

订单处理有人工和计算机两种形式。目前,主要是电子订货。电子订货借助电子订货系统,采用电子资料交换形式取代传统的订单、接单形式。

订单处理的一般流程为:订单需求品的数量及日期的确认;订单形态确认;订单价格确认;加工包装确认;订单号码;建立和维护客户档案;存货查询及订单分配存货;分配后存货不足的异常处理;订单资料处理输出等。

二、配货作业管理

跟分拣紧密相连的另一项作业就是配货。配货是指使用各种搬运和传输装置将拣选出来的货物,按客户的要求或货物自身的特点配备齐全以备装运。配货工作的基本任务是保证在配送作业中,为了顺利、有序、方便地向客户发送货物,对各种货物进行重新整理,并依据订单进行组合的过程。它与分拣作业共同构成了一项完整的作业。通过分拣、配货,可在最短的时间内,以最合理的形式完好无损地把货物配齐。这是确保配送后续作业顺利实施的前提条件。

配货作业通常遵循以下几个原则:准时性、方便性和优先性。准时性原则要求为保证客户及时性需求,配货人员要快速而又准确地配货以不耽误准时发货;方便性原则要求在配货过程中,能根据配送货物的配送规律合理摆放,以方便配装为前提,做到将常需货物和畅销货物摆放到靠近配装作业的通道旁边,从而节约配装时间;优先性原则是指按照客户重要性程度、客户的信用状况和订单交易额大小等因素,对货物进行等级划分,以决定配货顺序。

三、配装作业管理

配装也称"配载",指充分利用运输工具(如货车、轮船等)的载重量和容积,采用先进的装载方法,合理安排货物的装载。在单个客户配送数量不能达到车辆的有效载运负荷时,就存在如何集中不同客户的配送货物进行搭配装载以便充分利用运能、运力的问题,这就需要配装。在配送中心的作业流程中安排配载,把多个客户的货物或同一客户的多种货物合理地装载于同一辆车上,可以大大提高送货水平及降低送货成本。同时,能缓解交通流量过大造成交通堵塞,以减少运次、降低空气污染。

配装是配送系统中具有现代特点的功能要素,也是配送不同于一般送货的重要区别之一。

四、盘点作业管理

配送中的货物始终处于不断地进、存、出仓库的动态中,在作业过程中产生的误差经过一段时间的积累会使库存资料反映的数据与实际数量不相符。有些货物则因存放时间太长或保管不当会发生数量和质量的变化。为了对配送货物进行有效的控制,并查清其在库中的质量状况,必须定期或不定期地对储存场所进行清点、查核,这一过程称为"盘点作业"。盘点作业的结果经常会出现较大的盈亏,因此,通过盘点可以查出进、存、出仓库管理中存在的问题,并通过解决问题提高仓库管理水平,减少损失和配送成本。

五、加工作业管理

配送加工是流通加工的一种,它是指在实物从生产领域向消费领域流动的过程中,为促进销售、维护产品质量和实现物流效率化,在流通领域对产品进行的简单再加工。其主要作用就是在配送过程中解决生产中大批量、少规格和消费中的小批量、多样化需求的矛盾,直接为流通,特别是为销售服务,从而起到提高物流系统效率的作用。

随着国民经济的增长,客户的需求出现多样化趋势。在这种情况下,为适应消费的多样化和激烈的市场竞争所引起的特色化战略的开展,配送加工这一功能要素在配送中具有普遍性,并具有重要的意义。配送加工的目的在于:适应多样化的客户需求;对食品来说,可以通过加工来保持并提高其保存机能,当提供给客户时保证新鲜;提高货物的附加值;可以规避风险,推进物流系统化。

配送加工从简单的贴标价牌到需要高科技才能完成的加工,其加工形态多种多样,加工场所也分散在物流中的诸多领域。

延伸阅读

流通加工与生产加工的区别与联系

流通加工和一般的生产型加工在加工方法、加工组织、生产管理方面并无显著区别,但在加工对象、加工程度方面差别较大,其差别的主要点为:

(1)流通加工的对象是进入流通过程的货物。这有别于多环节生产加工中的一环。流通加工的对象是货物,生产加工对象不是最终产品,而是原材料、零配件、半成品。

(2)流通加工程度大多是简单加工,而不是复杂加工。一般来讲,如果必须进行复杂加工才能形成人们所需的货物,那么,这种复杂加工应专设生产加工过程,生产过程应完成大部分加工活动;流通加工对生产加工则是一种辅助及补充。需要指出的是,流通加工绝不是对生产加工的取消或代替。

(3)从价值观点看,生产加工在于创造价值及使用价值,而流通加工则在于完善其使用价值而不是对货物做大幅度的改变来提高价值。

(4)流通加工的组织者是从事流通工作的人,能密切结合流通的需要进行流通加工活动。从加工单位来看,流通加工由商业或货物流通企业完成,而生产加工则由生产企业完成。

(5)生产加工是为交换、为消费而生产加工的。流通加工是为了消费(或再生产)所进行的加工,这一点与生产加工有共同之处。但是,流通加工也有时候是以自身流通为目的,纯粹是为流通创造条件,这种为流通所进行的加工与直接为消费所进行的加工从目的来讲是有区别的,这又是流通加工不同于一般生产加工的特殊之处。

六、送货作业管理

送货作业是利用配送车辆把客户订购的货物从制造厂、生产基地、批发商、经销商、零售商或配送中心处送到客户手中的过程。送货是一种短距离、小批量、高频率的运输形式。它以服务为目标,以尽可能满足客户需求为宗旨。送货主要有两种形式,如图5-13所示:

图5-13 送货的两种形式

送货作为配送的最后一个环节,对于配送企业是非常关键的,因为它直接跟客户打交道。因此,如何有效地管理送货作业是一个配送企业不可忽视的问题。如果在这方面失误,则会产生种种问题。例如,从接受订单到出货非常费时、配送效率低下、驾驶员的工作时间

不均、货物在输送过程中的损坏、丢失等。同时,最直接的影响是送货的费用超常。所以,在送货的管理中,不仅要针对送货人员的工作时间、发生的重要情况进行管理,而且还要对车辆的利用情况(如装载率、空驶率等)进行管理。送货作业由以下两个方面的活动组成:

（一）配送运输

配送运输属于运输中的末端运输、支线运输。它和其他运输形态的主要区别在于:配送运输是较短距离、较小规模、较高频率的运输形式,一般使用汽车作为运输工具。与干线运输的另一个区别是配送运输的路线选择问题是一般干线运输没有的。干线运输的干线一般是唯一的运输路线,不可选择,而配送运输由于配送客户多、地点分散,一般集中在城市内或城郊,且城市交通路线较为复杂,所以存在空间和时间上的峰谷交替。如何组织最佳配送运输路线,如何使配装和路线选择有效搭配是配送运输的工作难点,也是配送运输的特点。对于较为复杂的配送运输,需要数学模型规划整合来取得较好的运输效果。

从日本配送运输的实践来看,配送的有效距离最好在 50 千米半径范围内。国内配送中心、物流中心,其配送经济里程大约在 30 千米半径范围内。

（二）送达服务

将配载好的货物运输到客户处还不算配送工作结束,这是因为送达货物和客户接受货物往往还会出现不协调,这就可能使配送前功尽弃。因此,要圆满地实现运到之后货物的移交,并有效地、方便地处理相关手续并完成结算,还应当讲究卸货地点、卸货形式等。送达服务也是配送独具的特色。

七、退货作业管理

在配送过程中会遇到交货中或将货物交给客户后,因为货物包装破损、货物损坏、货物质量、货物保质期快到或已过期、送交的货物与要求的货物不相符等情况,会发生退货。退货作业管理,是指在完成配送活动中,由于配送方或客户关于配送货物的有关影响因素而存在异议,所以要进行处理的活动。随着竞争的日益激烈,厂商开始采取更自由的退货政策,只有做好退货工作,才能使客户对配送方有信任感、依赖感和忠诚感。可以说,做好退货工作对配送业务发展意义重大。

退货作业流程根据各行业性质的不同,其环节复杂程度也不同。一般情况下,退货作业流程如下:

(1)受理客户的货物、凭证。接待客户,并审核客户是否有本超市的收银小票或发票以及购买时间,所购货物是否属于家电货物或不可退换货物。

(2)听取客户的陈述。细心平静地听取客户陈述有关的抱怨和要求,判断是否属于货物的质量问题。

(3)判断是否符合退换货标准。结合公司政策、国家的法律以及客户服务的准则,灵活处理,说服客户达成一致的看法。如不能满足客户的要求而客户予以坚持的话,则应请上一级管理层处理。

(4)同客户商量处理方案。提出解决方法,尽量让客户选择换货。

(5)决定退货。双方同意退货。

(6)判断权限。退货的金额是否在处理的权限范围内。

(7)填写《退货单》,复印客户的收银小票或发票。

(8)退款结算。在收银机现场退现金或走其他结算程序,并将交易号码填写在《退货单》上,其中一联与收银小票或发票的复印件钉在一起备查。

(9)退货货物的处理。将退货货物放在退货货物区,并将《退货单》的一联贴在货物上。

延伸阅读

百事可乐装瓶公司的退货

1986年夏季,位于美国堪萨斯市的美国百事可乐装瓶公司得到一次回收产品事故的教训。2500箱橙汁不得不从密苏里西北部和堪萨斯州的东北部的商店货架上撤下来。原因是2升装的瓶子密封不严,致使泡沫数量不符合标准要求。发现问题后,百事可乐总公司快速行动,在报告食品和药物管理部门的同时,火速派遣90名销售人员到受影响的商店撤回产品,并借助报纸和电台向客户解释缘由。

◇ 本章小结

配送作业是按照客户的要求,通过各种作业形式将货物按时按量送到指定地点的活动。从总体上看,配送系统由备货、理货和送货三个基本环节组成。其中,备货是由进货、储存、保管等基本业务组成;理货是由分拣、配货、配装、流通加工等活动组成;送货则由配送运输和送达服务两个方面组成。配送活动除了以上几个环节,一般还包括订单处理、分放、车辆回程等活动环节。不同种类的货物除了具备一般配送作业流程的共性外,各自还具有自身特有的配送流程。配送作业管理包括进货作业管理、储存及保管保养作业管理、补货作业管理、配送信息管理以及订单作业管理、配货作业管理、配装作业管理、盘点作业管理、配送加工作业管理、送货作业管理、退货作业管理等方面的内容。

案例分析

海尔的物流配送服务

海尔物流是海尔集团为了发展其配送服务而建立的一套设备齐全、高度现代化的物流配送体系。海尔物流服务的主要对象分为两类:海尔集团内部的事业部和集团外部的第三方客户。

1. 订单聚集

海尔采用 SAPLES 物流执行系统,将配送管理、仓库管理以及订单管理系统高度一体化整合,这就使得海尔能够将客户订单转换成为可装运的品项,从而有机会去优化运输系统。海尔可以集运和拆分订单去满足客户低成本配送的需要。这种订单的聚集和客户的订单观念直接联系在一起，使海尔能够更加准确、有效、简单、直观地管理客户的运输和相关物流活动。

2. 承运人管理和路径优化

海尔物流提供持续且一致的程序去管理和承运团队的关系，依靠对运输的优化而持续地更新海尔的运输费用折扣。海尔的流程和软件系统能够不断去改进其审计和付款、装运招标和运输追踪。海尔的运输管理系统可以允许海尔的运输工程师去设计和执行复杂的最佳运输路径，这有可能包括了多重停留、直拨与合并运输。所有这些都可以在路径设计、运输方法选择时被考虑。由于海尔的仓库管理系统和运输管理系统是高度集成的，所以在多地点停留的货车可以将装卸的信息直接与仓库的系统通信，确保货车在正确的路径上准点到达。

3. 多形态的费率和执行系统

海尔物流管理各种形式的运输模式，包括了快递、整车零担、空运、海运和铁路运输，并按照客户的需求，应用各种先进的费率计算系统向客户提出建议。海尔的运输管理系统还集成了海尔的财务收费系统，可以向客户提供其综合性的财务报告。

4. 行程执行

海尔物流应用海尔总结出来的一整套建立在相互协商、不同服务功能的界定和其他商业标准的方法来计算运费。通过集中运输中心的设立，可以整合所有的承运者，选择合适的承运工具，大幅度地降低偏差和运输成本。

5. 可视化管理

海尔物流的动态客户出货追踪系统可以对多点和多承运人进行监控，相关的客户可以从系统上直观地查询到订单的执行状况甚至每个品种的信息。每次的出货，不论是在海尔集团系统内，还是在海尔的全国网络内，所有的承运活动都被电子监控，所有的运输信息都可以在互联网上查询。海尔的信息系统和以海尔文化为基础的管理确保所有承运人和整个网络都能及时、准确和完整地获得所有可视化的数据。

6. 运输线合并

海尔物流将不同来源的发货物项，在靠近交付地的中心进行合并，组合成完整的订单，最终作为一个单元来送交到收货人手中。

7. 持续移动

海尔物流可以根据客户的需要去提高承运的利用率，降低收费费率。例如：海尔的运输工程师可以将家电从贵州运到上海，而在昆山将一批计算机产品补货到货车运送到重庆。海尔物流管理的运输网络和先进的工具可以追踪这些补货的路径安排需要，发现降低成本的机会。

8. 车队、集装箱和场地管理

许多客户都拥有自己的专有货车、集装箱和设施场地供自己的车队使用。海尔物流可以管理这些资源从而将其纳入海尔物流整体运输解决方案中。海尔的先进系统可以提供完整的车辆可视化管理，不论周转箱或集装箱在现场还是在高速公路上，海尔物流都为这些独特的运输提供服务,这包括了散货、冷冻冷藏、周转箱的回转以及危险品等需要特殊处理和相关条例管理的运输。

问题讨论:
1. 海尔物流配送活动采取的是什么样的经营模式?
2. 简述海尔的物流配送流程,并以海尔某一产品为例进行说明。

◇ 复习思考题

1. 简述配送作业的基本环节。
2. 画图并简述配送作业的基本流程。
3. 比较生产资料配送流程和生活资料配送流程。
4. 简述进货作业管理的要点。
5. 补货作业应当遵循怎样的原则?
6. 配送加工作业的基本形式有哪些?如何促进配送加工作业的合理化?
7. 简述配送中心的退货原则。

◇ 实训题

某公司接到通知,将有一批如下信息的货物进入配送中心仓库,要求该公司做好接收的准备。

入库通知书

型号	品名	包装数	包装	件数/包装	总件数	体积	重量
TP3032	CD碟	15	纸箱	200			
CD3033	磁盘	10	纸箱	300			

说明:
(1) TP3032每只纸箱的外形尺寸:51厘米×42厘米×45厘米,毛重12千克,法定计量单位是盒。
(2) CD3033每只纸箱的外形尺寸:63厘米×55厘米×55厘米,毛重15千克,法定计量单位是张。
(3) 该公司在收到通知后将有关入库货物的信息输入系统,等待货物的到来。下午公司收到客户送来的货物,经检验货物全部合格,正常入库。
(4) TP3032有10箱堆放在10—1—1货架上,其余的放在10—1—2上;CD3033有8箱堆放在11—1—1货架上,其余的放在11—1—2上。

操作要求:
(1) 入库准备。
(2) 制作入库单。
(3) 制作《入库库位分配通知书》。

第六章 分拣作业管理

学习目标

通过本章学习,学生要理解分拣作业的内涵,掌握分拣作业的基本过程及分拣作业合理化原则,了解拣选作业管理的基本流程及拣货形式,熟悉分拣作业的系统规划。

开篇案例

日本 Pola 公司的分拣作业

日本 Pola 公司以制造和销售女性用品为主,其在库配送货物的品种数量为 1200 个,最高出货量达每天 18.5 万个单品的化妆品。由于作业量庞大,为了提高作业效率和准确率,所以作业系统采用计算机控制与人工操作的弹性组合,货物的物流流程如图 6-1 所示:

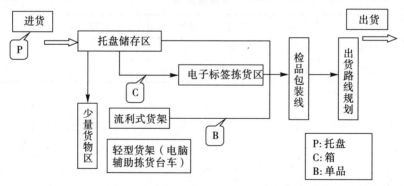

图 6-1 Pola 公司物流流程示意图

1. 托盘货架拣货区(以整箱货物为单位的出库)

用叉车将由制造厂送来的成托盘货物码放到托盘货架上保管,少量成箱进货的货物保管在流利式货架上,大批受订的货物直接以箱为单位利用输送机送往出货区。同时,可以补货至计算机数字显示进货区内。

2. 计算机数字显示拣选区(以单品为单位的出库)

货物置于流利货架上,各类货物储位上装设有指示拣取数量的数字显示装置,作业人员在所负责的区域内按照显示屏上所指示的数量拣取货物,并放入传送带上的周转箱内再按一下确认键,当区内所有需拣取的货物全部取出时,周转箱就往下一个作业人员负责区域移动。最后,拣完货的周转箱就送往少量货物拣货区。

3. 少量货物拣货区(以单品为单位的出库)

货物保管在轻型货架及流利式货架上,应用电脑辅助拣货台车拣货。拣货信息利用电脑软盘(或光盘)输入拣货台车上的微电脑,屏幕上显示指示到拣取为主拣选的货物,扫读条码,并按各订单需求数量分布投入车上的数个拣货周转箱内,完成拣货的这些周转箱传送至检品包装区。

阅读以上案例,请思考该公司的拣货和补货系统的特点是什么。

第一节 形成拣货资料

一、拣货信息

拣货信息是拣货作业的原动力,主要目的在于指示如何拣货,其资料产生于客户的订单。为了使拣货员在既定的拣货形式下正确而迅速地完成拣货,拣货信息成为拣货作业规划设计中重要的一环。拣货的信息传递形式有利用传票、拣货单等纸质形式,也有使用计算机、条码及一些自动传输的无纸化系统等传递形式来辅助拣货系统完成相关作业。

(一)传票

传票即直接利用客户的订单(分页、复印件或影印本)或以公司的交货单来作为拣货指示凭据。

1. 优点

使用传票无须再利用电脑等设备处理拣货信息,适用于订购品种数较少或小量订单的情况。

2. 缺点

此类传票容易在拣货过程中受污损,或因存货不足、缺货等注记直接写在传票上,从而导致作业过程发生错误,甚至无法判别确认。未标示储位的产品必须靠拣货员的记忆在储区中寻找存货位置,这样会花费大量的时间和精力。

3. 适用范围

使用传票来拣选货物仅适合种类少、数量小的货物拣选,当货物种类多、数量大的时候,这种形式的信息传递会严重影响拣货效率,难以满足客户服务的要求。

(二)拣货单

将原始的客户订单输入计算机后进行拣货信息处理再打印拣货单(表6-1、表6-2)的形式。

1. 优点

(1)避免传票在拣取过程中受污损。在检品过程中使用原始传票查询时,可修正拣货过程或拣货单打印发生的错误。

(2)产品的储位编号显示在拣货单上。同时,可按路径先后次序排列储位编号,从而引导拣货员按最短路径拣货。

(3)可充分配合分批、分区、订单分割等拣货策略,以提高拣货效率。

2. 缺点

(1)拣货单处理打印工作耗费人力、时间。

(2)拣货完成后,仍要经过检品过程,以确保其正确无误。

表6-1 分户拣货单

拣货单编号					客户订单编号			
客户名称:								
出货时间:								出货货位号
出货时间: 年 月 日至 年 月 日							拣货人:	
核查时间: 年 月 日至 年 月 日							核查人:	
序号	储位号码	货物名称	规格型号	货物编码	包装单位		数量	备注
					箱	整托盘	单件	

表6-2 品种拣货单

拣货单号			包装单位			储位号码
货物名称		数量	箱	整托盘	单件	
规格型号						
货物编码						
生产厂家						
拣货时间: 年 月 日至 年 月 日						拣货人:
核查时间: 年 月 日至 年 月 日						核查人:
序号	订单编号	客户名称	包装单位			数量	出货货位	备注
			箱	整托盘	单位			

(三)拣货标签

此种形式取代了拣货单,由印表机印出所需拣货的货物名称、位置、价格等信息的拣货标签,数量等于拣取量。在拣取的同时贴标签于货物上,以作为确认数量的形式。在标签贴于货物的同时,货物与信息立即同步一致,所以拣货的数量不会产生错误。

在标签上,可以打印出货物名称及料架位置,如果条码一起打印出来,利用扫描器来读取货物上的条码,则即使同一产品的交货供应商不同也能有所区分,且该货物的追踪调查也能进行。

1. 优点

(1)结合拣取与贴标签的动作,缩短整体作业时间。

(2)可落实拣取时边清点边拣取的步骤(如果拣取未完成标签便贴完或拣取完成但标签却仍有剩,则表示拣取过程可能有错误发生),提高了拣货的正确性。

(3)可以对拣货人员工作情况作量化统计。

2. 缺点

(1)若要同时打印出价格标签,则必须统一有售卖点的货物价格及标签形式。

(2)价格标签必须贴在单品上,至于单品以上的包装作业则较困难。

(3)当拣货数量大时,需要耗用大量的标签。

(四)显示形式

此形式最初为在货物料架上安装灯号来显示拣货位置,而后发展成通过网络连接的电子标签(表示器、应答装置)安装在货架或料架上,从灯亮情况指示货物的位置,根据显示器上显示的数字来拣取一定数量的货物。

这种形式中操作人员无需阅读拣货单据,不会发生读错情况;也不需要寻找货位,节省了寻找的时间;还不需要核对货物,不会取错货物;同时,这种形式使作业人员无需手拿单据,解放了双手,从而使作业更方便。

(五)无线电识别器

无线电识别器又称"资料携带器"、"射频识别器",其运作形式为:将无线电识别器安装在移动设备(如堆垛机)上,同时,将接收并发射电波的 ID 卡或标签等信息反应器安装在货物或储位上。当移动设备接近货物或货架时,识别器立即读取反应器上的信息,并通过识别电路传至计算机,从而进行控制管理。必要时,也可利用此方法将反应器上的信息予以改写。例如:把 ID 卡安装在栈板上,而把识别器安装在堆垛机上,若堆垛机一接近该栈板,则栈板上的信息即能被堆垛机上的传递器迅速读取并传达至计算机。

(六)无线通信

堆垛机上承载着无线通信设备,通过该套无线通信设备,把应从哪个料架位置的哪个栈板的拣货信息指示给堆垛机上的司机进行了解。

(七)计算机随行指示

在堆垛机或台车上设置辅助拣货的计算机终端机。拣取前,先将拣货资料输入此计算机,拣货员即可依靠计算机屏幕的指示至正确位置拣取正确货物。

(八)自动拣货系统

拣取的动作由自动的机械负责,电子信息输入后自动完成拣货作业,无须人工介入。这是目前国外在拣货设备研究上的发展方向。自动拣货系统的特点如下:

1. 能连续、大批量地分拣货物

由于采用大生产中使用的流水线自动作业形式,自动拣货系统不受气候、时间、人的体力等的限制,从而可以连续运行。同时,由于自动拣货系统单位时间的分拣件数多,所以自动拣货系统的分拣能力相当于人工分拣系统连续运行100个小时以上,每小时可分拣7000件包装货物,如用人工则每小时分拣150件左右。同时,分拣人员也不能在这种劳动强度下连续工作8小时。

2. 分拣误差率极低

自动拣货系统的分拣误差率大小主要取决于所输入的分拣信号的准确性,这又取决于分拣信息的输入机制。如果采用人工键盘或语音识别形式输入,则误差率在3‰以上,如采用条形码扫描输入,除非条形码的印刷本身有差错,否则不会出错。因此,目前自动拣货系统主要采用条形码技术来识别货物。

3. 分拣作业基本实现无人化

国外建立自动拣货系统的目的之一就是为了减少人员的使用,减轻员工的劳动强度,从而提高人员的使用效率。因此,自动拣货系统能最大限度地减少人员的使用,基本做到无人化。拣货系统作业本身并不需要使用人员,人员的使用仅局限于以下工作:

(1)当送货车辆抵达自动分拣线的进货端时,由人工接货。

(2)由人工控制拣货系统的运行。

(3)分拣线末端由人工将分拣出来的货物进行集载、装车。

(4)自动拣货系统的经营、管理与维护。

如美国一公司,配送中心面积为10万平方米左右,每天可分拣近40万件货物,仅使用400名左右员工,自动分拣线做到了无人化作业。

二、拣货资料的形成

拣货作业开始前,指示拣货作业的单据或信息必须先行处理完成。虽然一些配送中心直接利用客户订单或公司交货单作为拣货指示,但是此类传票容易在拣货过程中受到污染而产生错误,从而无法正常指示产品储位。所以,大多数拣货形式仍需将原始传票转换成拣货单或电子信号,这样就能使拣货员或自动拣取设备进行更有效的拣货作业。但这种转换仍是拣货作业中的一大瓶颈。因此，如何利用电子订货系统 EOS(Electronic Ordering System)、POT(Portable Ordering Terminal)直接将订货资讯通过计算机快速及时地转换成拣货单或电子信号仍是现代配送中心未来发展的重要研究课题。

第二节 选取拣货方法

在选取拣货方法时，需要从多方面对其进行明确指示。例如，在确定每次分拣的订单数量时，是对单一订单进行分拣，还是进行批量分拣；在人员分配上，是采用一人分拣法，还是采用数人分拣或分区分拣；在货物分拣单位确定上，可以按要求进行以托盘、整箱或单品为单位的分拣。

下面介绍几种常见的、按不同标准分类的拣货作业方法。

一、按作业方法分类的拣货方法

（一）摘取式分拣法

摘取式分拣法又称"摘果式分拣法"，指分拣人员（或分拣工具）巡回于各个储存点，并按订单上所列货物种类、规格、数量等将客户需要的货物挑选出来，并放在随同携带者的货箱或台车等设施设备中。因其操作形式就好像在果园中摘果子那样去挑选货物，所以被形象地称为"摘果式"。这种方法下的货位和货物相对固定，而分拣人员及分拣工具是相对运动着的。

使用摘果式分拣法，有如下优点：作业形式简单，订单前置时间短，导入容易、弹性大，作业人员派工公平、责任明确、易于考核。

然而，这种拣选形式也存在一些问题：如当拣选的货物种类较多时，行走的路线长，而且每次拣选一般来说都只拣选一张订单。因此，拣货的效率低。另外，当拣货的区域范围大时，搬运系统的设计往往比较困难。因此，这种拣货形式比较适合于处理如下订单：批量大、品种少的订单，客户不稳定、波动较大的订单，客户的共性需求少、需求差异较大的订单，以及配送时间要求不一致，且配送时间要求较为严格的订单。

（二）分货式分拣法

分货式分拣法又称"播种式分拣法"，指分货人员（或工具）从储存点集中取出各个客户共同需要的货物，然后巡回于各客户的货位之间，按各客户需求量将货物放在各客户的货位上，再取出下一种共同需求货物，如此反复进行直至按客户需求将全部货物取出并分放完毕的方法。由于这种方法的操作形式类似于田间的播种操作，所以被形象地称为"播种式"。

使用播种式分拣法，有如下优点：可缩短行走的时间，单位时间的拣货量大。

但这种方法也存在缺点，主要有：前置时间长，弹性小、增减订单麻烦大；拣货后需要分发，而且往往还要再进行核对，派工及责任划分、人员考核难度大。

因此，这种拣货形式比较适合于处理如下订单：小批量、多品种的货物拣选，客户共性需求多的订单处理，客户需求较为稳定以及送货时间要求不严、可相对集中送货的订单。

二、按订单分拣分类的拣货方法

（一）按单分拣（单一分拣）

按单分拣即按客户的每张订单进行分拣，再将订单汇总。

（二）批量分拣

批量分拣即汇总客户的订货进行分拣，之后按不同的客户进行分货，再记录订单。

（三）按单分拣与批量分拣的组合

为克服按单分拣和批量分拣的缺点，采取将按单分拣和批量分拣组合起来的复合分拣形式。根据订单的品种、数量及出货频率，确定哪些订单适合按单分拣、哪些适合批量分拣，然后分别采取不同的拣货形式。例如，在货物体积较小、重量较轻、数量较少的情况下可采用人工进行订单分拣作业，而在货物体积较大、重量较大、数量较多的情况下，则可采用机械分拣或自动分拣。复合分拣的最大优点是整个分拣作业的准确性较高、效率高，从而提高了客户的满意度，降低了作业成本。因此，大型配送中心多采用复合分拣法。

三、按作业程序分类的拣货方法

（一）单一分拣法（一人分拣法）

一个人配货，按照一张订货单据要求的货物进行分拣的方法。

（二）分程传递法

数人分拣，首先决定各人所分担货物的种类和货架的范围，每人仅对分拣单中自己所承担的货物种类进行拣货，然后继续转交下一分拣人员，直至拣完。

（三）区间分拣法

该方法和分程传递方法相似。一个人或数个人分拣，首先决定各人所分担的货物种类和货架范围，从分拣货单中分拣各人所承担的货物种类，然后将各区间分拣的货物汇总起来。

（四）分类分拣法

将各种各样的形状、外形尺寸、重量的货物进行分类，在配送中心内进行保管，然后将每一个产品按类别进行分拣，最后汇总一处的分拣方法。

第三节 选取拣货路径

一、拣货单位

拣货单位因货物种类不同而有不同的形式。通常的拣货单位可分成托盘、箱和单件三种形式。一般来说,托盘是体积和重量最大的拣货单位,其次为箱,最小的为单件。

（一）托盘

由箱堆码在托盘上集合而成,经托盘装载后加固盘堆码,从而数量固定。拣货时,以整只托盘为拣取单位。无法用人手直接搬运,必须使用机械设备。

（二）箱

由单件装箱而成,拣货过程以箱为拣取单位。如果订货的最小单位是箱,则拣货单位最少是以箱为单位。可由托盘上取出,需人双手拣取。

（三）单件

单件是拣货的最小单元。单件货物往往包装成独立单元,以该单元为拣取单元,可由箱中取出,人用单手拣取。

对于体积大、形状特殊的无法按托盘和箱来归类的特殊品,则采用特殊的拣货方法。如桶装液体、散装颗粒、冷冻食品等,拣货时以特定的包装形式和包装单位为标准。

拣取单位通常由订单分析出来的结果而决定,如果订货的最小单位是箱,则不需以单件为拣货单位。库存的每一种货物都要根据实际情况选择合适的拣货单位,一种货物可能需要两种以上的拣货单位,所以一个配送中心的拣货单位通常在两种以上。设计时,人们就要针对每种情况做细致的考虑。

二、拣货路径的选择

不同层次的单品(小件货物、箱装货物、托盘货物)要采用不同的拣货途径,通常有两种类型的路径可供选择：

（一）无顺序的拣货路径

无顺序的拣货路径就是由拣货人员自行决定在配送中心内各通道拣货顺序的形式。由于拣货员完成一批订单可能要在同一路径上行走两次,这样就增加了行走里程和手的拣货动作使拣货员产生疲劳,拣货员要花费大量时间寻找货物所在的位置,所以这种拣货路径效率低。

（二）顺序的拣货路径

顺序的拣货路径就是指按产品所在货位号的大小，从储存区域的入口顺序来确定拣货路径，这是一种最常用的拣货路径。按这种拣货路径，拣货员首先拣取储存区域内某一通道上需要的产品，拣货人员从通道的一端向另一端行进时，下一个要拣出的产品的货位离上一个最近，这样走完全程就一次性地把所有货物拣出。这种拣货路径拣货的优点是缩短拣货员的拣货里程，减少疲劳和降低拣货误差，提高了拣货效率。

无论采用何种拣货路径，均要考虑如何准确、快速、低成本地将货物拣出。同时，还要考虑操作方便、缩短行走路径等问题。

第四节 行走、搬运和拣取

拣货时，拣货作业人员或机器必须直接接触并拿取货物，因此形成拣货过程中的行走与货物的搬运。这一过程有三种完成形式。

一、人至物的形式

人至物的拣货方法，是指货物位置固定，拣货员利用步行或拣货设备到货物位置处将货物拣出的作业形式。即货物处于静态的储存形式，而主要移动者为拣取者。

相关的拣货设备有以下几种储存设备和搬运设备。

（一）储存设备

储存设备有：栈板货架、轻型货架、橱柜、流动货架、高层货架、数字显示货架。

（二）搬运设备

搬运设备有：无动力台车、动力台车、动力牵引车、堆垛机、拣货堆高机、搭乘式存取机、无动力输送带、动力输送带、计算机辅助拣货台车等。

二、物至人的形式

这与人至物的拣货方法相反，拣货员只需要停在某一固定位置等待设备把货物运到拣货员面前的作业形式。即拣货者处于静态状态，而货物为动态的储存形式。

物至人的拣货设备自动化水平较高，其储存设备本身需要具备动力才能移动货物或将货物取出。具有物至人特性的拣货设备可包含以下的储存设备与搬运设备。

（一）储存设备

储存设备有：单元负载自动仓储、轻负载自动仓储、水平旋转自动仓储、垂直旋转自动仓储、梭车式自动仓储。

(二)搬运设备

搬运设备有:堆垛机、动力输送带、无人搬运车。

三、自动拣货系统

除了以上人至物、物至人的两种拣货设备外,还有一类就是自动拣货系统,其拣取的动作完全由自动的机械负责,无须人力介入。

自动分拣机种类很多,而其主要组成部分相似。基本由下列各部分组成:

(一)输入装置

被拣货物由输送机送入分拣系统。

(二)货架信号设定装置

被拣货物在进入分拣机前,先由信号设定装置(键盘输入、激光扫描条码、重量检测、语音识别、高度检测及形状识别等形式)把分拣信息(如配送目的地、客户户名等)输入计算机中央控制器。

(三)进货装置

进货装置也称"喂料器",它把被分拣货物依次均衡地送至分拣传送带。与此同时,还使商品逐步加速到与分拣传送带相同的速度。

(四)分拣装置

它是自动分拣机的主体,包括传送装置和分拣装置两部分。前者的作用是把被拣货物送到设定的分拣道口位置上,后者的作用是把被拣货物送入分拣道口。

(五)分拣道口

分拣道口是从分拣传送带上接纳被拣货物的设施。分拣货物脱离主输送机(或主传送带)进入集货区域的通道,一般由钢带、皮带、滚筒组成滑道,从而使货物从主输送装置滑向集货站点。暂时存放未被取走的货物,当分拣道口满载时,由光电管控制阻止分拣货物使其不再进入分拣道口。

(六)计算机控制器

计算机控制器是传送处理和控制整个分拣系统的指挥中心。自动分拣的实施主要靠它把分拣信号传送到相应的分拣道口,并指示启动分拣装置,从而把被拣货物送入道口。分拣控制形式主要是脉冲信号跟踪法。

以上六部分装置通过计算机网络连接在一起,配合人工控制及相应的人工处理环节构成了一个完整的自动拣货系统。

随着生产力的发展,配送中心的拣货设备利用率愈来愈高。特别是客户多样、少量订货已是如今流通业面对的不可避免的趋势。为追求效率及精确,近年来配合资讯发展,适用于多样少量的拣货设备也渐被研发出来,并陆续投入使用。

四、拣取

当货物出现在拣取者面前时,一般采取的两个动作为拣取与确认。拣取是抓取货物的动作,确认则是确定所拣取的货物、数量是否与指示拣货的信息相同。在实际的作业中,多采用读取品名与拣货单据对比的确认形式,较先进的作业方法是利用无线传输终端机读取条码后,再由电脑进行确认。

通常对体积小、批量小、搬运重量在人力范围内且出货频率不是特别高的货物采取手工式拣取;对体积大、重量大的货物,利用升降叉车等搬运机械辅助作业;对于出货频率很高的货物则采用自动拣货系统进行拣货。

第五节 拣货策略

一、拣货策略分类

拣货策略是影响拣货作业效率的关键,它主要包括分区、订单分割、订单分批、分类四个因素,这四个因素相互作用可产生多个拣货策略。

(一)分区策略

分区就是将拣货作业场地作区域划分。根据分区的原则不同来分类,可分为以下四种:

1. 按货物特性分区

按货物特性分区就是根据货物原有的性质将需要特别储存搬运或分离储存的货物进行分隔,以保证货物的品质在储存期间保持良好。此分区往往与货物储存分区相一致。

2. 按拣货单位分区

将拣货作业按拣货单位划分,如箱装拣货区、单件拣货区、具有特殊性的冷冻品拣货区等,这一分区基本上与储存单位分区是相对应的。其目的在于使储存单位与拣货单位分类统一,以方便分拣与搬运单元化,从而使分拣作业单纯化。例如,某配送中心根据不同的配货单位划分出三个配货区域,形成三种不同的分拣系统配置:托盘拣货系统、箱拣货系统和单品拣货系统(如图 6-2 所示)。一般来说,拣选单位分区所形成的区域范围是最大的。

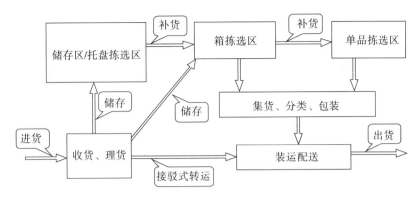

图 6-2 配送中心拣货区域与流程示意图

3. 按拣货形式分区

在不同的拣货单位分区中，依拣货方法及设备的不同，又可划分为若干个分区。分区的原则通常依据货物销售的 A、B、C 分类，按各品类的出货量大小及拣取次数的多少，各作 A、B、C 群组划分。再根据各群组的特征，决定合适的拣货设备及拣货形式。这种形式可将作业区单纯化、一致化，以减少不必要的重复行走所耗费的时间。

4. 一组固定的拣货员负责拣取区域内的货物

这一策略的优点在于能减少拣货员所需记忆的存货位置及移动距离，缩短拣货时间。同时，也可配合订单分割策略，运用多组拣货员在更短时间内共同完成订单的提取。但需要注意工作平衡的问题。

（二）订单分割策略

当订单上所购的货物种类较多，或是拣货系统要求及时快速处理时，为了使其能在短时间内完成拣货处理，可利用订单分割策略将订单切分成若干个子订单，并交由不同的拣选区域同时进行拣货作业，以加速拣货的完成。将订单按拣选区域进行分解的过程叫"订单分割"。

订单分割一般是与分区策略配合运用的，对于采用拣选分区的配送中心，其订单处理过程的第一步就是要按区域进行订单的分割，各个拣选区根据分割后的子订单进行分拣作业，各拣选区子订单拣选完成后，再进行订单的汇总。

（三）订单分批策略

订单分批是为了提高拣货作业的效率，把多张订单集合成一批进行批次提取的作业。若再将每批次订单中的同一货物种类汇总拣取，然后把货物分类至每一客户订单，则形成批量拣取，这样不仅缩短了拣取时平均行走搬运的距离，也减少了储位重复寻找的时间，进而提高了拣货效率。订单分批形式有以下四种：

1. 总合计量分批

合计拣货作业前，计算所有累积的订单中每一货物项目的总量，再按这一总量进行拣取。这样便可将拣取路径减至最短,同时储存区域也较单纯化,但需要功能强大的分类系统来支持。此种形式适合于周期性配送,例如,可将所有的订单在中午前搜集,在下午做合计处理,隔日一早再进行拣取、分类工作。

2. 时窗分批

当订单要求紧急发货时,可利用此策略,开启短暂而固定的时窗,如5~10分钟,再将这一时窗中所到达的订单做成一批进行批量拣取。这一形式常与分区及分割订单联合运用,特别适合于到达时间间隔短而均匀的订单形态,同时订购量及种类不宜太多。

各拣货分区利用时窗分批同步作业时,会因分区工作量不平衡和时窗分批拣货量的不平衡产生作业的等待问题。因此,如果能将作业等待的时间缩短,则将大幅度提高拣货的产出效率,这种分批形式较适合密集频繁的订单,且能应付紧急插单的需求。

3. 固定订单量分批

订单分批按先到先处理的原则,当订单量累计达到设定的固定量时,开始进行拣货作业。这种形式的订单形态与时窗分批类似,但这种订单分批的形式更注重维持较稳定的作业效率,在处理速度上慢于时窗分批形式。

4. 智慧型分批

将订单输入计算机汇总并经计算处理后,将拣货路径相近的订单分成一批同时处理,这样可大量缩短拣货行走搬运距离。采用这种分批形式的配送中心通常将前一天的订单汇总后,经过计算机处理,在当日产生拣货单据,所以其速度较快。

(四) 分类策略

若采用分批拣货策略,拣选完后还必须进行分类,即将集中批量拣出的货物分至各订单或客户项下。因此,需要与之相配合的分类策略。分类策略大致可分为两类:

1. 拣货时分类

在拣取的同时,将货物按订单分类。这种分类形式常与固定订单量分批形式或智慧型分批形式配合,因此,需使用计算机辅助台车作为拣货设备,以加快拣货速度,同时避免错误发生。这种形式较适合于少量多样货物的场合,且由于拣选台车不可能太大,所以每批次的客户订单量不宜过大。

2. 拣取后集中分类

拣取后集中分类指分批按合计总量拣取后,再进行集中分类。实际的做法一般有两种:一种是以人工作业为主,将货物总量搬运到空地上进行分发,而每批次订单量及货物数量不宜过大,不得超过人员负荷;另一种是利用分类输送系统进行集中分类,这是较自动化的作业形式。当订单分割较细、分批品种较多时,常使用后一种形式来完成集中分类工作。

以上四大类拣货策略可单独或联合运用,也可不采用任何策略而直接按订单拣取。

二、拣货策略的运用

拣货作业系统规划中最重要的环节就是拣货策略的运用。图6-3是拣货策略运用的组合示意,从左至右是拣货系统规划时所考虑的一般次序,可以相互配合的策略形式用箭头连接,所以任何一条由左至右可通的组合链就表示一种可行的拣货策略。

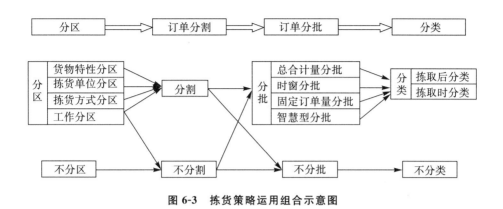

图 6-3 拣货策略运用组合示意图

(一)分区策略

1. 货物特性分区

根据货物缘由的性质进行分区,要依据不同的分组特性设计储存区域。该过程的原则是尽量使用共同设备,以降低设备操作成本。

2. 储存单位分区

同一货物在特性分区内可能因储存单位不同而分别存放在两个以上的区域,这种按储存单位划分的区域称为"储存单位分区"。货物储存单位已在拣选单位的决定中确定,因此,只需将货物特性分区中具有相同储存单位的货物集中便可形成储存单位分区。

3. 拣选单位分区

在同一储存单位分区中,有时又可按拣选单位的差异再做分区设计,如 AS/RS 自动仓储系统及托盘货架都是以托盘为储存单位,AS/RS 自动仓储系统又以托盘为取出单位,而托盘货架则以箱作为拣选单位。

4. 拣选形式分区

拣选形式除有批量分拣和按单拣选外,还包括搬运、分拣机器设备等差异。如果想在同一拣选单位分区之内,采取不同的拣选形式和设备就必须考虑拣选形式的分区。通常在拣选形式分区中,首要考虑的因素是货物被订购的频率以及订单中的出货物项数。货物被重复订购的频率越高,货物的周转率就越高,此时,采用批量分拣可以大幅度提高拣选效率,而一张订单中所订购的货物品项数越多,货物的种类越多越复杂时,批量分拣的分类作业越复杂,按单拣选较好。如表 6-3 所示:

表 6-3　拣选形式选定对照表

		货物重复订购的频率		
		高	中	低
出货物项数	多	S+B	S	S
	中	B	BB	S
	少	B		S+B

注：S 指按单拣货；B 指批量拣货。

5. 工作分区

按拣选人员负责的拣选工作范围进行分区，一般先制定出工作分区的组合并预计其拣货能力，再计算出所需的工作分区数。

工作分区数＝总拣选能力需求/单一工作分区预计拣货能力。

（二）订单分割策略

订单分割的原则取决于分区策略。因此，在拣选单位分区、拣选形式分区及工作分区完成之后，再决定订单分割的形式。订单分割可以是在原始订单上做分离的设计，也可以是在订单接受之后做分离的信息处理。

（三）订单分批策略

在批量分拣作业形式中，如何决定订单分批的原则和数量的大小是影响分拣效率的主要因素。一般根据配送客户数、订货形态及需求频率等三项条件，选择某种订单分批形式。

（四）分类形式的确定

在采取批量分拣作业形式时，其后必须有分类作业与之配合。分类形式可分为分拣后分类和分拣时分类。

◇ 本章小结

分拣作业是依据客户的订货要求或配送中心的送货计划，尽可能迅速、准确地将货物从其储位或其他区域拣取出来，按一定的形式进行分类、集中并分放在指定货位上等待配装送货的作业过程。在配送中心作业的各环节中，分拣作业是非常重要的一环，直接影响着配送中心的运作效率与效益。分拣作业的目的也就在于如何在降低分拣错误率的情况下，将正确数量的正确货物，在正确的时间内及时配送给客户。要达到这一目的，必须根据订单来选择适当的分拣设备，按分拣作业过程的实际情况运用一定的方法策略组合，采取切实可行且高效的分拣形式，以提高分拣效率，并将各项作业时间缩短，以提升作业速度与能力。

案例分析

货物分拣系统提高顶峰公司的物流速度

在传统的货物分拣系统中,一般使用纸制书面文件来记录货物数据,包括货物名称、批号、存储位置等信息,等到货物提取时再根据书面的提货通知单,查找记录的货物数据,通过人工搜索、搬运货物来完成货物的提取。这样的货物分拣严重影响了物流的流动速度。随着竞争的加剧,人们对物流的流动速度要求越来越高,这样的货物分拣系统已经远远不能满足现代化物流管理的需要。今天,一个先进的货物分拣系统,对于系统集成商、仓储业、运输业、后勤管理业等都是至关重要的。这种货物分拣系统,完全摒弃了使用书面文件完成货物分拣的传统方法,建立了一个先进的货物分拣系统,采用高效、准确的电子数据形式,提高了工作效率,节省了劳动力,分拣工人的劳动强度大大降低。这种货物分拣系统不但可以快速完成简单订货的存储提取,而且可以方便地根据货物的尺寸、提货的速度要求、装卸要求等实现复杂货物的存储与提取。

顶峰(Zenith)电子公司采用自动识别技术改进货物分拣系统,从出货到装船,实现了全部自动化操作,显著改善了该公司的物流管理。这套系统在基于 Unix 的 HP9000 上运行美国 ORACI 正公司的数据库。服务器由 4 个 900MHz 的 NorandRF 工作站组成,它连接各个基本区域,每个区域支持 20 个带有扫描器的手持式无线射频终端。订单从配送中心的商务系统(在另一 HP9000 上运行的)下载到仓储管理系统(WMS),管理系统的服务器根据订单大小、装船日期等信息对订单进行分类,实施根据订单分拣与两种分拣策略,并且指导分拣者选择最佳拣货路线。

根据订单分拣货物,如果订单订货数量比较大,则可以根据订单,一个人一次提取大量订货。货物分拣者从无线射频终端进入服务器,选择订单上各种货物,系统会通过射频终端直接向货物分拣者发送货物位置信息,指导分拣者选择最优路径。货物分拣者在分拣前扫描货柜箱上的条形码标签,如果与订单相符,则直接分拣。完成货物选择后,所有选择的货物经由传送设备运到打包地点。扫描货物目的地条码,对分拣出来的货物进行包装前检查,然后打印包装清单。完成包装以后,在包装箱外面打印订单号和条码(使用 CODE-39 条码)。包装箱在 UPS 航运站称重,扫描条形码订单号,并且把它加入到 UPS 的跟踪号和重量信息条码中,这些数据,加上目的地数据,构成跟踪记录的一部分上报到 UPS。

零星分拣货物小的订单(尤其是 5 磅以下的订货)的分拣或者单一路线物的分拣,则采用"零星分拣货物"的策略来处理。信号系统直接将订单分组派给货物分拣者,每个分拣人负责 3~4 个通道之间的区域。货物分拣者在所负责的区域内,携带取货小车进行货物分拣,取货小车上放置多个货箱,一个货箱盛入一个订单的货物。

如果货架上的货物与订单相符,就把货物放进小车上的货箱,并且扫描货箱上条形码序列号。在货物包装站,打印的包装清单即包括货物条码与包装箱序列号。

这一系统方案为顶峰电子公司遍及全美的服务区域提供了电视、录像装备,实现远程监控与订货,装船作业在接到订单 24~48 小时内完成,每日处理订单达到 2000 份。

同时,应用这一系统,顶峰公司绕过了美国国内 60 个、国外 90 个中间商,把产品直接输送到个人服务中心,缩短了产品供应链,大大降低了产品的销售成本,显著提高了顶峰公司企业的市场竞争能力。

新的货物分拣系统使装船准确率增长到 99.9%,详细目录准确率保持在 99.9%,货物分拣比率显著提高。以前,货物分拣者平均每小时分拣 16 次,现在是 120 次。由于采用这一系统,劳动力减少到原来的 1/3,从事的业务量增加了 26%。尽管公司保证 48 小时内出货,但实际上 99% 的 UPS 订货在 15 分钟内就能完成,当日发出。

问题讨论:
1. 顶峰(Zenith)电子公司是如何改进货物分拣系统,以提高货物分拣速度的?
2. 你认为顶峰(Zenith)电子公司这一分拣系统最大的好处是什么?

◇ 复习思考题

1. 简述分拣作业的基本过程。
2. 简述分拣作业合理化的基本原则。
3. 简述分拣作业系统规划的程序。
4. 如何进行分拣作业的效率评价?
5. 简述分拣信息的处理过程。

◇ 实训题

以小组为单位对某配送中心进行分拣作业管理。

第七章 配送运输作业管理

学习目标

通过本章学习,学生要理解配送运输的内涵与作用,掌握配送运输作业的流程,了解配送运输的形式,掌握配送运输合理化的形式,理解配送路线优化的意义,了解配送运输路线的类型,理解配送运输路线的确定原则,掌握配送运输路线优化的方法,掌握行车作业管理,了解车辆选择与日常养护管理。

开篇案例

招商局物流公司配送运输过程可视化管理创新案例

招商局物流集团有限公司是国有大型物流企业,在各大重要城市拥有物流网络运作节点和仓储运作节点,实现了全国范围内的物流网络化运营,且具有物流网络完整、物流资源丰富等优势。同时,招商局物流公司已有的庞大物流网络和众多分散的运输车辆为企业加强管理带来了困难。比如,为有效解决庞大的物流网络使集成管理难度加大,传统调度形式使物流成本占比过高等问题。为满足客户对配送运输过程监控服务的要求,招商局物流公司通过应用配送运输过程可视化管理理念,开发了配送运输监控系统。

如何对公路配送运输全过程进行可视化管理一直是困扰我国物流企业的难题。在配送运输过程中,涉及车辆、配车、调度、在途、交货结算、司机提成、财务等多个方面的业务管理。可视化管理就是要在这些业务管理过程中,将与地理空间相关联的业务数据加载到地图上呈现给客户,从而实现业务过程的可视化。这不仅有助于物流企业规范运输管理,还有助于提高物流企业的运作效率和效益。

招商局物流公司引入"配送运输过程可视化管理"理念,开发的配送运输监控系统主要借助 GPS 全球定位系统、互联网络、3G 移动通信技术、数据库技术、DVR 车载视频技术以及车载高科技技术等现代信息技术手段,这就有效提高了对运输过程中车队的控制力度和对货物状态的监控可视化程度。该系统灵活性高、成本低、性能好、扩展性强,有显著的技术架构优势。该系统的应用使招商局物流集团运输管理效率和客户满意度得到大幅度提升,促使企业向集约化、信息化及精细化现代物流管理形式转变。

该案例对于优化第三方物流企业运输过程、提升网络化物流企业的管理水平起到了较好的借鉴作用。

(资料来源：中国物流与采购网)

阅读以上案例，请评析配送运输过程可视化管理的特点及其作业管理要点。

第一节 配送运输概述

一、配送运输的内涵与作用

(一)配送运输的内涵

1.配送运输的概念

配送运输，是指物流过程的中转型送货，也称"二次输送"、"支线输送"、"终端输送"。也就是在客户集中的区域，按客户的订货要求和时间计划，在配送中心配货，并将配好的货物采用汽车巡回运送形式送交收货人的小范围、近距离、小批量、多品种、为多客户服务的运输。配送运输不是单纯的运输或是送货，而是运输与其他活动的组合。除了各种"运"、"送"活动外，还要从事大量的集货、分货、配货、配装等工作，这是"配"与"送"的有机结合。

2.配送运输的特点

配送运输在美国、日本等国家开展得比较早。近几年来，在我国也有较快的发展。目前，配送运输已经形成了自身的特点：

(1)配送运输是从物流节点到客户之间的一种特殊送货形式。

(2)配送运输是连接了物流其他功能的物流环节，提高了物流系统的价值增值部分。

(3)配送运输是复杂的作业体系，通常伴随着较高的作业成本，但却能大大降低库存成本和提高应对货物市场需求变化的快速反应能力。

(4)配送运输在固定设施、搬运设备、运送工具、组织形式、通信信息等方面可集成系统化的运作体系。

延伸阅读

配送运输的影响因素

影响配送运输的因素很多，主要有以下两个方面：一是动态因素，如车流量的变化、道路施工、配送客户的变动、可调动车辆的变动等；二是静态因素，如配送客户的分布区域、道路交通网络、车辆运行限制等。

配送运输的各种影响因素互相影响，很容易造成送货不及时、配送路径选择不当、延误交货时间等问题。因此，对配送运输进行有效管理极为重要，否则不仅影响配送效率和信誉，而且将直接导致配送成本的上升。

（二）配送运输的作用

物流经营者的配送业务与运输、仓储、装卸搬运、流通加工、包装和物流信息构成了物流系统的功能体系，并突出地表现为以下几个方面的作用：

1. 实现客户企业的低库存目标

通过集中仓储与配送运输可以实现企业组织的低库存或零库存的设想，并提高社会物流的经济效益。

2. 改善客户企业财务状况

通过配送运输可以解脱出大量的储备资金用来开发企业新的业务，改善企业财务状况。采用集中库存形式还可以使仓储与配送环节运用规模经济优势提高作业效率和车辆的利用率，统筹利用资源和人员，缩短配送路线从而使单位存货、配送运输和管理的总成本下降。

3. 提高物流服务水平

配送运输提高了物流服务水准，简化了手续、方便了客户、提高了货物供应的保证程度。比如，对于商店来说，由于当前货物的品牌、种类的极大增长，商店里都尽可能地销售畅销货物，库存数量最好是不太多，又不会缺货，所以这要求多品种、小批量的订货及多频度的配送，要求快速反应和处理订货及出货，通过设立配送中心进行物流配送运输可以很好地满足这一要求。

4. 完善了干线运输中的社会物流功能体系

采用配送运输作业形式，可以在一定范围内将干、支线运输与仓储等环节统一起来，从而使干线输送过程及功能体系得以优化和完善。

5. 提高企业市场竞争力

工商企业利用配送运输可以扩大货物占有率，并提高市场竞争力。企业除了提供品质优良的货物外，还必须提供适时适量的配送运输服务以扩大市场占有率。

二、配送运输的形式

（一）按物流配送运输调度形式分类

1. 定时配送运输形式

按规定的时间间隔进行货物配送，每次配送的品种和数量可按计划执行，也可按事先商定的联络形式下达配送通知，并按客户要求的品种、数量、时间进行配送。

2. 定量配送运输形式

定量配送运输形式是指按规定的数量（批量）在一个指定时间范围内配送货物。这种配送运输形式每次配送的品种、数量固定，备货作业较为简单，可以按托盘、集装箱等形式或车辆的装载能力规定配送的数量，工作较好安排。

3. 定时定量配送运输形式

按规定的时间、品种、数量进行配送作业。这种配送运输形式结合了定时配送和定量配送的特点,服务质量水准较高,配送组织工作难度增加幅度很大,通常针对固定客户进行这项服务,其适用范围有限。

4. 定时定线配送运输形式

在规定的路线上,按规定时间表进行货物配送。这种配送运输形式有利于安排车辆及驾驶人员,在配送客户较多的地区,配送工作组织相对容易。

(二) 按物流配送经营形式分类

1. 直送 (Direct Store Delivery, DSD)

直送是指生产商或供应商根据需求方订货要求,直接将货物从仓库(配送中心)运送到零售商场或需求方的整车量、高频度的运送形式。直送的最大特点是需求方的需求量大,每一次订货需求往往大于或接近一整车,且品种类型单一。所以,直送每次只能配送一个需求方。

2. 分送 (Distribution)

分送是指生产商或供应商根据需求方订货要求,直接将货物从仓库(配送中心)分送到零售商场或需求方的小批量、多频度的运送形式。如我国中远国际货运公司为海尔企业集团开展的家电配送基本上就采用这一形式。

3. 集取 (Fetch)

集取是指多个发货人在同一时间段发送小批量货物,根据其需求派车,按照巡回路线和合理的时间去多个发货人处取货并运送至配送中心,再按地区进行分拣,也可指批发商或零售商去同一地域内的多个供应商处进行小批量、多品类集中采购并运送至自己的店铺或物流配送中心进行下一步分类配送。

4. 集取配送 (Fetch and Delivery)

集取配送是指用一辆配送车一边配送,一边集取。

5. 交叉配送 (Cross Docking)

交叉配送是指在物流配送中心将来自各供应商的货物按客户订货的需求进行分拣装车,并按客户规定的数量与时间要求进行送货。在交叉配送的情况下,配送中心仅是一个具有分拣装运功能的通过型中心,这样有利于交纳周期的缩短、减少库存、提高货物周转率,从而节约库存成本。

6. 多配送中心集中配送形式

多配送中心集中配送形式是由几个物流节点共同协作制定计划、共同组织车辆设备对某一地区客户进行配送。在具体执行配送运输作业计划时,可以共同使用配送车辆,以提高车辆实载率,提高配送经济效益与效率,从而降低配送运输成本。

7.供应商管理客户库存(Vendor Managed Inventory, VMI)

供应商管理客户库存是生产商等上游企业对零售商等下游企业的流通库存进行管理和控制。具体地说,生产商基于零售商的销售、库存等信息,判断零售商的库存是否需要补充。如果需要补充,则自动向本企业的物流配送中心发出发货指令,以补充零售商的库存。

VMI物流配送是货物供应商与零售商或客户相协作进行物流供应链管理而产生的一种新型配送运输形式,见图7-1。该形式下的物流配送与传统模式下的物流配送有着较大区别,VMI方法的出现是当代信息技术的发展与人们对物流管理进一步认识的必然结果。

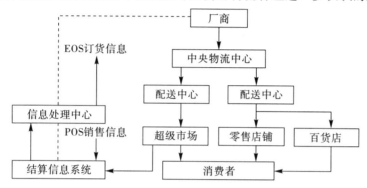

图7-1 供应商管理客户库存下的物流配送

三、配送运输的作业流程

配送运输的对象、品种、数量等较为复杂,为了做到有条不紊地组织配送运输活动,人们应当遵照一定的工作程序进行。配送运输组织工作的基本程序和内容如下:

(一)拟订配送运输计划

根据客户的订货合同,确定客户的送达地、接货人、接货形式、货种、规格、数量、送货时间及送接货的其他要求,了解所需配送的各种货物的性能、运输要求,以决定车辆种类及搬运形式、每天每小时的运力配置情况、交通条件方面的道路水平、配送中心所存货物种类、规格、数量情况等。

(二)确定配送运输计划

掌握了以上原始数据后,利用一定的算法来确定配送计划。由于变量多、计算量大,所以可以用计算机进行。

1.根据客户要求标明货物情况

按日汇总各客户需要货物的品种、规格、数量,并详细弄清各客户的地址,可用地图、表格标出。

2.确定配送距离

计算各客户到配送中心的距离和各客户之间的距离,以确定目标函数。如总运距最小、总吨公里最低、总时间最短、车辆总数量最小。选用运筹学中的单纯形法求解线性规划问题及目标规划问题,以得出最优配送运输计划。也可以进行手工计算,从而使用简化方法,如节约里程法等。

(三)执行配送运输计划

配送运输计划确定后,将到货时间、品种、规格、数量通知客户和配送中心,配送中心进行配发,客户准备接货。

配送中心依据配送计划检查库存货物,对数量、种类不足的货物马上进货,并向物流中心的运输部门、仓储部门、分货包装及财务部门下达配送任务。各部门分别完成配送准备工作。理货部门按计划将客户所需要的各种货物进行分货及配发包装,标明收货人的名称、地址、配送时间、货物明细,并按计划将客户货物进行组合、装车,将公路运单交司机或随车送货人。车辆按计划路线送货上门,客户在运单回执上签字。配送完成后,配送中心通知财务部门结算。如果是老客户,则建立往来账。

四、配送运输合理化分析

(一)不合理配送运输的表现形式

配送内部的各个因素之间存在着互动关系,在全局合理的范围内存在局部不合理现象,这决定着配送决策的优劣很难有一个明显、绝对的标准。所以,在决策时要避免局部不合理现象所造成的损失。

1. 资源筹措不合理

配送是利用较大批量筹措资源,通过筹措资源的规模效益来降低资源筹措成本,以使配送资源筹措成本低于客户自己筹措资源的成本,从而取得优势。如果不是集中多个客户需要进行批量筹措资源,而仅仅是为某一两户代购代筹,则对客户来讲,不仅不能降低资源筹措费,相反却要多支付一笔给配送企业的代筹代办费。因而,这是不合理的。资源筹措不合理还有其他表现形式,如配送量计划不准、资源筹措过多或过少,在资源筹措时不考虑建立与资源供应者之间长期稳定的供需关系等。

2. 库存决策不合理

配送应充分利用集中库存总量低于各客户分散库存总量的优势,从而大大节约社会财富。同时,降低客户实际平均分摊库存负担。因此,配送企业必须依靠科学管理来实现降低库存的总量,否则就会出现库存转移,而未解决库存降低的不合理现象。此外,配送企业库存决策不合理还表现在储存量不足,不能保证随机需求,从而失去了应有的市场。

3. 价格不合理

配送的价格应低于不实行配送、客户自己进货时产品购买价格加上自己提货、运输、进货之成本总和,这样才会使客户有利可图。有时,由于配送有较高服务水平,所以价格稍高客户也是可以接受的,但这不是普遍的原则。如果配送价格普遍高于客户自己进货价格,则损伤了客户利益,这是一种不合理的现象。价格制定过低会使配送企业处于无利或亏损状态下运行,这会损伤销售者利益,因而也是不合理的。

4. 配送与直达的决策不合理

一般的配送总是增加了环节,但是增加的环节可降低客户平均库存水平,不但抵消了增加环节的支出,而且还能取得剩余效益。但是,如果客户使用批量大,则可以直接通过社会物流系统均衡批量进货,较之通过配送中转送货可能更节约费用。所以,在这种情况下,不直接进货而通过配送就属于不合理范畴。

5. 送货中的不合理运输

配送与客户自提比较,尤其对于多个小客户,可以集中配装一辆车送几家。这比一家一户自提可大大节省运力和运费。如果不能利用这一优势,仍然是一户一送,而车辆达不到满载(即时配送过多、过频时会出现这种情况时),就属于不合理运输。

(二)配送合理化的表现形式

对于配送合理化与否的判断,是配送决策系统的重要内容。目前,国内外尚无一定的技术经济指标体系和判断方法。但通常,以下若干标志是应当纳入的。

1. 库存标志

库存是判断配送合理与否的重要标志。具体指标有以下两方面:

(1)库存总量。库存总量是指在一个配送系统中,从分散于各个客户的库存量转移给配送中心的总库存量,它加上各客户在实行配送后库存量之和应低于实行配送前各客户库存量之和。

此外,从各个客户角度判断,各客户对实行配送前后的库存量比较也是判断配送合理与否的标准。某个客户的库存量上升而总量下降也属于一种不合理现象。

库存总量是一个动态的量,上述比较应当在一定经营量前提下进行。在客户生产经营增长之后,库存总量的上升若是随经营增长出现的,则必须扣除这一因素,这样才能对总量是否下降作出正确判断。

(2)库存周转。由于配送企业的调剂作用,以低库存保持高的供应能力,所以库存周转一般总是快于原来各企业库存周转。此外,从各个客户角度进行判断,各客户在实行配送前后的库存周转比较也是判断配送合理与否的标志。为取得共同比较基准,以上库存标志,都以库存储备资金来计算,而不以实际货物数量计算。

2. 资金标志

总的来讲,实行配送应有利于资金占用量的降低及资金运用的科学化。具体判断标志如下:

(1)资金总量。用于资源筹措所占用的流动资金总量会随储备总量的下降及供应形式的改变必然有一个较大的降低幅度。

(2)资金周转。由于资金运用的整个节奏加快,资金充分发挥了作用,同样数量的资金过去需要较长时期才能满足一定供应要求,实行配送之后,在较短时期内就能达到此目的,所以资金周转是否加快是衡量配送合理与否的标志。

(3)资金投向的改变。资金分散投入还是集中投入是判断资金调控能力的重要体现,应该加以谨慎权衡。

3. 成本和效益

总效益、宏观效益、微观效益、资源筹措成本都是判断配送合理化的重要标志。对于不同的配送形式,可以有不同的判断侧重点。例如,配送企业和客户企业都是各自独立且以利润为中心的企业,这不但要看配送的总效益,而且还要看其对社会的宏观效益及两个企业的微观效益,不顾及任何一方都必然出现不合理现象。又如,如果配送企业是由客户集团自己组织的,配送主要强调保证能力和服务性。那么,效益主要从总效益、宏观效益和客户集团的微观效益来判断,不必过多顾及配送企业的微观效益。由于总效益及宏观效益难以计量,所以在实际判断时常以按国家政策进行经营、完成国家税收和配送企业及客户的微观效益来判断。

对于配送企业,企业利润可反映配送合理化程度;对于客户企业,在保证供应水平或提高供应水平前提下,供应成本的降低反映了配送的合理化程度。成本及效益对配送合理化的衡量还可以具体到储存、运输配送环节,这样会使判断更为精细。

4. 供应保证标志

实行配送,各客户最担心的是供应保证程度会降低,这是个心态问题,同时也是承担风险的实际问题。

配送的重要一点是必须提高而不是降低对客户的供应保证能力,只有这样才算实现了配送的合理化。供应保证能力可以从以下方面判断:

(1)缺货次数。实行配送后,对一些客户来讲,货物没有被及时送到以致影响客户生产及经营的次数必须下降才算合理。

(2)配送企业集中库存量。对每一个客户来讲,配送企业集中库存量所形成的保证供应能力应高于配送前单个企业保证程度才算合理。

(3)即时配送的能力及速度。这是客户出现特殊情况时采用的特殊供应保障形式,它必须高于未实行配送前客户紧急进货能力,以及快于未实行配送前客户紧急进货速度才算合理。特别需要强调的是,配送企业的供应保障能力是一个科学合理的概念,而不是无限的概念。具体来讲,如果供应保障能力过高,超过了实际的需要,则属于不合理。所以,追求供应保障能力的合理化也是有限度的。

5. 社会运力节约标志

末端运输是目前运能、运力使用不合理且浪费较大的领域。因而,人们寄希望于配送来解决这个问题。因此,这也成了配送合理化的重要标志。

运力使用的合理化是依靠送货运力的规划和整个配送系统的合理流程及与社会运输系统的合理衔接来实现的。送货运力的规划是任何配送中心都需要花力气解决的问题,而其他问题有赖于配送及物流系统的合理化,判断起来比较复杂。可以简化判断如下:

(1)社会车辆总数减少,而承运量增加则为合理。

(2)社会车辆空驶减少为合理。

(3)一家一户自提自运减少,社会化运输增加为合理。

6. 客户的仓库、供应、进货等人力、物力节约标志

实行配送后,各客户库存量、仓库面积、仓库管理人员减少为合理,用于订货、接货、负责供应的人应减少为合理。真正解除了客户的后顾之忧,配送的合理化程度则可以说是比较高了。

7. 配送运输合理化标志

（1）是否降低了配送运输费用。

（2）是否减少了配送运输损失。

（3）是否加快了配送运输速度。

（4）是否发挥了各种配送运输形式的最优效果。

（5）是否有效衔接了干线运输和末端运输。

（6）是否不增加实际的配送运输中转次数。

（7）是否采用了先进的技术手段。

配送运输合理化的问题是配送要解决的大问题，同时也是衡量配送本身的重要标志。

（三）配送运输合理化措施

国外推行配送合理化过程中有一些可供借鉴的办法，简介如下：

1. 推行一定综合程度的专业化配送

通过采用专业设备、设施及操作程序，取得较好的配送效果并降低配送过分综合化的复杂程度及难度，从而追求配送运输的合理化。

2. 推行加工配送

通过将加工和配送相结合，充分利用本来应有的这次中转而不增加新的中转，以求得配送的合理化。同时，加工借助于配送，加工目的更明确、客户联系更紧密，从而有效避免了盲目性。两者有机结合，投入不增加太多却可追求两个优势、两个效益，这是配送合理化的重要经验。

3. 推行共同配送

通过共同配送，可以以最近的路程、最低的成本完成配送，从而实现配送的合理化。

4. 实行送取结合

配送企业与客户应建立稳定、密切的协作关系。配送企业不仅可成为客户的供应代理人，而且可承担客户储存节点的工作，甚至成为客户的产品代销人。在配送时，将客户所需的货物送到，再将该客户生产的产品用同一车运回，这种产品也自然成了配送中心的配送产品之一，或者作为代存代储产品，这样就免去了生产企业的库存包袱。这种送取结合方式使运力得到充分利用，也使配送企业功能有更大的发挥，从而达到合理化。

5. 推行准时配送

准时配送是配送合理化的重要内容。配送做到了准时，客户才可以放心地实施低库存或零库存，才能有效地安排接货的人力、物力，以追求最高效率的工作。另外，保证供应能力也取决于准时配送。从国外的经验看，准时供应配送系统是现在许多配送企业追求配送运输合理化的重要手段。

6. 推行即时配送

即时配送是最终解决客户企业担心断供之忧的最好方法，也是大幅度提高供应保证能力的重要手段。即时配送是配送企业快速反应能力的具体化，是配送企业能力的体现。即时配送成本较高,但它是整个配送运输合理化的重要保证手段。此外,客户想实行零库存,即时配送也是其得以实现的重要保证手段。

第二节 配送运输路线的优化选择

一、配送运输路线优化的意义

由于配送运输配送方法的不同,其运输过程也不尽相同。影响配送运输的因素很多,如车流量的变化、道路状况、客户的分布状况和配送中心的选址、道路交通网、车辆额定载重量以及车辆运行限制等。配送路线设计就是整合影响配送运输的各因素,适时适当地利用现有的运输工具和道路状况,及时、安全、方便、经济地将客户所需的不同货物准确送达客户手中,以便提供优良的物流配送服务。在配送运输路线设计过程中,根据不同客户群的特点和要求选择不同的路线设计,最终达到节省时间、缩短运行距离和降低运行费用的目的。

二、配送运输路线的类型

在组织车辆完成货物运送工作的同时,通常存在多种可供选择的行驶路线。车辆按不同的路线完成同样的运送任务时,由于其利用程度不同,相应的配送效率和成本也不同,所以选择时间短、费用省、效益好的行驶路线是配送运输组织的一项重要内容。应尽量在保证满足客户要求的前提下,集多个客户的配送货物进行搭配装载,以充分利用运能、运力,从而降低配送成本,提高配送效率。

(一)往复式路线

一般是指由一个供应点对一个客户专门送货。从物流优化的角度看,其基本条件是客户的需求量接近或大于可用车辆的核定载重量,因此需专门派一辆或多辆车一次或多次送货。往复式行驶路线,是指配送车辆在两个物流节点间往复行驶的路线类型。根据运载情况,具体可分为三种形式:

1. 单程有载往复式路线(图 7-2)

这种行驶路线因为回程不载货,因此,其里程利用率较低,一般不到50%。在这种情况下,只有利用装卸作业点之间的最短路线才能缓解车辆利用率低的问题。

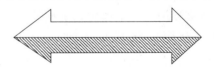

图 7-2 单程有载往复式路线

2. 回程部分有载往复式路线(图 7-3)

车辆在回程过程中有货物运送,但该回程货物不是运到路线的终点,而是运到路线的中间某一节点,或是中途载货运到终点,车辆在每一次周转中完成两个运次。由于这种路线回程部分有载,所以其里程利用率有了一定的提高,即大于50%、小于100%。

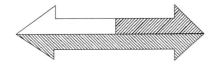

图 7-3　回程有载往复式路线

3. 双程有载往复式路线(图 7-4)

双程有载往复式路线指车辆在回程运行中全程载有货物运到终点,其里程利用率为100%(不考虑驻车的调空行程)。

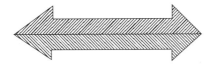

图 7-4　双程有载往复式路线

可见,车辆在双程有载往复式路线上运送货物时效果最好,在回程部分有载往复式路线上次之,在单程有载往复式路线上效果最差。

(二)环形式路线

环形式路线,是指配送车辆在由若干物流节点间组成的封闭回路上所作的连续单向运行的行驶路线。当车辆在环形式行驶路线上行驶一周,至少完成两个运次的货物运送工作。由于不同运送任务其装卸作业点的位置分布不同,所以环形式行驶路线可分为四种形式,即简单环式、交叉环式、三角环式和复合环式等,如图7-5所示。

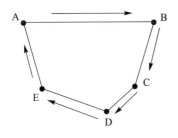

图 7-5a　简单环式路线

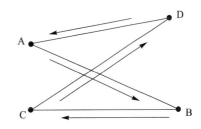

图 7-5b　交叉环式路线

图 7-5c　三角环式路线

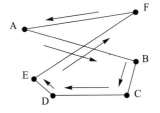

图 7-5d　复合环式路线

图 7-5　各种环形式路线

当配送车辆无法组织回程货物时,为提高车辆的里程利用率,可组织环形式行驶路线。当车辆在环形式行驶路线上运送货物时,应尽量使其空驶行程之和小于其载货的行程之和,从而最大限度地组织车辆有载运行,以其里程利用率达到最高为最佳准则。

(三)汇集式路线

汇集式行驶路线指车辆沿分布于运行路线上的各物流节点依次完成相应的装卸作业,且每次货物装(卸)载量均小于该车辆核定载货量,直到整个车辆装满(卸空)后返回出发点的行驶路线。它分为直线形和环形两类,环形的里程利用率要高些。汇集式直线形路线实质上是往复式行驶路线的变形。而汇集式环形路线有以下三种形式:

1. 分送式路线(图 7-6)

车辆在运行路线上的各物流节点依次卸货,直到卸完所有待卸货物后返回出发点。

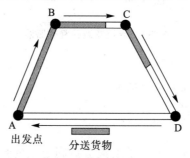

图 7-6 分送式路线

2. 聚集式路线(图 7-7)

车辆沿运行路线上的各物流节点依次装货,直到装完所有待装货物后返回出发点。

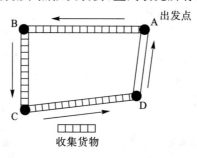

图 7-7 聚集式路线

3. 分送—聚集式路线(图 7-8)

车辆沿运行路线上的各物流节点分别或同时装、卸货物,直到完成对所有待运货物的装卸作业后返回出发点。

车辆在汇集式行驶路线上运行时,其调度工作组织较为复杂。有时,虽然完成了指定的运送任务,但其完成的运输周转量不同,这与车辆所完成的运输周转量和车辆沿线上的各物流节点的绕行次序有关。

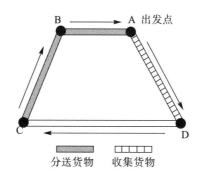

图 7-8 分送—聚集式路线

（四）星形行驶路线

星形行驶路线,是指车辆以一个物流节点为中心向其周围多个方向上的一个或多个节点行驶而形成的辐射状行驶路线。星形路线如图 7-9 所示,O 是中心节点,A、B、C……是各方向上的节点。如果就一个行驶方向(O 至 A)来看,可以简化成一个往复式行驶路线;如果就一个局部(O、H、G)来看,车辆按 O→F→H→G→F→O 运行,又可简化成一个环形行驶路线;如果各节点更广泛地连通,车辆在多个节点之间运行,则从整体上又形成了一个复杂的网络式行驶路线。

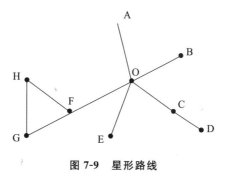

图 7-9 星形路线

三、配送运输路线的确定原则

配送路线,是指各送货车辆向各个客户送货时所要经过的路线。配送路线合理与否对配送速度、车辆的合理利用和配送费用都有直接影响。因此,配送路线的优化问题是配送工作的主要问题之一。采用科学的、合理的方法来确定配送路线是配送活动中非常重要的一项工作。

（一）确定目标

目标的选择是根据配送的具体要求、配送中心的实力及客观条件来确定的。配送路线规划的目标可以有多种选择:

1. 以效益最高为目标

它是指规划时以利润最大化为目标。

2. 以成本最低为目标

它实际上也是选择了以效益为目标。

3. 以路程最短为目标

当成本与路程之间的相关性较强,而和其他因素相关性较小时,可以选择它作为目标。

4. 以吨公里数最小为目标

在"节约里程法"的计算中采用这一目标。

5. 以准确性最高为目标

它是配送中心运作中重要的服务指标。

当然,规划时还可以选择运力利用最合理、劳动消耗最低作为目标。

(二)确定配送路线的约束条件

1. 满足所有收货人对货物种类、规格、数量的要求。
2. 满足收货人对货物送达时间范围的要求。
3. 在允许通行的时间段内进行配送。
4. 各配送路线的货物量不得超过车辆容量和载重量的限制。
5. 在配送中心现有运力允许的范围内。

四、配送运输路线的优化方法——节约法

在配送路线的设计过程中,当由一个配送中心向多个客户进行共同送货,在同一条路线上的所有客户的需求量总和不大于一辆车的额定载重量时,由这一辆车配装着所有客户需求的货物,按照一条预先设计好的最佳路线依次将货物送到每一个客户手中,这样既可保证按需将货物及时交送,同时又能节约行驶里程,缩短整个送货时间、节约费用,还能在客观上减少交通流量,缓减交通紧张的压力。

随着配送的复杂化,配送路线的优化一般要结合数学方法及计算机求解的方法来制定合理的配送方案,下面主要介绍确定优化配送方案的一个比较成熟的方法——节约法,也叫"节约里程法"。

(一)节约法的基本规定

利用节约法确定配送路线的主要出发点是根据配送中心的运输能力(包括车辆的多少和载重量)和配送中心到各个客户以及各个客户之间的距离来制定总的车辆运输的最小吨公里数的配送方案。

利用节约法制定出的配送方案除了使配送总吨公里数(t·km)最小外,还应满足以下条件:

1. 满足所有客户的要求。
2. 不使任何一辆车超载。
3. 每辆车每天的总运行时间或行驶里程不超过规定的上限。

4.符合客户到货时间要求。

(二)节约法的基本思想

节约法的基本思想是为达到高效率的配送使配送的时间最小、距离最短、成本最低而寻找最佳的配送路线。

(三)使用节约法的注意事项

1.适用于需求稳定的客户。
2.应充分考虑交通和道路情况。
3.应充分考虑收货站的停留时间。
4.要考虑驾驶员的作息时间及客户要求的交货时间。
5.当需求量大时,求解会变得复杂,这时需要借助计算机辅助计算来直接生成结果。

延伸阅读

其他确定配送路线的方法

1. 经验判断法

经验判断法是指利用行车人员的经验来选择配送路线的一种主观判断方法。一般是以司机习惯的行驶路线和道路行驶规定等为基本标准,拟订出几个不同方案,通过倾听有经验的司机和送货人员的意见,或者直接由配送管理人员凭经验作出判断。这种方法的质量取决于决策者对运输车辆、客户的地理位置与交通路线情况的掌握程度和决策者的分析判断能力与经验。尽管缺乏科学性,且易受掌握信息的详尽程度限制,但运作形式简单、快速、方便。通常在配送路线的影响因素较多,难以用某种确定的数学关系表达时,或难以以某种单项依据评定时采用这种方法。

2. 综合评分法

综合评分法是指能够拟订出多种配送路线方案,并且评价指标明确,只是部分指标难以量化,或对某一项指标有突出强调与要求,根据各个指标对配送路线的影响程度确定其在整个指标体系中的权重,然后对各指标进行评分,最后依据计算各指标加权后的总得分情况来确定最优配送路线的方法。其步骤如下:

(1)拟订配送路线方案。
(2)确定评价指标。
(3)对方案进行综合评分。
(4)给出评判结果。

第三节　车辆营运管理

在货物输送管理过程中,车辆调度、货物配装、运输路线的规划与选择是配送作业的重要内容。由于配送活动的货物输送主要是短距离的卡车运输,所以运输车辆的行车作业管理、车辆的维护与保养,以及卡车运输业务的外包等车辆营运管理也是配送管理的重要的辅助业务管理内容。

一、行车作业管理

配送运输作业尽管可以通过建立数学模型使运输路线优化,利用计算机管理软件对车辆进行合理的调度和对货物实行有效配装,配送计划也可以做得非常周详,但影响货物输送效率与配送服务质量的因素很多,其中就不乏许多不可预期的影响因素。特别是在企业外部的货物输送过程中,往往会因临时的交通状况发生变化、天气变化、行车人员在外不按指令行车或在外驾驶过程中突发安全事故等难以直接控制或不可控因素的影响而导致货物输送不能如期到达、货物受损等情况的发生,从而使输送成本上升,最终影响配送服务的质量与配送效益,并使前期的配货效率及其产生的效益化为乌有。因此,在货物输送管理过程中,必须加强行驶作业记录、车辆跟踪管理、行车人员的有效管理与控制。

(一)行驶作业记录管理

行驶作业记录管理主要有驾驶日报表的管理形式、行车作业记录卡的管理形式和行车记录器的管理形式。

1. 驾驶日报表的形式

通过行车驾驶人员填制《汽车驾驶日报表》的形式记录货物输送作业过程。表单对配送车辆驾驶情况做记录,除了能随时对车辆与驾驶员的品质及负担作评估调整外,也能反映出事前配送规划的效果,从而为后续营运配送计划管理提供参考依据。

2. 行车作业记录卡的形式

行车作业记录卡的形式即是对行车作业实行定时划卡制度。以日本大型连锁集团伊藤洋华堂为例,它们对配送车辆输送行车作业实行了高效率管理形式。具体的手段是设立定时划卡制度,即每一台配送车辆到店时要划卡,离店时也要划卡,到店至离店的时间为卸货和验货的时间。配送中心根据信息中心获取的 POS 系统的信息来掌握配送车辆到店和离店的划卡时间,分析运送作业、货物抵达后的交、接货的作业效率。如发现配送车辆比按规定的时间早到或晚到 15 分钟(早到无接货人;晚到则会使商店失去最佳销售机会),总部的职能部门就要按照合同规定对运输的当事者处以罚款(委托运输公司运输的情况一样)。对配送车辆每到一店都实行同样的划卡制度,这样负责货物配送的配送中心就能掌握车辆的在途时间,从而规划出较为合理的配送路线,以确保物流的通畅,并使各连锁分店能够顺利地运营。

目前,我国城市公交系统为保证车辆准时到达,对营运车辆均采用中途和到站划卡制度。车辆营运实行划卡制度对于城市区域内定点定路线的配送服务形式是很有借鉴意义的。

3. 行车记录器的形式

行车记录器的用途很广，只要是牵涉货物配送而且想要好好管理的配送业者，就可将它运用在车辆行车配送上。目前，国内外已开始采用随车温度记录器及行车记录器的形式来对车辆配送情况作即时详细的掌握。

(1) 利用温度记录器随时监控车内温度状况。温度记录器大多设置在货物温度控制的配送车上，例如，冷冻、冷藏食品的配送，温度记录器可提供随时监控管理的功能。一旦货柜温度过高或过低，温度记录器就会马上发出警讯提醒行车人员注意，以采取必要措施，且这些资料的记录数据可供事后管理人员检查之用。

(2) 利用行车记录器掌握车辆配送过程中的行驶数据。行车记录器最主要的功能就是能掌握车辆配送过程中的行驶数据，包括时间、里程数、行车速度等等，其功能目的如下：

① 记录车辆行驶及交货时间。对于时间的记录，需要掌握的时点很多，包括：由配送中心出发至各客户点的经过时间，以及各客户点相互间的路程行驶时间，以判断此路程的配送有无阻碍，是否应改换路线；到达每一客户点的时间，观察有无延迟交货发生；离开客户点时间，检查司机交货作业手续的完成速度；返回配送中心的时间，以观察整趟配送的时间耗费。配送中心可根据这样的数据来制定以后调配车辆的计划。

② 记录车辆行驶里程数。对于里程的记录，也可以分为几方面来掌握。配送中心至各客户点及各客户点间的里程，观察配送顺序及路径是否合理；空车返回配送中心的里程，以检查空车行走的里程会不会过高，是否影响车辆运行效益。

③ 记录车辆运行速度。对于速度的掌握，可以由两方面来观察记录。一是行车速度与平均速度。其目的是随时记录车辆的运行速度，观察是否常受红绿灯影响，或是否会受塞车阻挠，以评估所选择路径的顺畅程度，检查在某时段配送的效果。二是超速次数，可由此来衡量驾驶员的品质是否会给公司带来不当的费用。

④ 记录耗油量与平均耗油量。市区开车太慢容易耗油，车辆负载过重容易耗油，司机操纵不当也耗油。因而，对于车辆行驶的耗油量也需要特别观察，以制定节省运费的切实措施。

⑤ 记录引擎转速。由车辆引擎转速是否正常可看出车辆本身的状况，状况不良的车辆易发生意外、延误交货时间。因而，从行车记录器的记录来观察引擎转速可确保配送车辆的良好运行状态。

通过记录器的功能，配送管理者可以实现以下五项最主要的管理目标：统计分析车辆使用状况，随时进行调整与改善；取代原来人工记录的形式，提高驾驶员工作效率；简化报表作业程序，提升管理效率；掌握输送活动中每一时点情况，提高对客户的服务质量；节省油量消耗及车辆保养费用，切实降低配送成本。

(二) 利用自动跟踪信息技术对输送货物进行跟踪管理

实现对货物的实时跟踪监控，也就是说，从货物出了货主企业的门到进入商家和客户的门，在这个过程中也能时刻监控到货车的运输路线、所在位置，并能够便捷、低成本地同货车进行监测、跟踪、联络。

目前,国内外许多物流公司或货运公司已开始利用条形码、在线货运信息系统和卫星定位系统等信息技术进行货物跟踪管理服务。

使用物流条形码提供快速和无差错的信息传输有助于在中途站点用卡车进行装运;在线货运信息系统可以使配送企业直接连通运输商的计算机,以确定货物运输的情况;利用 GIS、GPS 可以实现大范围内的货物跟踪监控,其显示范围可以从洲际地图到非常详细的街区地图,显示对象包括人口、销售情况、运输路线以及其他内容。如世界最大的零售企业美国沃尔玛公司就请美国休斯敦公司专门发射了一颗通讯卫星用于其物流配送信息跟踪管理。

(三)行车作业人员考核与管理

对行车作业人员管理,尽管可以通过调查各客户、加强行驶作业记录、跟踪管理了解到货物时点情况、装车卸货情况、运输路线是否合理等,但这些只是反映了行车作业活动的营运情况,还不能实现对行车作业的有效控制与管理。为确保行车作业能按输送计划有效运行,还需对行车作业人员进行培训、考核和评价。

1. 对行车作业人员进行培训

行车作业人员培训的目的在于让其了解物流的内涵、各项作业流程、与车辆相关的操作与维护知识、搬运装卸要领、紧急事件处理的原则和方法,最重要的还是在于强化其遵守交通法规与服务客户的理念。

2. 建立行车作业人员工作考核制度

除前述的对客户进行调查,通过日报表、记录器、车辆通讯系统等措施来有效监控外,对行车任务的考核与评价是管理控制行车作业人员的有效方法之一。在考核评价体系中,最重要的是确定车辆行车作业评价的基本指标,从而有效建立考核评价制度。

车辆行车作业评价的基本指标有:

(1)行车里程(实车行驶里程、空车行驶里程)。

(2)行车时间(实车行驶时间、空车行驶时间)。

(3)装载量(重量、体积)。

(4)车辆配置(总载重量、车辆总数、出勤、停驶车数)。

(5)值班人数、车次等。

(6)耗油量。

(7)工作天数(正常工作时间、延长工作时间)。

(8)肇事、货物故障件数。

行车作业人员的考核数据,可以通过驾驶成绩报告书、配送人员出勤日报表的形式来反映。

3. 建立行车人员的工作激励机制

对于行车人员的管理仅有考核制度是不行的,还应有相应的激励机制来调动作业人员的工作积极性和工作主动性。实际上,对行车人员的有效激励往往比管理控制更重要。因此，对行车人员的管理应坚持以人为本，对作业人员的家庭生活也要多关心，通过建立良好的企业文化来充分发挥作业人员的工作潜能。同时，还可以通过目标导向的薪资制度、工作绩效竞赛制度、内部创业机会的提供、第二职能的训练等措施来激励作业人员做好配送运输作业工作。

二、车辆选择与日常养护管理

车辆、人、站场三者是配送运输活动中最主要的构成要素。因此，选择合适型号的运输车辆，并使车辆维持良好的使用状态，对整个配送工作的顺利进行起着决定性的作用。

（一）车辆种类的选定

货车车辆种类繁多，要根据用途及所载的货物种类进行选择。常见的分类有：根据载重进行分类，如小货车3.5吨以下；根据车厢的形式分类，如柜式车和箱式车；根据燃油分类，如汽油车、柴油车等。从消费物流的角度来看，由于其载运的货物大多是生活用品，所以可根据距离、运送货物的多少选用车辆。

由于市区内车辆多，同时，为了维护道路的使用寿命，所以对于进入市区的车辆都有载重的限制，市区内配送运输一般以小货车为主。

近几年来，由于人力短缺，形成了大宗货物栈板化运输趋势，致使长途行驶的车辆逐渐采用联结车或货曳引车等，以节省成本。虽然柜式货车的装载容量较多、装卸货速度快，但需要捆绑覆盖帆布，且对货物的保护性低。而箱式货车，虽然载装容量相对少些，但可装载多样品项，不用捆绑，在人力运用及货物维护上都有好处。选用何种车辆，经营者可以根据业务需求量审慎衡量，以免产生评估错误，造成无形的损失与浪费。

（二）车辆的保养与维修

为了减少车辆的损坏，确保行车质量与安全，除教育行车人员根据操作手册驾驶车辆、做好行车前、行车中、行车后的车辆检查外，还应该制定车辆保养与维修管理办法，以确保运输车辆处于最佳运行状态。

1. 车辆的维护

车辆的维护也叫"保养"。其内容主要是清洁、润滑、紧固、调整、防腐。车辆保养一般可分为日常保养、一级保养和二级保养。

2. 车辆的检查

车辆的检查是对车辆的运行情况、工作精度、磨损或腐蚀程度进行检查和校验。检查是车辆维修管理中的一个重要环节，通过检查及时查明和消除车辆隐患，针对发现的问题提出改进维护工作的措施，从而有目的地做好修理前的各项准备工作，以提高修理质量和缩短修理时间。

按时间间隔，车辆检查可划分为日常检查和定期检查。日常检查，即每日检查和交接班检查，由车辆操作人员执行。定期检查，是按检查计划日程表在车辆操作人员参与下由专职检修人员定期执行。

3. 车辆的监测

监测技术是在检查的基础上发展起来的车辆设备维修和管理方面的新兴工程技术。它通过科学的方法在车辆上安装仪器仪表,对车辆的运行状态进行监测,这样能够全面地、准确地把握设备的磨损、老化、劣化、腐蚀等的部位和程度,以及其他情况。在此基础上进行早期预报和追踪,可以把车辆的定期维护修理制度改变为有针对性的预知维修制度。从而可以减少由于车辆劳损情况不清而盲目拆卸给车辆带来的损伤和车辆因停运造成的经济损失。

监测的方法很多,有温度监测、润滑监测、泄露监测、振动监测、噪音监测、腐蚀监测、裂缝监测等。

4. 车辆的维修制度

因习惯和国情不同,世界各国乃至各企业的车辆维修制度也各不相同。美国实行的是预防维修制,原苏联实行的是计划预防维修制,日本实行的是全员生产维修制,而我国目前实行的车辆设备维修制度主要是计划预防维修制度、计划保养维修制度、预防维修制度三种。

(1)计划预防维修制度(简称计划预修制)。它是根据车辆设备的磨损规律,按预定修理周期及其结构对设备进行维护、检查和修理,以保证设备经常处于较好技术状况的一种设备维修制度。其主要特点如下:

①按规定要求对设备进行日常清扫、检查、加油、润滑、紧固和调整等,以减缓设备的磨损,保证设备正常运行。

②按规定的日程表对设备的运转状态、性能和磨损程度等进行定期检查和校验,以便及时清除隐患、掌握设备技术状况的变化情况,为设备的定期检修做好准备。

③有计划、有准备地对设备进行预防性修理。

(2)计划保养维修制度(简称计划保修制)。它是把维护保养和计划检修结合起来的一种修理制度。它是我国一些先进工业企业在总结计划预修制的经验和教训的基础上,于1960年以后建立和发展起来的一种设备维修制度。其主要特点如下:

①根据车辆设备的特点和状况,按照设备运转小时、产量或里程等制定不同的维护类别和间隔期,并在保养的基础上制定出不同的修理类别和修理周期。

②当车辆设备运转到规定时点时,严格按要求进行检查、保养或计划修理。

这种修理制度导致车辆操作人员与维修人员共管车辆设备的局面,使车辆设备管理工作建立在其广泛的群众基础之上,可以及时排除隐患、节省劳动和费用、延长设备寿命,同时有利于操作人员了解设备性能和基本结构,提高操作水平、增加运力。这种维修制度的采用的范围不及预防维修制广泛,但仍被我国许多企业采用。

(3)预防维修制度。预防维修制度是我国从80年代开始通过逐步研究吸取美国预防维修制度所形成的一种车辆设备修理制度,它的发展基础是车辆设备故障理论和磨损规律。

第七章 配送运输作业管理

◇ 本章小结

配送运输，是指物流过程的中转型送货，除了各种"运"、"送"活动外，还要从事大量的集货、分货、配货、配装等工作，是"配"与"送"的有机结合。其产生的根本原因是现代商业经营环境和经营形式的变化。影响配送运输的因素很多，一是动态因素，二是静态因素。配送运输对企业具有非常突出的作用。由于形式多样，对象、品种、数量等较为复杂，所以配送运输应当遵照一定的作业流程进行。配送运输路线有往复式、环形式、汇集式、星形等几种类型，要利用节约法等方法对配送路线进行优化。在货物输送管理过程中，车辆调度、货物配装也是配送作业的重要内容。

案例分析

家电终端物流配送的发展

大型家电产品一般体积和重量较大，对保管和搬运的条件要求较高。在传统的家电零售过程中，往往采用从销售点依次送货的办法来实现大家电的终端物流配送。这种形式在服务质量、成本等方面存在先天的缺陷，已经不能适应日益变化的市场要求。随着信息技术和物流技术的发展，一种新的配送模式已被逐渐认可。

目前，主要的家电连锁企业在大家电配送方面越来越多地采用了集中配送的形式。集中配送，指销售者对已销售货物进行统一配送安排，将售出商品集中从配送中心发送到购买者指定的收货地点。其主要特点是，在一定地区范围，销售者无论有多少销售点，其所有的实物库存均保存在配送中心，各销售点只有样品没有库存或仅有少量库存。销售时，各零售点将购买者信息和售出货物信息传递到配送中心，配送中心根据购买者的地理信息和商品信息安排送货车辆，送货的同时完成检验、安装、调试、结算等服务。

集中配送与传统配送形式相比，具有以下优势：

1. 降低企业总库存

集中配送形式只在配送中心有库存，各零售点没有库存，这会大大减少企业在库存上占用的资金。尤其对家电零售企业来说，由于其单品价值高、账期短，家电品种杂、型号多、消费时间性和地域性强，统一库存可减少各种因素对库存的影响。

2. 增加销售营业面积，降低经营成本

零售卖场的原有库房可用于增加营业面积。配送中心一般位于市郊，租金要低于同等面积的市内仓库。

3. 降低运输费用

大家电的运输费用一般占销售额的1%～1.5%，集中配送可以减少由仓库到门店的运输费用。同时，集中配送可使配送路线优化，提高车辆使用效率。例如：甲地有2个客户同时到某连锁店A店和B店两地购买家电，传统形式是由A、B两店各派车去甲地送货。如采用集中配送，可由配送中心直接装甲地多个客户去甲地送货，从而有效降低了车辆运输成本、提高了车辆使用效率。在整个销售过程中，分工更明确、工作效率更高。销售人员可以集中精力于销售,客户服务人员专职于服务、司机专职于送货等。

4. 品种、规格、型号设置更灵活,最大限度满足客户要求

对卖场面积较小或家电销售量一般的商场,可以选择少量的、有针对性的展品,依靠配送中心多品种的支持和信息流支持,仍可以满足客户的各种需要。

5. 降低残次率

在减少运输的同时,也减少了搬运次数和装卸次数,可有效降低货物的残次率。

6. 对客户的服务时间更灵活

(1)客户不需要与货物一同回家。因此,可以在购买、登记后随意支配自己的时间。

(2)客户可以预约送货时间。

(3)为大多数客户提供2～5小时的送货服务,同时也提供1～2小时的加急送货服务。

7. 服务质量更优,增强客户对企业服务的印象

(1)通过上门提供优质服务,加深了客户对企业的印象、提高了客户忠诚度。

(2)建立有效的客户服务体系,监督服务质量,通过电话回访和客户免费电话的形式在企业与客户间建立起有效的沟通渠道。

8. 适应电子商务的发展需要

随着电子商务的发展,越来越多的客户接受了网上购物形式。集中配送与电子商务的物流模式基本相同,企业可以利用这种形式开展电子商务。

9. 完善配送中心的服务功能

通过集中配送形式,配送中心不但成为物流、信息流的核心,而且能有效参与企业的服务,企业的资源得到最有效的利用。

与传统配送形式相比,集中配送在国内发展还有很多制约因素:

1. 我国传统的商业模式是一手交钱、一手交货。集中配送模式下客户只能看到样品,不能当场试用,一些客户不易接受。

2. 因为不能当场试用,一些残次货物只会在送货中才能发现,从而造成二次送货费支出,并引起客户投诉。

3. 企业在建立高效的信息系统过程中的投入过大。只有利用先进的信息处理技术和网络通讯技术,才能充分发挥集中配送的效率,对企业而言是一种巨大负担。

4. 集中配送对管理和服务提出了更高的要求。配送中心、客户服务部、卖场的工作职能和工作内容均发生了巨大的变化。如何进行流程重组和职责分配十分重要。

5. 集中配送对配送中心的选址要求较高。除了保管条件等硬件设施,重点要满足道路、交通、通讯等需要。

集中配送非常适合家电连锁企业的低成本运营。随着市场竞争的加剧,越来越多的企业会发展这种配送模式或建立共同配送中心,从而有效降低运营总成本。

问题讨论:

1. 家电连锁企业在大家电配送方面为什么会越来越多地采用集中配送的形式?

2. 请分析家电连锁企业在小家电配送方面应该采取怎样的配送形式。

3. 谈谈你对我国家电连锁业集中配送问题未来发展的想法。

◎ 复习思考题

1. 分析说明配送运输和配送之间的关系。
2. 简述配送运输的作业流程。
3. 比较直送与分送两种配送运输形式。
4. 如果面对的是星形配送路线,则应该采取怎样的配送运输策略?
5. 确定配送路线的原则有哪些?
6. 确定配送路线的方法有哪几种?
7. 请阐述节约法的基本思想。
8. 如何实现配送运输合理化?
9. 简述行车作业管理的主要内容。

◎ 实训题

通过调查,了解某物流配送中心主要客户的业务量及其空间分布情况,运用相应的物流模拟软件计算其经济运输路线和配载形式,并针对车辆运行情况填写相应的行驶作业记录和驾驶日报表。

第八章 配送服务管理

学习目标

通过本章学习,学生要了解配送服务合同对于企业经营发展的意义以及配送服务质量管理的基础工作内容,理解配送服务的构成要素,掌握增值配送服务的形式,掌握配送服务合同的主要内容和责任的承担以及配送服务质量要素与服务质量体系。

开篇案例

戴尔计算机公司的高效物流配送服务

戴尔计算机公司在不到20年的时间内发展到250亿美元的规模,即使面对美国经济低迷的情况,戴尔公司仍以年均两位数的发展速度飞速前进。根据美国一家权威机构的统计,戴尔公司个人电脑销售额占全球总量的13.1%,位居世界前列。

戴尔公司分管物流配送的副总裁迪克·亨特一语道破天机:"我们只保存可供5天生产的存货,而我们的竞争对手则保存30天、45天甚至90天的存货,这就是区别。"

亨特在分析戴尔公司成功的诀窍时说:"戴尔公司总支出的74%用在材料配件购买方面。2000年,这方面的总开支高达210亿美元,如果我们能在物流配送费用支出方面降低0.1%,就等于我们的生产效率提高了10%。"物流配送对企业的影响之大由此可见。

几乎所有工厂都会出现过期、过剩的零部件。而高效率的物流配送使戴尔公司的过期零部件比例保持在材料开支总额的很小范围内(0.05%~0.1%),而竞争对手则在3%左右。在提高物流配送效率方面,戴尔公司和50家材料配件供应商保持着密切、互信的联系,戴尔公司95%的所需材料配件都由这50家庞大的跨国集团供应商提供。戴尔公司与这些供应商每天都要通过网络进行协调沟通,戴尔公司关注每个零部件的发展情况,并把自己的新要求随时发布在网络上,供所有的供应商参考,以提高透明度和信息流通效率,并刺激供应商之间的相互竞争,供应商则随时向戴尔公司通报自己的产品发展、价格变化、存量等方面的信息。

根据上述案例,分析戴尔公司在物流配送方面的做法,并说明高效的物流配送服务对企业的作用有哪些。

第一节　配送服务概述

一、配送服务的意义

配送服务对于经济发展的意义在于它是企业发展的一个战略手段。从历史上曾采用的一般送货发展到以高新技术支持的、作为企业发展战略手段的配送,也就是近一二十年的事情。可以说,配送服务在企业经营中起着举足轻重的作用。

（一）配送服务已成为企业差别化战略的重要内容

长期以来,物流并没有受到人们应有的重视。在大批量生产时期,由于消费呈现出单一、大众化的特征,经营是建立在规模经济基础上的大量生产、大量销售。因而,物流功能只停留在货物运输和保管等一般性业务活动上,物流从属于生产消费,从而成为企业经营中的附属职能。但是,进入细分化市场营销阶段,市场需求呈现出多样化和分散化的特征,而且发展变化十分迅速。这样,企业只有不断满足各种类型、不同层次的市场需求,并且迅速、有效地满足客户期望,才能使企业在激烈的市场竞争中求得发展。差别化战略中的一个重要内容就是客户服务的差异,所以作为客户服务重要组成部分的终端配送服务就成为企业实行差别化战略的重要形式和途径。

（二）配送服务水平的确定对企业经营绩效具有重大影响

决定配送服务水平是构筑配送系统的前提条件。在配送开始成为经营战略的重要一环的过程中,配送服务越来越具有经济性的特征。也就是说,对配送服务来说,市场机制和价格机制也在发生作用,市场机制和价格机制通过供求关系既确定了配送服务的价值,又决定了一定服务水平下的物流配送成本。所以,制定合理的配送服务水平是企业战略活动的重要内容之一。特别是对于一些例外运输、紧急运输等物流配送服务,需要考虑成本适当化或者流通主体互相分担的问题。

（三）配送服务是有效联结供应商、制造商、批发商和零售商的重要手段

随着经济全球化、网络化的发展,现代企业的竞争已不是单个企业的竞争,而是供应链之间的竞争;企业的竞争优势不是单一企业的优势,而是供应链整体的优势。配送服务一方面以货物的物质实体流动为媒介,打破了供应商、制造商、批发商和零售商间的间隔,有效地推动货物从生产到消费全过程的顺利流动;另一方面,配送服务也通过自身特有的系统设施不断地将货物销售、在库信息等反馈给供应链中的所有节点企业,并通过知识、技术等经营资源的积累使整个过程能不断协调、不断应对市场变化,从而创造出超越企业的供应链价值。

（四）配送服务形式的选择对降低成本也具有重要意义

合理的配送服务形式不仅能够提高货物的周转效率、减少企业库存资金占有率，而且能够从利益上驱动企业发展，并成为企业的第三利润源泉。特别是一些先进的配送形式（如共同配送）能够有效地降低整个供应链的成本。

二、配送服务的构成要素

众所周知，配送服务以客户满意为第一目标。在企业经营战略中，首先应确立客户服务的目标，然后通过客户服务实现差异化的战略。那么，究竟配送服务的内涵是什么呢？配送服务实际就是对客户货物利用可能性的物流保证，主要包括3个要素：拥有客户所期望的货物（备货保证），符合客户所期望的质量（品质保证），在客户希望的时间内配送货物（输送保证）。

配送服务主要就是围绕上述3个要素来开展的，如图8-1所示：

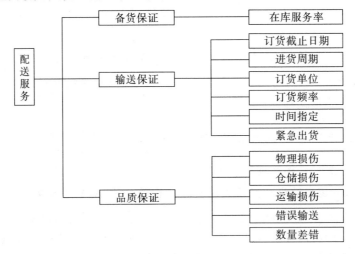

图 8-1　配送服务构成要素

三、配送增值服务

物流本身是一种社会生产链中的经营性活动。而运输、配送是物流功能的核心，特别是配送，它是多种物流功能的整合，所以物流的服务性特点在配送活动上体现得最为充分。

配送服务分为基本服务和增值服务。其中，基本服务是配送主体据以建立基本业务关系的客户服务方案，所有的客户在一定的层次上均得以同等对待；增值服务则是针对特定客户提供的特定服务，它是超出基本服务范围的附加服务。

配送基本服务要求配送系统具备一定的基本能力，这种能力是配送主体向客户承诺的基础，也是客户选择配送主体的依据。配送需要一定的物质条件，包括配送中心、配送网络、运输车辆、装卸搬运设备、流通加工能力、计算机信息系统以及组织管理能力。配送基本能力是这些设施、设备、网点及管理能力的综合表现，是形成物流企业竞争优势的基础。每个承担配送业务的物流企业都应该创造条件,以形成这种能力。

配送增值服务是在基本服务基础上延伸出的服务项目。增值服务涉及的范围很广,一般可归纳为以客户为核心的增值服务、以促销为核心的增值服务、以制造为核心的增值服务和以时间为核心的增值服务。

(一)以客户为核心的增值服务

这种增值服务向买卖双方提供利用第三方专业人员来配送产品的各种可供选择的形式,指的是处理客户向供应商的订货、直接送货到商店或客户,以及按照零售店货架储备所需的明细货物规格持续提供配送服务。如在网上订购某种货物,再由快递公司送货上门。

(二)以促销为核心的增值服务

以促销为核心的增值服务旨在为客户提供有利于客户营销活动的服务。配送服务的对象通常是生产企业或经销商,配送增值服务是在为他们提供配送服务的同时,增加更多有利于促销的物流支持。如大商场的促销措施"批量购买、送货上门",由配送企业承担从仓库到客户的服务。

(三)以制造为核心的增值服务

以制造为核心的增值服务旨在为客户提供有利于生产制造的特殊服务。以制造为核心的增值服务,实际上是生产过程的后向或前向延伸,通过配送为生产企业提供原材料、燃料、零部件,从而使配送服务与企业生产过程同步,使生产企业在进入生产消耗过程时尽可能减少准备活动和准备时间,以便实现准时制(JIT)配送。

(四)以时间为核心的增值服务

以时间为核心的增值服务是以对客户的反应为基础,运用延迟技术使配送作业在收到客户订单时才开始启动,并将货物直接配送到生产线上或零售店的货架上。目的是尽可能降低库存和生产现场的搬运、检验等作业,从而使生产效率达到最高程度。对于采用准时制(JIT)生产形式的企业实施生产"零库存"配送就是典型的以时间为核心的增值服务。

第二节　配送服务合同

一、配送服务合同概述

(一)配送服务合同的概念

配送服务合同是配送经营人与配送委托人签订的有关确定配送服务权利和义务的协议。或者说是配送服务经营人收取费用,将委托人委托的配送货物在约定的时间和地点交付给收货人而订立的合同。委托人可以是收货、发货、贸易经营、货物出售、货物购买、物流经营、生产企业等配送物的所有人或占有人,也可以是企业、组织或者个人。

(二)配送服务合同的性质

1. 无名合同

配送服务合同不是《合同法》分则的有名合同,不能直接引用《合同法》分则有名合同的规范。因而,配送服务合同需要依据《合同法》总则的规范,并参照运输合同、仓储合同、保管合同的有关规范,通过当事人签署完整的合同来调整双方的权利和义务关系。

2. 有偿配送合同

配送服务是一种产品,配送服务经营人需要投入相应的物化成本和劳动才能实现产品的生产。独立的配送经营是为了营利的经营,需要在配送经营中获得利益回报。配送经营的营利性决定了配送服务合同为有偿合同。委托人需要对接受配送服务产品支付报酬,配送服务经营人收取报酬是其合同权利。

3. 诺成合同

诺成合同表示合同成立即可生效。当事人对配送服务关系达成一致意见时,配送服务合同就成立,合同也即告生效。配送服务合同生效后,配送服务方需为履行合同组织力量,安排人力、物力,甚至要投入较多资源,如购置设备、聘请人员等。如果合同还不能生效,则显然对配送服务经营人极不公平,而配送服务合同必须是诺成合同。当事人在合同订立后没有依据合同履行义务就构成违约。当然,当事人可在合同中确定合同开始履行的时间或条件,虽然时间未到或条件未达到时合同未开始履行,但并不构成合同未生效。

4. 长期性

配送服务活动具有相对长期性的特性,配送过程都需要持续一段时期,以便开展有计划、小批量、不间断的配送,从而实现配送的经济目的。如果只是一次性的送货,则成为了运输关系而非配送关系。因而,配送合同一般是期限合同,用来确定一段时期的配送关系;或者是一定数量产品的配送,需要持续较长的时间。

二、配送服务合同的种类

1. 独立配送服务合同

由独立经营配送业务的配送企业或个人或兼营配送业务的组织与配送委托人订立的仅涉及配送服务的独立合同。该合同仅仅用于调整双方在配送服务过程中的权利和义务关系,以配送行为为合同标的。

2. 附属配送服务合同

附属配送服务合同,是指在加工、贸易、运输、仓储或其他物质经营活动的合同中附带地订立配送服务活动的权利和义务关系,配送服务活动没有独立订立合同。附属配送服务合同主要有仓储经营人与保管人在仓储合同中附带配送协议、运输合同中附带配送协议、销售合同中附带配送协议、物流合同中附带配送协议、生产加工合同中附带配送协议等。

3. 配送服务合同的其他分类

配送服务合同依据合同履行的期限还可分为定期配送服务合同和定量配送服务合同。定期配送服务合同，是指双方约定在一定期间，由配送人完成委托人的某些配送业务而订立的合同。定量配送服务合同则是配送人按照委托人的要求对一定量的货物进行配送，直到该数量的货物配送完毕则合同终止。

配送服务合同按照配送委托人身份的不同，还可分为批发配送、零售配送、工厂配送等合同；依据配送物的不同，可分为普通货物配送、食品配送、汽车配送、电器配送、原材料配送、零部件配送等合同；按照配送服务地理范围的不同，可分为市内配送、地区配送、全国配送、跨国配送、全球配送等合同。

三、配送服务合同的主要条款

无论是独立的配送服务合同还是附属配送服务合同，都需要对配送服务活动当事人的权利和义务协商达到意见一致，并通过合同条款准确地表述。配送服务合同的主要条款包括以下几个方面：

1. 合同当事人

合同当事人是合同的责任主体，是所有合同都须明确表达的项目。

2. 配送服务合同的标的

配送服务合同的标的就是将配送货物有计划地在确定时间和确定地点交付收货人。配送服务的合同标的是一种行为。因而，配送服务合同是行为合同。

3. 配送方法

配送方法（即配送要求）是合同双方协商同意配送所要达到的标准，是合同标的完整细致的表述，根据委托方的需要和配送方的能力协商确定。配送方法有定量配送、定时配送、定时定量配送、即时配送、多点配送等。合同中需要明确时间及其间隔、发货地点或送达地点、数量等配送资料。配送方法还包括配送人对配送物处理的行为约定，如配装、分类、装箱等。配送方法变更的方法，如订单调整等。

4. 标的物

被配送的对象可以为生产资料或生活资料，但必须是动产、有形的财产。配送物的种类（品名）、包装、单重、尺度体积、性质等决定了配送的操作方法和难易程度，这必须在合同中明确。

5. 当事人权利与义务

在合同中明确双方当事人需要履行的行为或者不作为的约定。

6. 违约责任

约定任何一方违反合同约定时需向对方承担的责任。违约责任约定有违约行为需支付的违约金的数量，违约造成对方损失的赔偿责任及赔偿方法，违约方继续履行合同的条件等。

7. 补救措施

补救措施本身是违约责任的一种,但由于配送合同的未履行可能产生极其严重的后果。所以,为避免损失的扩大,合同约定发生一些可能产生严重后果的违约补救方法,如紧急送货、就地采购等措施的采用条件和责任承担等。

8. 配送费和价格调整

获取配送费是配送经营人订立配送合同的目的。配送人的配送费应该弥补其开展配送业务的成本支出和获取可能得到的收益。配送合同中需要明确配送费的计费标准和计费方法,或者总费用以及费用支付的方法。

由于配送合同持续时间长,在合同期间因为构成价格的成本要素价格发生变化,如劳动力价格、保险价格、燃料电力价格、路桥费等,所以为了使配送方不至于亏损,或者委托方也能分享成本变化的利弊,配送人可以对配送价格进行适当调整,在合同中订立价格调整条件和调整幅度的约定。

9. 合同期限和合同延续条款

对于按时间履行的配送合同,必须在合同中明确合同的起止时间,起止时间应用明确的日期形式来表达。由于大多数情况下配送关系建立后都会保持很长的时间,所以就会出现合同不断延续的情况。为了使延续合同不会发生较大的变化,简化延续合同的合同订立程序,合同中往往会确定延续合同的订立方法和基本条件要求。如提出续约的时间、没有异议时自然续约等约定。

10. 合同解除的条件

配送合同都需要持续较长的时间,为了使在履约中的一方不因另一方能力的不足或没有履约诚意而招致损害,或者出现合同没有履行必要和履行可能,又不至于发生违约的情况,在合同中约定解除合同条款,包括解除合同的条件、解除合同的程序等。

11. 不可抗力和免责

不可抗力,是指能对当事人产生危害作用的不可抗拒的外来力量,如风暴、雨雪、地震、雾、山崩、洪水等自然灾害,还包括政府限制、战争、罢工等社会现象。不可抗力是《合同法》规定的免责条件,但《合同法》没有限定不可抗力的具体现象。对于一般认可的不可抗力虽已形成共识,但仅对配送仓储行为影响的特殊不可抗力的具体情况,如道路塞车等,以及需要在合同中明确陈述当事人认为必要的免责事项。不可抗力条款还包括发生不可抗力的通知、协调方法等约定。

12. 其他约定事项

配送物种类繁多、配送方法多样,当事人在订立合同时需充分考虑到可能发生的事件和合同履行的需要,并达成一致意见。这是避免发生合同争议的最有效的方法。特别是涉及成本、行为的事项,更需事先明确。如以下几个方面:

(1)配送容器的使用。合同中约定在配送过程中需要使用的容器或送料厢等的尺度、材料质地;配送容器的提供者是免费使用还是有偿使用,如何使用,在使用中发生损害的维修责任以及赔偿约定,空容器的运输,合同期满时的处理方法等。

(2)损耗。约定在配送中发生损失的允许耗损程度和耗损的赔偿责任,配送物超过耗损率时对收货人的补救措施等。

(3)退货。发生收货人退货时的处理方法。一般约定由配送人先行接受和安置,然后向委托人汇报和约定委托人进行处理的要求与费用承担。与退货相类似的还可能约定配送废弃物、回收旧货等的处理方法,配送溢货的处理方法。

(4)信息传递方法。约定双方使用的信息传递系统、传递方法、报表格式等。如采用生产企业的信息网络、每天传送存货报表等约定。

13. 争议处理

合同约定发生争议的处理方法,主要是约定仲裁、仲裁机构,或者约定管辖法院。

14. 合同签署

合同由双方的法定代表人签署,并加盖企业合同专用章。私人订立合同的,由其本人签署。合同签署的时间为合同订立时间,若两方签署的时间不同,则最后签署时间为订立时间。

四、配送服务合同的订立

配送服务合同是双方对委托配送经协商达成一致意见的结果。经过要约和承诺的过程,承诺生效、合同成立。在现阶段,我国的配送合同订立往往需要配送经营人首先要约,以向客户提出配送服务的整体方案,指明配送业务对客户产生的利益和配送实施的方法,以便客户选择接受配送服务并订立合同。

配送服务合同的要约和承诺可用口头形式、书面形式或其他形式。同样,配送服务合同也可采用口头形式、书面形式或其他形式。但由于配送时间延续较长,配送服务所涉及的计划管理性强;非及时性配送所产生的后果可大可小,甚至会发生如生产线停工、客户流失等重大损失;配送服务过程受环境因素的影响较大,如交通事故等。为了便于双方履行合同、利用合同解决争议,采用完整的书面合同最为合适。

五、配送服务合同的履行

配送服务合同双方应按照合同约定严格履行合同,双方均不得擅自改变合同的约定,这是合同双方的基本合同义务。此外,依据合同的目的可以推断出双方当事人还需要分别承担一些责任。这也应予以重视,尽管合同没有约定。

1. 配送委托人保证配送物适宜配送

配送委托人需要保证由其本人或者其他人提交的配送物适宜于配送和配送作业。对配送物进行必要的包装或定型;标注明显的标识并保证能与其他货物相区别;保证配送物可按配送要求进行分拆、组合;配送物能用约定的或者常规的作业方法进行装卸、搬运等作业;配送物不是法规禁止运输和仓储的禁品;对于限制运输的货物需提供准予运输的证明文件等。

2. 配送经营人采取合适的方法履行配送的义务

配送经营人所使用的配送中心具有合适的库场，以适宜于配送物的仓储、保管、分拣等作业；采用合适的运输工具、搬运工具、作业工具，如干杂货使用厢式车运输，使用避免损害货物的装卸方法，大件重货使用吊机、拖车作业；对运输工具进行妥善积载，使用必要的装载衬垫、捆扎、遮盖；采取合理的配送运输路线；使用公认的或者习惯的理货计量方法，保证理货计量准确。

3. 配送人提供配送单证

配送经营人在送货时须向收货人提供配送单证、配送货物清单。配送清单一式两联，详细列明配送物的品名、等级、数量等配送物信息。配送清单经收货人签署后，收货人和配送人各持一联，以备核查和汇总。配送人需在一定期间间隔向收货人提供配送汇总表。

4. 收货人收受货物

委托人保证所要求配送的收货人正常地接受货物，不会出现无故拒收；收货人提供合适的收货场所和作业条件。收货人对接受的配送物有义务进行理算查验，并签收配送单和注明收货时间。

5. 配送人向委托人提供存货信息和配送报表

配送人需在约定的期间内每天向委托人提供存货信息，并随时接受委托人的存货查询，定期向委托人提交配送报表、分收货人报表、残损报表等汇总材料。

6. 配送人接受配送物并承担仓储和保管义务

配送经营人需按配送合同的约定接受委托人送达的配送物，并承担查验、清点、交接、入库登记、编制报表的义务，安排合适的地点存放货物，妥善堆积或上架；对库存货物进行妥善的保管、照料，以防止存货受损。

7. 配送人返还配送剩余物，委托人处理残料

配送期满或者配送合同履行完毕，配送经营人需要将剩余的货物返还给委托人，或者按委托人的要求交付给其指定的其他人，配送人不得无偿占有配送剩余物。同样，委托人有义务处理配送残余物或残损废品、回收货物、加工废料等。

六、配送服务合同示例

由于配送物种类繁多，配送服务的类型也因企业、行业不同而有所区别，所以，配送服务合同的订立程序与主要条款也会有些差异，其侧重点不同，但合同主体基本上还是大同小异，这更体现在不同行业配送服务合同间的差异，比如医药、家电、食品、机械等行业。下面是家电行业配送服务合同书的一个范本：

家电产品配送服务合同书范本

甲方：_____电器有限公司

地址：

乙方：_____物流有限责任公司

第八章 配送服务管理

地址：

根据《中华人民共和国合同法》，本着互利互惠的原则，现就甲方委托乙方配送货物事宜，为了明确双方的责任，经双方协商，特签订本合同。

第一条：运输货物（名称、规格、数量）。严禁运输国家禁运的易燃易爆货物。

编号	品名	规格	单位	单价	数量

第二条：包装要求。甲方必须按照国家主管机关规定的标准包装货物，没有统一规定包装标准的，应根据保证货物运输安全的原则进行包装，否则，乙方有权拒绝承运。

第三条：配送区域。_____地区及_____省内各市县城。

第四条：合同期限。_____年，从_____年_____月_____日至从_____年_____月_____日，合同期满后，经双方就合同约定价格再行协商，在同等条件下优先续签。

第五条：运输质量及安全要求。乙方必须使用符合甲方配送货物的车辆，为甲方实行优质、快捷、安全的门到门配送服务。保证甲方的货物按规定、要求、时间，保质保量地配送至目的地。每天运输前双方议走运输重量，超重时价格另定。

第六条：货物装卸责任。货物的装车工作由乙方负责，卸车工作由收货人负责，在装卸过程中发生的一切责任由装、卸方承担。

第七条：收货人领取货物及验收办法。收货人凭有效证件、单据（或凭据）与乙方对证验收、领取货物。

第八条：收费标准与费用结算形式。甲方收到乙方所提供的符合本合同约定的单据后，约定每_____月（具体到_____日）结算费用。

第九条：双方的权利和义务

（一）甲方的权利与义务

1. 甲方的权利

（1）负责将货物配齐，要求乙方按照约定的时间、地点、收货人，把货物配送到目的地。配送通知发乙方后，甲方需变更收货地点或收货人，或者取消通知，有权向乙方提出，但必须在货物未运到目的地之前，并应按有关规定付给乙方费用。

（2）有权对乙方的配送货过程进行监督、指导。

（3）委托的货物应遵守国家有关法律规定，并符合包装标准。

2. 甲方的义务

（1）按约定、按时间向乙方交付配送费用。

(2)应向乙方提供有关配送货业务的相应单据文件(产品、型号、数量、确定地址及电话号码、联系人、卸货地址、外包装等)。

(3)指派专人负责与乙方联系并协调配送货过程中有关事宜。

(4)合同期内,乙方是甲方省内区域(包括市郊)的唯一配送商,未经乙方同意,甲方不得另用配送商。否则,乙方可解除合同。

(二)乙方的权利和义务

1. 乙方的权利

向甲方收取配送费用。查不到收货人或收货人拒绝领取货物时应及时与甲方联系,在规定期限内负责保管并有权向甲方收取保管费用。

2. 乙方的义务

(1)根据甲方的业务需要与发展,提供相应的运输能力,即提供不同的厢车。

(2)在约定的时限内(见下表)将货物送到指定的地点,按时向收货人发出货物到达的通知。对托运的货物要负责安全,保证货物无短缺、无损坏。在货物到达以后,按规定的期限负责保管。

到达时间标准表(当天配送货物都按当天_____时开始计算):

地区	标准时间(小时)
省会城市	
省内各市县城	

(3)乙方应在甲方指定的地点提取货物。在装货过程中,乙方的驾驶员应负责进行监装。对装货过程中的不当操作有责任指出并纠正,乙方将货物送往甲方指定的目的地和接收人,由收货人、乙方司机双方签字盖章确认。交货时,如发现产品损坏或产品、数量、型号、规格不符等问题,乙方应要求接收人注明,接收人所盖印章应为商家签订的配送委托书规定的公章或收货专用章,乙方凭甲方认可的配送反馈单与甲方进行结算。

第十条:违约责任

(一)甲方责任

1. 不按时与乙方结算配送费用,每超一天偿付给乙方当月结算费用_____%的违约金,但由于乙方提供的结算单据不及时的除外。

2. 因甲方原因,造成乙方的承运车不能及时返回,甲方应根据当次加付运费_____%作为补偿金。(规定缺货时间为_____小时)

3. 甲方有责任为乙方营造良好的服务环境,如甲方员工在货物配送过程中,发生以下现象之一的,甲方应向乙方支付违约金_____元/次。

(1)不按预约时间装卸货物。

(2)装卸货物当中有野蛮装卸行为,乙方指出,甲方工作人员不及时更改。

(3)甲方协调不到位,造成乙方被投诉。

(4)甲方发错货,造成乙方承运货物到达商场后,商场拒收,近程运费由甲方支付。

4.由于谎报、匿报危险货物,而招致货物破损、爆炸,造成人身伤亡的,甲方应承担由此造成的一切责任。

(二)乙方责任

1.乙方如送货到达时间每晚规定时间一天,应向甲方支付当次运输费_____%的违约金(堵车、修路、交通管制除外)。若乙方送达目的地错误,则应自费将货物送达甲方要求的目的地,因此,给甲方造成的损失由乙方负责赔偿。

2.经双方确认,货物在运输途中造成的破损、遗失、短缺等任何损失,均由乙方负责赔偿,赔偿费按批发价计算,又乙方不得擅自拆除货物并重新包装,因以上原因造成甲方违约或其他损失的,由乙方负责赔偿。

3.乙方有责任为甲方提供优质服务,如乙方员工在货物配送过程中发生以下现象之一的(属于乙方责任造成的),乙方应向甲方支付违约金_____元/次,同时,乙方应按本合同继续履行合同。

(1)不按时运送货物,造成客户投诉。

(2)在运输过程中,损坏货物并强行留给客户,造成客户投诉。

(3)在装卸货物过程中,司机刁难客户,造成客户投诉。

(4)在运送过程中,送错货物,造成客户投诉。

4.在符合法律和合同规定条件下的运输,由于下列原因造成货物灭失、短少、损坏的,乙方不承担违约责任:

(1)不可抗力。

(2)货物本身的自然属性。

(3)甲方或收货人本身的过错。

(三)其他

1.甲方仅支付乙方运费。在运输途中发生的其他一切费用(如过路、过桥费等)全部由乙方负责,具体支付标准(详见合同附件《价格表》)。

2.双方不能以任何形式向公众透露对方的商业机密,否则,由此引起的任何损失(如名誉受损、经济受损等)均由泄密方负责赔偿。

3.不可抗力的原因,影响本合同不能履行或者部分不能履行或延期履行时,遇有不可抗力事故的一方,应立即将事故情况通知对方,并详细提供事故详情及造成合同不能履行,或者部分不能履行,或者延期履行的理由及所有的相关文件资料。

4.一方违约,另一方有权以书面形式通知对方解除本合同或双方签订的其他合同、协议,合同自发出通知之日起30天后解除,由违约方承担违约责任。

5.自本合同生效之日起,甲乙双方原先签订的产品配送合同自动作废。

本合同如有未尽事宜,应由双方协商解决;协商不成时,双方同意提交人民法院解决。

第十一条：保证条款

1. 甲乙双方取得了一切必要的授权和批准，签署并履行本协议。

2. 双方保证本协议的签订和将要采取的送货行为不违反中国任何现行法律、法规的规定，不损害其他任何第三方的合法权益，并不与任何依据法律或合同一方所应承担的义务和责任相冲突。

3. 双方保证履行本协议其他条款下规定的义务。

本合同一式四页，一式二份，合同双方各执一份。

甲方：	乙方：
地址：	地址：
代表：	代表：
电话：	电话：
开户银行：	开户银行：
账号：	账号：
____年____月____日	____年____月____日

第三节　配送服务质量控制

在激烈的市场竞争中，配送企业必须保证高质量的服务，否则就可能倒闭。配送服务质量可归纳为准确、快速，即不出差错和供货周期短，从而保证物流在时间和速度两个方面的要求。

一、配送服务质量的要素

（一）服务质量的概念

服务，是指伴随着供方与客户之间的接触而产生的无形产品。而服务质量可理解为一组服务特性满足要求的程度。相对于产品来说，服务的质量特性具有一定的特殊性。有些服务质量特性客户可以观察到或感觉到，如服务等待时间的长短、服务设施的好坏等。还有一些客户不能观察到，但又直接影响服务业绩的特性，如服务企业的财务状况、服务企业的信誉度等。有的服务质量特性可定量地考察，而有些则只能定性地描述。前者如等待时间，后者如卫生、保密性、礼貌等。

延伸阅读

服务质量的日常要求

在日常生活中，客户对配送服务质量的要求主要体现为以下几个方面：

1. 功能性

功能性，是指某项服务所发挥的效能和作用，它是服务质量中最基本的特性。

2. 时间性

时间性,是指服务在时间上能够满足客户需要的能力,如及时、准时和省时。

3. 安全性

安全性,是指在服务过程中,客户的性命和财产不受伤害和损失的特征,如防火和防盗措施的健全等。

4. 经济性

经济性,是指客户为了得到不同服务所需费用的合理程度。

5. 舒适性

舒适性,是指服务过程的舒适程度。它包括服务设施的完备程度和适用性、便利性,环境的整洁、美观程度和秩序良好程度等。

（二）配送服务质量的含义

根据服务质量的概念以及特性,可将"配送服务质量"的含义理解为:反映配送服务活动过程中满足客户明确或隐含需要的能力的特性总和。配送服务活动有极强的服务性质,整个配送过程的质量目标就是其服务质量。服务质量因不同客户而要求各异,这就需要掌握和了解客户要求,如货物质量的保持程度,流通加工对货物质量的提高程度,批量及数量的满足程度,配送额度、间隔期及交货期的保证程度,配送、运输形式的满足程度,成本水平及配送费用的满足程度,相关服务（如信息提供、索赔及纠纷处理）的满足程度。

一般来讲,配送服务普遍体现在满足客户要求方面,实现这一点难度是很大的。各个客户要求不同,这些要求往往又超出企业的能力,要实现这些服务要求就需要企业有很强的适应性及条件,而这些又需要有强大的硬件系统和有效的管理系统来支撑。当然,企业对服务的满足是不能消极被动的。因为,有时候客户提出的某些服务要求,由于"交替损益"的作用,所以会增加成本或出现其他问题,这对客户来说实际上是有害的,盲目满足客户的这种要求不是提高服务质量的表现。配送服务承担者的责任是积极、能动地推进服务质量的提升。

（三）配送服务质量的要素与度量

在配送服务质量管理中,有 4 个传统的客户服务因素:时间、可靠性、方便性和信息的沟通。这些因素是配送服务质量管理需要考虑的基本因素,也是制定配送服务质量标准的基础。表 8-1 是配送服务的 4 个要素及对应的表现衡量内容。这些度量通常以卖方角度来表示,例如订单的及时性、完整性,订单完整无缺的货物比率,订单完成的准确性,账单的准确性等。在供应链环境下,配送服务质量的衡量标准将更为严密,同时也更具体。目前,配送服务质量考核的衡量指标主要是时间、成本、数量和质量。

表 8-1　配送服务质量要素及其度量

因素	含义	典型的度量单位
产品的可得性	它是配送服务最常用的度量，一般以百分比表示存货量	可得百分比
备货时间	从下达订单到收到货物的时间长度。一般可得性与备货时间常结合成一个标准，如95%的订单10天到达	速度与一致性
配送系统的灵活性	系统对特殊及未预料的客户需求的反应能力，包括加速与替代的能力	对特殊要求的反应时间
配送系统信息	配送信息系统对客户的信息需求反应的及时性与准确性	配送信息的准确性与详细性
配送系统的纠错能力	配送系统出错恢复的程序以及效率、时间	应答与需要的恢复时间
配送服务后的支持	交货后对配送服务支持的效率，包括客户配送方案和配送服务信息的修订与改进	应答时间与应答质量

二、配送服务质量体系

（一）配送服务质量体系的概念

配送服务质量体系是配送服务企业为实现自己的服务质量战略而建立的完善的服务质量保证体系，它包括实施服务战略所需要的组织结构、程序、过程和资源。

配送服务质量体系是为了达到和保持服务质量目标，使服务企业内部的服务提供过程达到质量要求，并使客户相信服务质量符合要求而建立的。配送服务质量体系既是配送企业实施配送服务质量管理的基本条件，也是配送服务质量管理的技术和手段。

任何配送服务企业的服务质量体系都需用一整套质量体系文件来表述该企业质量体系的结构和内容，以形成一个文件化的质量体系。图 8-2 所示的是配送企业的服务质量体系文件结构。

图 8-2　配送企业服务质量体系文件结构

配送服务企业建立服务质量体系，既要满足本企业管理的需要，又要满足客户对本企业的要求，但主要还是前者，因为客户仅仅评价配送企业服务质量体系中与自己有关的部分，而不是全部。

服务质量体系的关键要素是管理者职责、资源和质量体系结构。三者的关系如图 8-3 所示：

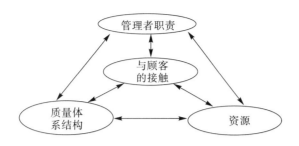

图 8-3 服务质量体系的关系要素

图 8-3 说明管理者职责、资源和质量体系结构是质量体系的关键要素,资源和质量体系结构是基础。三个关键要素的焦点是客户,即从客户的需要出发,围绕客户来开展质量管理,并根据客户需要的满足程度来评价服务质量。

(二)管理者的职责

管理者的职责是制定服务质量方针,确定质量目标人员的质量职责、权限和定期开展管理评审。

1. 质量方针

质量方针,是指企业总的服务质量宗旨和方向,是企业在服务质量方面的总意图。总体上看,质量方针服务于企业的总体战略,是企业战略的重要组成部分。通过服务质量方针,企业可在激烈的市场竞争中以服务质量取得竞争优势,求得生存和发展。企业高层管理者还应采取措施,确保质量方针的保持和贯彻实施。

配送服务企业的质量方针应结合配送服务的特点,表明配送服务的等级,确立配送服务企业的质量形象和信誉,制定服务质量的总目标及实现目标的措施。

如武汉货物储运总公司原是一家以仓储为主的传统物流企业,现正向现代物流业转型,其积极发展运输(包括集装箱运输)、配送、货运代理等业务。为了实现由传统物流企业向现代物流企业转型的战略目标,该公司通过了 ISO9001—2000 质量体系的认证。总公司在贯彻 ISO9001—2000 标准中根据该公司物流服务的特点将全公司的质量方针确定为"准确便捷、安全可靠、运作规范、优质高效"。

2. 质量目标

质量目标是企业根据质量方针确定的、在一定时期内质量方面所要达到的预期成果。质量目标是质量方针的具体化。

质量目标有时限要求。按照达到目标的时限长短,质量目标分为短期质量目标和长期质量目标。短期质量目标一般是指不超过 1 年时间需要达到的目标,如 1 个月、1 个季度等;中、长期目标是指需要 1 年以上的时间才能达到的目标,如 3 年、5 年等。

质量目标达到预期成果的特点分为突破性目标和维持性目标两种。突破性目标,是指打破或超过现有质量水平的目标;维持性目标则是指把质量水平维持在已达到的某一水平上的目标。

质量目标一般应具体、明确,甚至量化。配送服务质量目标主要包括:

(1)及时性目标:准时装车、及时到货、平均延误时间等。

(2)方便性目标:全天候服务、上门取货、一票运输率等。

(3)安全性目标:缺货频率、缺货率、差错率、货损率等。

(4)可靠性目标:事故次数、事故可补救性等。

(5)客户满意目标:客户满意率、客户投诉率等。

3. 规定质量职责和权限

高层管理者应对明确规定影响服务质量的所有部门和人员的职责和权限,做到质量问题件件有人管,人人有质量责任,并有相应的处理权限。

4. 定期开展质量管理评审

高层管理者应对配送服务质量定期进行独立的管理评审,以保证质量体系持续稳定和有效。管理评审的主要内容包括:服务绩效分析、服务质量体系要素的实施和有效性评审、质量方针和质量目标的适应性评审。管理评审后应提交管理评审报告,以便采取必要的质量改进措施。

(三)资源

资源一般包括人力、资金、设施设备、技术和方法等。人力资源是服务质量体系中最重要的资源。配送服务要求员工既要具备配送的作业技能,还应掌握服务技巧,它是实施质量管理和实现质量目标的基本条件。

配送服务与一般的营销、咨询服务不一样,它是通过运输设施、仓储设施、运输车辆、流通加工设备、装卸搬运机械等实现货物的位置移动和提供服务以满足客户的需求。配送服务是一种网络化服务,需要有庞大的服务网络和计算机信息系统来支撑。因此,配送服务质量体系中的物质资源应该包括运输和仓储设施、运输车船、流通加工设备、装卸机械、服务网络、计算机信息系统等。

(四)质量体系结构

配送服务企业的质量体系结构包括组织结构、服务过程和程序3个部分。

1. 组织结构

质量体系的组织结构是配送企业为行使质量管理职能的一个组织管理框架。它将企业的质量目标层层展开,形成多级的目标体系。为实现不同层次的目标,企业应相应建立起多级职能部门,并对职能部门中的各级、各类人员规定质量职责和权限,明确其相互关系,从而组成完整的质量管理组织系统。

2. 服务过程

质量管理是通过对企业内部的各种过程的管理来实现的。配送服务企业与其他服务企业一样,其服务体系中的过程主要有3个:市场开发过程、服务设计过程和服务提供过程。

3. 程序

程序，是指为进行某项活动所规定的途径。对配送服务质量体系而言，程序是对服务质量形成全过程的所有活动规定恰当而连续的方法，以使服务过程能按规定具体运作，并达到目标要求。配送服务质量体系中的程序应形成具有一定规定、制度性质的程序文件，从而使之有章可循、有法可依。这是质量体系得以有效运行的可靠保证。

三、配送服务质量管理的基本工作

配送服务质量管理的基本工作主要包括以下几个方面：

（一）加强全体职工的质量意识，提高其质量管理水平，建立必要的管理组织和管理制度

质量管理工作体现在配送的每一个过程中，因此，质量管理工作应是整个配送组织的事情。但是，正因为各个过程都有其独特的功能，所以在操作时往往只注重实现某一独特的功能，如完成装卸、搬运等任务，而忽视质量管理。另外，因为配送过程的连续性，所以很难明确区分质量状况和质量责任。因此，建立一个统筹的质量组织，实行质量管理的规划、协调、组织、监督是十分必要的。另外，在各个过程中建立质量小组并通过质量小组带动全员、全过程的质量管理也是很重要的形式。

1. 增强职工的质量意识，提高其质量管理水平

通过对全员进行培训教育，全体职工的质量意识和质量管理能力可达到一定的水平。质量管理全员培训使质量意识和技术、技能两者并重，否则，单有意识而无能力，或者仅有能力而无责任心，都是无法搞好质量管理的。

2. 建立必要的管理组织

质量管理组织分为领导机构与群众组织。要有领导机构，同时又要有领导分工管理。其责任是进行宣传、教育、培训、计划、实施和检查。为体现全员性和全面性，每个环节、每个人都要严把质量关，并建立质量管理小组。

（二）做好配送服务质量管理的信息工作

配送过程涉及的范围比生产过程更广，信息传递距离更远，信息收集难度大、及时性差。为了解决这个问题，企业应采取科学的管理方法和先进的信息技术，建立有效的质量信息系统，从而对配送实行动态的管理。为提高服务质量保证程度，企业要建立合理的信息管理网络，用以指导配送质量管理工作。

（三）做好实施质量管理的基础工作

质量管理的基础工作主要包括以下几个方面：

1. 标准化工作

标准化是开展配送服务质量管理的依据之一。在标准化中，各项工作的质量要求、工作

规范、质量检查方法都要具体制定,各项工作的结果都要在产品质量标准规定的范围内。因此,要做好配送服务质量管理工作,首先要制定相应的标准。

2. 制度化

质量管理作为配送服务的一项永久性工作,必须要有制度的保证。建立协作体制、建立质量管理小组都是制度化的一部分。制度要程序化,便于了解、便于执行、便于检查。制度化的另一个重要形式是责任制,在岗位责任制的基础上或在岗位责任制的内容中订立或包含质量责任,从而使质量责任能在日常的细微工作中体现出来。

(四)建立差错预防体系

配送服务过程中的差错问题是影响配送服务质量的主要因素。由于配送货物数量大、操作程序多,差错发生的可能性非常大,所以建立差错预防体系也是质量管理的基础工作。根据国内外已有的这方面实践经验,差错预防体系的建立主要有以下几个方面的工作:

1. 配送中心库存货物的调整

对存储区进行规划调整,将库存货物有序地放置,从而准确地、方便地进行存取。我国的四号定位等形式便是有效的形式;在国外常用不同颜色进行标识,以有序放置和有效区分。灵活利用不同货架、货仓等放置货物也是一个很有效的办法。

2. 运用新技术

现在已开发的射频条形码应用技术(RFID)配合便携式扫描仪可准确无误地确认货物。采用电子计算机控制的分拣系统和采用电子计算机控制的存储系统都是避免差错的有效形式。

3. 建立智能配送系统

建立能对配送服务过程的全部活动进行核对、监测的系统,以及时发现问题而防止差错持续或差错发展,进而再寻找差错产生的源头,并予以解决。

中外运空运公司为摩托罗拉公司提供的物流服务

中外运空运公司是中国外运集团所属的全资子公司,是具有较高声誉的大型国际航空货运代理企业之一。下面是中外运空运公司为摩托罗拉公司提供"第三方物流服务"的情况介绍:

1. 摩托罗拉公司对物流服务的要求和考核标准

(1)摩托罗拉公司对物流服务的要求。

①会提供24小时的全天候准时服务。主要包括:保证摩托罗拉公司中外业务人员与天津机场、北京机场两个办事处及双方有关负责人的通信联系24小时畅通,保证运输车辆24小时运转,保证天津与北京机场办事处24小时提货、交货。

②要求服务速度快:摩托罗拉公司对提货、操作、航班和派送都有明确的规定,时间以小

时计算。

③要求服务的安全系数高:公司要对运输的全过程负全责,要保证航空公司及派送代理处理货物的各个环节都不出问题。一旦某个环节出了问题,将由服务商承担责任、赔偿损失,而当过失达到一定程度时,将被取消做业务的资格。

④要求信息反馈快:公司的电脑与摩托罗拉公司联网,摩托罗拉公司可以对货物随时跟踪、查询,掌握货物运输的全过程。

⑤要求服务项目多:根据摩托罗拉公司的货物流转需要,中外运空运公司通过发挥系统的网络综合服务优势,提供包括出口运输、进口运输、国内空运、国内陆运、国际快递、国际海运和国内提货的派送等全方位的物流服务。

(2)摩托罗拉公司选择中国运输代理企业的基本做法。摩托罗拉公司通过多种形式对备选的运输代理企业的资信、网络、业务能力等进行周密的调查,并给初选的企业少量业务试运行,以实际考察这些企业服务的能力与质量,取消不合格者的代理资格。

摩托罗拉公司对获得运输代理资格的企业进行严格的月度作业考评。主要考核内容包括运输周期、信息反馈、单证资料、财务结算、货物安全和客户投诉。

2. 中外运空运公司的主要做法

(1)制定科学规范的操作流程。摩托罗拉公司的货物具有科技含量高、货值高、产品更新速度快、运输风险大、货物周转以及仓储要求零库存的特点。为满足摩托罗拉公司的服务要求,中外运空运公司从1995年开始设计并不断完善各业务操作规范,并纳入了公司的程序化管理。所有业务操作都按照服务标准设定工作和管理程序,出口、进口、国内空运、陆运、仓储、运输、信息查询、反馈等工作程序先后制定,每位员工、每个工作环节都严格按照设定的工作程序进行,整个操作过程井然有序,公司提高了服务质量,降低了差错率。

(2)提供24小时的全天候服务。针对客户24小时商务的需求,中外运空运公司实行全年365天的全天候工作制度,周六、周日(包括节假日)均视为正常工作日,厂家随时出货,中外运空运公司随时有专人、专车提货和操作。在通信方面,相关人员从总经理到业务员实行24小时的通信畅通,保证了对各种突发性情况的迅速处理。

(3)提供门到门的延伸服务。普通货物运输的标准一般是从机场到机场,货物由货主自己提货,而快递服务的标准是从门到门、库到库,而且货物运输的全程都在代理的监控之中,因此,收费也较高。中外运空运公司对摩托罗拉公司的普通货物虽然是按普货标准收费的,但提供的却是门到门、库到库的快递服务,这样既使摩托罗拉公司的货物运输及时,又保证了安全。

(4)提供创新服务。从货主的角度出发,推出新的、更周到的服务项目,最大限度地减少货损,维护货主的信誉。为保证摩托罗拉公司的货物在运输中减少被盗,中外运空运公司在运输中增加了打包、加固的环节;为防止货物被雨淋,又增加了一项塑料袋包装;为保证急货按时送到货主手中,中外运空运公司还增加了手提货的运输形式,解决了客户的急难问题,让客户感到在最需要的时候,中外运空运公司都能及时快速地帮助解决。

(5)充分发挥中外运空运公司的网络优势。经达50年的建设,中外运空运公司在全国拥有比较齐全的海、陆、空运输与仓储、码头设施,形成了遍布国内外的货运营销网络,这是中外运发展物流服务的最大优势。中外运空运公司通过网络,为摩托罗拉公司在国内提供服务的网点已达98个城市,实现了提货、发运、对方派送全过程的定点定人和实施信息跟踪反馈,满足了客户的要求。

(6)对客户实行全程负责制。作为摩托罗拉公司的主要货运代理之一,中外运空运公司对运输的每一个环节安全负责,包括从货物由工厂提货到海陆空运输以及国家间异地配送等各个环节。对于出现的问题,中外运空运公司积极主动地协助客户解决,并承担责任和赔偿损失,确保了货主的利益。中外运空运公司6年来为摩托罗拉公司提供的服务,从开始的几票货发展到面向全国,双方在共同的合作与发展中,建立了相互的信任和紧密的业务联系。随着中美达成关于中国加入WTO的双边协定,这又为中美贸易与合作开辟了更加广阔的前景。在新的形势下,中外运空运公司和摩托罗拉公司正在探讨更加广泛和紧密的物流合作。

问题讨论:
(1)运用所学的配送服务理论,简单归纳摩托罗拉公司对物流配送的要求和标准。
(2)中外运空运公司针对上述要求和标准采取了哪些措施?

◇ 本章小结

配送服务以客户满意为第一目标,配送服务对于经济发展的意义在于它是企业发展的一个战略手段,对于企业降低经营成本、有效构建动态供应链、提升经营业绩具有重要意义。配送服务包括基本服务与增值服务,增值服务是在基本服务基础上的延伸项目,是配送服务水平提高的一种体现。本章还介绍了配送服务合同的相关内容,从合同双方的意愿到配送服务合同的签订、主要条款的约定、合同的履行等,为配送服务的规范化经营提供了基础,并给出配送服务合同的一份范例。最后主要是围绕配送服务质量与管理的问题展开,分别介绍了配送服务质量的要素、如何建立配送服务质量体系以及配送服务质量管理的基础工作,以指导配送管理工作,提高配送工作全过程的质量,从而提高配送服务水平。

◇ 复习思考题

1. 为什么说配送服务可以增值?列举4种增值服务的具体经营形式。
2. 配送服务合同的主要条款包括哪些内容?
3. 如何建立配送服务质量体系?
4. 配送质量管理的基本工作有哪些?

◇ 实训题

某配送企业为一家粮食加工企业开展物流配送服务,双方经过谈判之后,在价格、配送形式、服务水平、质量保证、违约事宜处理等方面达成一致意见,请为双方拟定一份符合规范的正式合同。

第九章 配送成本管理

学习目标

通过本章学习,学生要掌握配送成本的内涵及特点,配送定价的形式及价格制定方法,配送成本控制策略,了解配送成本的构成,理解配送成本核算的意义及物流配送成本核算中存在的主要问题。

开篇案例

自从1962年管理大师彼德在美国《财富》杂志上发表《经济的"黑暗大陆"》一文以来,不论学术界或产业界,无不承认物流管理对于企业竞争力的贡献。

物流成本通常被认为是业务工作中的最高成本之一,仅次于制造过程中的材料费用或批发、零售产品的成本。以美国为例,物流成本占到销售费用的50%。在美国,产品的直接劳动成本已不足全部成本的10%,全部生产过程中只有5%的时间直接用于加工制造,95%的时间用于储存、运输等物流过程,发挥物流的作用能为企业带来更多的盈利空间。在一个典型的公司中,全部库存的30%处于采购阶段、30%处于生产阶段、40%处于配送阶段。

发达国家的企业界对现代物流高度重视,物流成本在美国的国内生产总值中占10%以上,一般占一个公司总销售额的10%~35%。在北美,有50%的公司总裁把供应链计划纳入其总体规划,并认识到物流的发展必须依靠全球化、信息技术和一体化。资料表明,发达国家连锁企业的统一配送率在80%左右。

美国的沃尔玛、凯玛特和标靶三大零售商运用规模经济的原理,即配送中心的联合采购和仓储式门店计划,通过降低货物流通成本、运用低价策略加快货物周转率,从而提高企业竞争力水平。根据美国《财富》杂志1998年世界十大公司排名,名列第4位、零售业排名第1位的跨国企业沃尔玛集团,其1998年营业额达1392.1亿美元,按美国企业调查的综合数据,物流业可降低货物总价值30%~50%的物流成本,现代物流对提高沃尔玛集团的竞争力有着莫大的帮助,并使其成为全球最大零售商和1998年全球盈利最多的第四大企业集团。在服装业方面,典型的有德国的ADIDAS公司,该公司通过对原有简陋仓库的改造,在德国建立一个现代化的大型配送中心,为企业在全欧洲和中东的销售提供配送服务,物流配送的效率与经济效益大大提高。

而 NIKE 公司则对其在欧洲的两个小型配送中心进行改造,在比利时重新建立一个大型的现代化配送中心,以提供 NIKE 公司产品在欧洲的配送业务。

对物流的认识,一方面,大多数企业惊异于物流成本在成本中的比例之高,并由此想方设法来深刻理解成本的内容及如何降低成本;另一方面,许多企业同时着眼于定位其自身的物流能力,以获取竞争优势。

纵观世界 500 强企业,他们都是拥有世界一流物流系统的厂商,通过向客户提供优质服务来获得竞争优势。这是因为,物流是作为一种能力在企业内部及企业间进行定位的,它对创造客户价值的一般过程做出了贡献。

阅读以上案例,请思考物流成本都包括哪些。以前你是否意识到物流成本具有如此重要的作用?

第一节 配送成本概述

一、配送成本的内涵

(一)配送成本的概念

配送成本,是指在配送活动过程中的备货、储存、分拣及配货、配装、送货、送达服务及附送加工的环节所发生的各项费用的总和,是配送过程中所消耗的各种活劳动和物化劳动的货币表现。

配送作为一个整体活动有着共同的成本支出,但每个环节都有各自的成本构成。总的来说,配送成本有:资本成本分摊、利息支付、员工工资和福利、行政办公费用、商务交易费用、自有车辆及设备运行费、保险费或者残损风险、工具以及耗损材料费、分拣装卸搬运作业费、车辆租赁费等。

配送成本的高低直接关系配送中心的利润高低,进而影响企业利润的高低。因此,如何以最少的配送成本在适当的时间将适当的产品送到适当的地方是摆在企业面前的一个重要问题,从而对配送成本进行控制就变得十分重要。

对配送成本进行归集时,人们要做的第一个工作是必须明确归集的范围。配送成本的范围一般是由以下三方面因素决定的:

1. 成本的计算范围如何确定的问题

配送过程中涉及不同的配送对象,如不同的送货对象、不同的配送产品。此时,如按不同对象进行成本归集,计算结果会有明显的差别。

2. 以哪几种活动作为计算对象的问题

在备货、储存、配货、送货等诸种配送物流活动中,选择不同活动进行成本归集而计算出来的配送成本自然是有差别的。

3. 把哪几种费用列入配送成本的问题

支付运费,支付保管费,支付人工费、折旧费等,取其中哪一部分列入配送成本进行计算直接影响到配送成本的大小。

企业配送成本的大小,无疑取决于上述三个方面的因素。确定不同的前提条件会引起截然不同的结果。各企业应根据各自不同的情况及管理需要来决定本企业配送成本的计算范围。

(二)配送成本的特点

1. 配送成本的隐蔽性

如同物流成本"冰山"理论指出的一样,要想直接从企业的财会业务中完整地提取出企业发生的配送成本是很难的。通过"销售费用"、"管理费用"科目,我们可以看出部分配送费用情况。但这些科目反映的费用仅仅是全部配送成本的部分内容,即企业对外交付的配送费用。此外,这一部分费用往往是混同在其他有关费用中的,并不单独设立"配送费用"科目进行独立核算。

具体来讲,像连锁店之间进行配送所发生的费用是计算在销售费用中的。同样,备货时支付的费用最终也会归入销售费用,而配送中发生的人工费用与其他部门的人工费用一起分别列入管理费用和销售费用,与配送有关的利息和企业内的其他利息一起计入营业外费用。

这样,企业支出的有关配送费用实际上就隐藏在了各种财务会计科目中。因此,管理人员很难意识到配送管理的重要性。

2. 配送成本削减具有乘数效应

假定销售额为1000元,配送成本为100元。如果配送成本降低10%,企业就可以得到10元的利润,这种配送成本削减所具有的乘数效应是不言自明的。假如这个企业的销售利润率为2%,则创造10元的利润,需要增加500元的销售额。也就是说,降低10%的配送成本所起的作用相当于增加50%的销售额。可见,配送成本的下降会产生极大的效益。

3. 配送成本的"二率背反"效应

二率背反,是指同一资源的两个方面处于互相矛盾的关系之中,要达到一个目的必然要损失另一目的,要追求一方必得舍弃另一方的一种状态。这种状态在配送诸活动之间也是存在的。比如,尽量减少库存节点以及库存,则必然会使库存补充频繁,从而增加运输次数;同时,仓库的减少会导致配送距离变长,运输费用也会进一步增加。此时,一方成本降低,另一方成本提高,产生成本效益背反状态。如果运输费的增加部分超过保管费的降低部分,总成本反而会提高,这样减少库存节点以及库存就变得毫无意义。例如,简化后,包装可降低包装作业强度,进而降低包装成本。但与此同时,简化包装却导致仓库里货物堆放不能过高,降低了保管效率。而且,由于包装简化后,货物在装卸和运输过程中容易出现包装破损,导致搬运效率降低、破损率提高。

4. 配送成本的不可控性

配送成本中有许多是物流管理部门不可控制的。例如,保管费用中包括了出于过多进货或过多生产而造成积压的库存费用,以及紧急运输等所造成的例外发货的费用。这些费用是物流部门不能控制的。

二、配送成本的构成

按物流管理和成本分析方法,可将配送成本按下述形式进行分类:

(一)按费用支出形式分类

这种方法与财务统计方法一致,一般将配送成本分为本企业支付的配送成本和支付给外企业的配送成本两大项。每大项又详细分为材料费、人工费、差旅费、维修费等。其优点是便于检查配送成本在各项日常支出中的数额和所占比例,有利于评价各项费用水平的变化情况,评价、分析各物流活动的绩效,也适用于生产企业物流部门的配送成本控制。具体详细分类如表 9-1 所示:

表 9-1 按费用支出形式进行的配送成本分类

配送成本	
直接成本	间接成本
1. 人工费(工资、奖金、津贴等)	1. 包装费
2. 燃料费、动力费(电费、水费、燃料费)	2. 运输费
3. 管理费(办公费、会议费、差旅费)	3. 装卸搬运费
4. 折旧费(基本折旧费、大修折旧费)	4. 手续费
5. 利息支付费	5. 保管费
6. 维护保养费	6. 其他
7. 其他费用(劳动保护费、材料损耗费、保险费等)	

(二)按配送活动的构成分类

以配送活动的基本环节为依据,将配送成本分为配送活动成本、信息处理成本和配送管理成本三部分,详见表 9-2。这种方法便于评价配送各环节的成本状况,分析各配送活动的绩效,适用于综合性物流部门进行配送成本控制。

表 9-2 按配送活动成本构成分类

配送成本		
配送活动成本	信息处理成本	配送管理费
包装费	支付外部信息处理费	本企业内部管理费
运输费		
保管费		
装卸搬运费	本企业内部信息处理费	其他物流管理费
流通加工费		

第二节　配送成本核算

一、配送成本核算的意义

（一）有利于准确把握物流的实际成本

长期以来，人们未能意识到物流活动的合理化、科学化对企业经济效益的重大影响。这其中有许多原因，但重要原因之一是在于未能树立物流成本观念，没有看到物流成本的全貌。

配送是物流的功能要素之一，最能体现物流系统最终的总体服务功能。配送成本的核算分析是企业整个物流成本核算分析的一部分，通过配送成本核算能够全面揭示物流活动的全部耗费，从而提高人们对物流成本重要性的认识。

（二）有利于物流管理水平的提高

企业物流成本是全面反映企业物流活动的综合性价值指标。企业物流组织管理水平的高低，物流设备利用率的好坏，燃料、动力消耗量的大小，企业的选址及厂区的规划布置是否合理等，这些都会在物流成本中反映出来。总之，企业物流成本的高低是企业物流工作实际状况好坏的综合反映。企业物流成本核算可以揭示出企业物流成本的全貌，并为编制物流成本预算、制定标准物流成本提供资料，将实际物流成本与标准物流成本以及物流成本预算进行比较、找出差异，并对差异产生的原因进行深入的分析，以促使物流管理水平的提高。

（三）有利于分清成本发生的责任归属

通过物流配送成本的核算，企业可以发现造成物流成本超支或节约的各项技术、组织、管理等方面的原因，明确责任所在，并据此协调各方面的工作。

许多企业都把物流合理化看成是物流部门或配送部门的事，这似乎变成了一种常识。然而这是错误的。事实上物流费用过高、活动不合理的大部分责任不仅仅在物流配送部门。由于"物流系统"是一个综合的概念，实际物流运作部门都有物流活动的发生，所以物流费用涉及企业的大多数部门，如生产、销售等部门。

物流成本责任清晰化有利于唤起和劝导其他部门重视物流管理工作，重视物流活动合理化，从而实现企业物流管理一体化。

（四）为企业管理提供物流管理方面的数据和绩效考核依据

为企业提供物流管理数据和绩效考核依据，这主要表现为两个方面：一是为企业物流活动计划、执行、控制提供数据计算和绩效考核依据，特别是为企业高层管理人员提供正确的分析数据与报告，从而加强全公司对物流重要性的认识，促成物流革新的决心。二是通过物流配送成本,测算、评价物流配送部门对企业经营绩效的贡献度。

(五)促进物流合理化

物流合理化不单单是配送部门的事情,也是生产、销售等发生物流的部门所应该负责的领域。所以,在物流合理化实施阶段,有必要明确了解物流合理化的责任范围有多大。范围是扩大到生产、销售等部门,还是局限在物流配送部门本身范围之内。前者,是从企业物流一体化这种观点出发来改变销售结构的一种想法,即后勤思想。这是通过物流系统化目的去寻求合理的物流形式。后者的主导思想是不触及销售结构,把这些部门看作客观给出的条件,通过对作业方法、合同运费标准、运输工具的利用、事务处理方法、信息流通手段等活动的评价研究,力求把物流合理地组织起来。

二、物流配送成本核算存在的主要问题

(一)物流配送会计核算的范围、内容不全面,只涉及部分物流费用

目前,企业日常物流会计核算的范围着重于采购物流、销售物流环节,而忽视了其他物流环节的核算。按照现代物流的内涵,物流应包括供应物流、生产物流、企业内部物流、销售物流、逆向物流等。与此相应的物流费用包括供应物流费、生产物流费、企业内部物流费等。从核算内容看,相当一部分企业只把支付给外部运输、仓储企业的费用列入专项成本,而企业内部发生的物流费用,由于常常和企业的生产费用、销售费用、管理费用等混在一起,所以容易被忽视,甚至没被列入成本核算。其结果是物流成本的低估或模糊。这就影响了会计信息的真实性,不利于相关利益者以及企业内部管理者的决策。

(二)物流会计信息的披露与其他成本费用的披露混杂

从物流会计信息的披露看,由于物流活动贯穿于企业经营活动的始终,所以对于相关物流费用的核算基本上并入产品成本进行核算之中,与其他成本费用混合计入相关科目。例如,对于因取得存货而发生的运输费、装卸费、包装费、仓储费、运输途中的合理损耗、入库前的挑选整理费等,作为存货的实际成本进行核算,进而作为销售成本的一部分从总销售收入中扣除以得到总利润。物流会计信息与其他信息的混杂致使有关物流的数据信息需从相关会计信息中归纳,过程复杂且数据的时效性差,不利于物流管理和绩效的评价。

(三)部分物流费用是企业间接费用的一部分,其分配方法依然沿用传统会计方法

随着物流费用对企业利润贡献的加大,传统会计方法中间接费用依据生产过程中的直接人工工时或机器工时的分配不仅歪曲了产品、服务成本,不利于生产业绩的考核、评价,而且高级管理人员基于这些数据所做的决策也难以正确。

三、配送成本的核算方法

（一）配送成本的核算项目

1977年，日本运输省流通对策本部为适应各企业物流人员提出的对于物流成本计算要有一个"标准"方法的要求，公布了《物流成本统一计算标准》（以下简称《计算标准》）。参照《计算标准》中的物流成本计算方法，可以很方便地计算出企业的配送成本。

根据《计算标准》，在计算物流成本时要注意把握的一个基本原则就是从"按支付形态"入手计算物流费用。同样，配送成本的计算也应从"按支付形态"入手开始进行。

按支付形态不同分类来计算配送成本，必须首先从企业会计核算的全部相关科目中抽出所包含的配送成本。诸如运输费、保管费等向企业外部支付的费用，可以全部看作配送成本，而企业内部的配送费用的计算必须从有关项目中提取。

1. 材料费

材料费可以根据进出库记录提出某一时期用于配送活动中的材料消耗量，再乘以材料的购进单价而得来。可是，这需要出入库账目以物流为主进行记录。当难以实际通过材料支出单据进行统计时，可采用盘存计算法，即：

本期消耗量＝期初结余＋本期购进－期末结余

材料的购进单价应包括材料的购买费、进货运费、装卸费、保险费、关税、购进杂费等。

2. 人工费

报酬总额根据发给配送人员的工资、补贴、奖金等开支或按整个企业职工的平均工资额等费用情况进行计算。职工劳保费、按规定提取的福利基金及职工教育培训费等都需要从企业这些费用项目的总额中把用于配送人员的费用部分抽取出来。当实际费用很难抽取出来计算时，也可将这些费用的总额按从事配送活动的职工人数比例分摊到配送成本中。

3. 公益费

公益费包括电费、煤气费、自来水费等开支。严格地讲，每一个配送用的设施都应该安装上计数表来直接计费，但作为一种简易方法，也可以从整个企业的上述项目开支中按配送设施和配送人员的比例计算得出。

4. 维护费

此处的维护费包括了固定资产的使用、运转和维修保养所产生的维修保养费、房产税、土地使用税、车船使用税、租赁费、保险费等。维护费应根据本期实际发生额计算，对于经过多个期间统一支付的费用（如租赁费、保险费等）可按期间分摊计入本期相应的费用中。先提出能直接掌握的部分，不能直接掌握的部分可以根据建筑物面积和设备金额等进行分摊。

5. 一般经费

这一费用相当于财务会计中的一般管理费。其中，差旅费、书报资料费等费用和使用目的明确的费用，直接计入配送成本。不能直接掌握的部分，可按人头或设备比例进行分摊。

6. 特别经费

特别经费包括按实际使用年限计算的折旧费和企业内利息等。

企业内利息实际上是配送活动所占用的全部资金的资金成本。因为这部分资金成本不是以银行利率而是以企业内部利率计算，所以称为"企业内利息"。这种企业内利息仅仅以管理会计中资金成本的形式加到成本中，实质上是对配送活动占用资产的一种以整个企业内部平均利息率来计算的资金成本，它与实际支付的利息不同，实质上它应该看作一种机会成本。

企业内利息的计算，对配送中使用的固定资产以征收固定资产占用税时的评估价乘以企业内利息率，对存货以账面价值乘以企业内利息率。

7. 对外委托费

对外委托费根据本期实际发生额进行计算。除此以外的间接委托的费用，按一定标准分摊到各功能的费用中。

8. 其他企业支付费用

其他企业支付费用以本期发生购进时其他企业支付和发生销售时其他企业支付配送费的货物重量或件数为基础，乘以费用估价来计算。

虽然其他企业支付的费用不作为本企业费用支付，但实际上运费、装卸费已经包含在购进货物的进货价格中。如果企业自己到货物产地购进，则这部分费用是要由本企业实际支付的。对销售的货物，买方提货所支付的费用相当于折减了销售价格，如果销售的货物采用送货制，这部分费用也要由本企业支付。因此，其他企业支付的配送费用实际上是为了弥补应由本企业负担的配送费而计入配送成本的。该费用的计算必须依靠概算估价的费用单价，但当本企业也承担与此相应的配送费时，可用本企业相当的配送费来代替。

（二）配送成本核算的步骤

明确了按支付形态分类的配送成本的计算方法后，人们就可以根据管理工作对有关信息的需要按以下步骤进行配送成本的进一步计算：

1. 根据计算配送成本的需要，将以上通过计算得出的数据资料填入表9-3中。

2. 把表9-3中的费用按功能分类，然后汇总。方法是将每一种功能各制一张表，可根据核算需要考虑是把所有的功能都作为计算对象，还是只计算其中某几项功能。

3. 如果要了解按功能、支付形态分类的配送成本的支出情况，可以把表9-3右端合计栏中的数字转入表9-4中。从表9-4中的数字可以简单地看出配送活动的哪种功能的成本最大，费用都花在哪个配送环节。

表9-3 配送成本的数据资料表

支付形态 \ 范围				货物流通费						信息流通费	配送管理费	合计
				备货费	保管费	分拣及配货费	装卸费	短途运输费	配送加工费	合计			
企业配送成本	本企业支付配送费	企业本身配送费	材料费	资料费 燃料费 消耗性工具、器具费 其他 合计									
			人工费	工资、奖金、补贴 福利费 其他 合计									
			公益费	电费 煤气费 水费 其他 合计									
			维护费	维修费 消耗性材料费 课税 租赁费 保险费 其他 合计									
			一般经费										
			特别经费	折旧费 企业内利息 合计									
		企业本身配送费合计											
		对外委托费											
	本企业支付配送费合计												
	外企业支付配送费												
企业配送费总计													

表9-4 配送活动的各功能成本表

范围 \ 功能		货物流通费						信息流通费	配送管理费	合计
		备货费	保管费	分拣及配货费	装卸费	短途运输费	配送加工费			
营业所										
客户										
货物										
占销售成本比重	占销售金额比重									

第三节　配送定价与成本控制策略

物流配送使企业的流通加工、整理、拣选、分类、配货、装配、运送等一系列活动实现了集合。同时，配送活动也增加了产品价值，从而有利于提高企业的竞争力水平。对配送的管理就是在配送的目标即满足一定的客户服务水平与配送成本之间寻求平衡，在一定的配送成本下尽量提高客户服务水平，或在一定的客户服务水平下实现配送成本最小化。

一、配送定价形式

（一）单一价格

在一个配送区域内不论配送到哪儿，对同一计费单位都采用同一个价格。采用单一价格一般需要通过对被配送品的规格限定来配合，如每件不超过5公斤或者1立方米。

（二）分区价格

将配送覆盖区划分成若干个价格区间，运送到不同区间的配送收取不同的价格。一般来说，区间的划分以距离为原则或者根据该区间的交通条件等制定不同价格。

（三）分线价格

将配送区按照配送运输路线进行划分，然后对每一条路线进行定价。无论是否达到该设计路线的基点，只要是属于该路线的配送，就使用该路线价格。

二、配送价格制定方法

（一）成本定价法

成本定价法，是指根据配送经营的成本确定价格的方法。价格由成本组成。其中：

$$成本 = 直接成本 + 间接成本$$
$$利润 = 成本 \times 成本利润率$$

税收则根据国家税收政策确定。配送经营的税收有营业税和企业所得税直接计入成本，企业所得税则包含在成本利润之中。

$$营业税 = (配送收入 - 外包的运输费支出) \times 营业税率$$

若没有外包运输，则：

$$营业税 = 配送收入 \times 营业税率 = 价格 \times 计费量 \times 营业税率$$

若总收入等于总支出加利润，则：

$$总收入 = 成本 + 利润 + 税收$$

(二)边际成本定价法

在达到规模经济时,获得利润最大化的条件是边际成本等于边际收益,这是经济学的基本原理。边际成本定价法是指在配送达到规模经济时,以边际成本作为价格的定价方法。利用边际成本定价法的条件在于已达到了规模经济,配送规模再继续增加会使不经济的固定成本大幅增加,这就会使所定的价格不能弥补固定成本的支出。

(三)市场价格定价法

在配送市场上,存在着由众多的配送经营人组成的配送供给者和众多对配送产品有需求的客户,他们形成了配送供给和配送需要的两方。当配送产品价格极高时,客户不愿意消费,需求量较小;随着配送产品价格的降低,消费能力增大,需求量增大,需求量与价格逆向变化。同样,当配送产品价格很低时,配送商不愿意经营,供给量很少;当配送产品价格增高时,配送商的配送经营量就会增加,配送供给量与配送价格同向变化。在某个价格上,双方的数量与价格关系相同并达到平衡,此时的价格就是供需平衡的价格,此时的数量就是供需平衡的数量。此时的价格就是整个市场的价格,也就是配送供应商所能定的最高价格。

众多中小规模的配送经营者只能是配送市场价格的接受者,他们需要采用市场价格确定配送价格,并按照该价格管理和控制成本支出。

(四)综合定价法

产品定价是企业与客户及竞争对手的博弈行为,既要能保证产品尽可能被广泛接受,从而扩大经营规模,又要能保证企业实现最高的收益。定价要根据成本、市场需求、市场竞争的需要来合理确定。总的来说,正常定价不能低于成本,但也不能高于市场均衡价格。

三、配送成本控制策略

配送是按客户的订货要求,在物流节点进行分货、配货工作,并将配好的货送交收货人的活动。它是流通加工、整理、拣选、分类、配货、装配、运送等一系列活动的集合。通过配送,物流活动才能最终得以实现。配送活动不仅增加了产品价值,它还有助于提高企业的竞争力。但完成配送活动是需要付出代价的,即需要配送成本。对配送的管理就是在配送的目标即满足一定的客户服务水平与配送成本之间寻求平衡:在一定的配送成本下,尽量提高客户服务水平,或在一定的客户服务水平下使配送成本最小。

(一)混合策略

混合策略,是指配送业务一部分由企业自身完成。这种策略的基本思想是,尽管纯策略的配送形式(即配送活动要么全部由企业自身完成,要么完全外包给第三方物流完成)易形成一定的规模经济,并使管理简化,但由于产品品种多变、规格不一、销量不等等情况,所以纯策略的配送形式超出一定程度不仅不能取得规模效益,反而会造成规模不经济。而混合策略,即合理安排企业自身完成的配送和外包给第三方物流完成的配送能使配送成本最低。例如,美国一家干货生产企业为满足遍及全美的1000家连锁店的配送需要,建造了6座仓库,并拥有自己的车队。随着经营的发展,企业决定扩大配送系统,计划在芝加哥投资7000万美元再建一座新仓库,并配以新型的物料处理系统。该计划提交董事会讨论时,却发现这样不仅成本较高,而且就算仓库建起来也还是满足不了需要。于是,企业把目光投向租赁公共仓库。结果发现,如果企业在附近租用公共仓库会增加一些必要的设备,再加上原有的仓储设施,则企业所需的仓储空间就足够了,但总投资只需20万元的设备购置费、10万元的外包运费,加上租金,也远没有700万元之多。

（二）差异化策略

差异化策略的指导思想是:产品特征不同,客户服务水平也不同。

当企业拥有多种产品线时,不能对所有产品都按同一标准的客户服务水平来配送,而应按产品的特点、销售水平来设置不同的库存、不同的运输形式以及不同的储存地点,忽视产品的差异性会增加不必要的配送成本。例如,一家生产化学品添加剂的公司为降低成本,应按各种产品的销售量比重进行分类:A类产品的销售量占总销售量的70%以上,B类产品占20%左右,C类产品则为10%左右。对A类产品,公司在各销售网点都备有库存;B类产品只在地区分销中心备有库存而在各销售网点不备有库存;C类产品连地区分销中心都不设库存,仅在工厂的仓库才有存货。经过一段时间的运行,事实证明这种方法是成功的,企业总的配送成本下降了20%。

（三）合并策略

合并策略包含两个层次,一是配送方法上的合并,另一个则是共同配送。

1.配送方法上的合并

企业在安排车辆完成配送任务时应充分利用车辆的容积和载重量,从而做到满载满装,这是降低成本的重要途径。产品品种繁多,不仅包装形态、储运性能不一,而且在容重方面也往往相差甚远。如果同一车上只装容重大的货物,则往往是达到了载重量,但容积空余很多;只装容重小的货物则相反,看起来车装得满,实际上并未达到车辆载重量。这两种情况实际上都造成了浪费。实行合理的轻重配装、容积大小不同的货物搭配装车不但可以在载重方面达到满载,而且也能充分利用车辆的有效容积,并取得最优效果。最好是借助电脑计算货物配车的最优解。

2.共同配送

共同配送是一种产权层次上的共享,也称为"集中协作配送"。它是几个企业联合集小量为大量共同利用同一配送设施的配送形式,其标准运作形式是在中心机构的统一指挥和调度下,各配送主体以经营活动(或以资产为纽带)联合行动,在较大的地域内协调运作,共同对某一个或某几个客户提供系列化的配送服务。这种配送有两种情况:一是中小生产、零售企业之间分工合作实行共同配送,即同一行业或在同一地区的中小型生产、零售企业单独进行配送的运输量少、效率低的情况下进行联合配送,这样不仅可以减少企业的配送费用,配送能力得到互补,而且有利于缓和城市交通拥挤状况,提高配送车辆的利用率;二是几个中小型配送中心之间的联合以针对某一地区的客户,由于各配送中心所配货物数量少、车辆利用率低等,所以几个配送中心将客户所需货物集中起来共同配送。

（四）延迟策略

在传统的配送计划安排中,大多数的库存是按照对未来市场需求的预测量来设置的,这样就存在着预测风险。当预测量与实际需求量不符时,就会出现库存过多或过少的情况,从而增加配送成本。延迟策略的基本思想就是对产品的外观、形状及其生产、组装、配送应尽可能推迟到接到客户订单后再确定。一旦接到订单就要快速反应,因此,采用延迟策略的一个基本前提是信息传递要非常快。一般说来,实施延迟策略的企业应具备以下几个基本条件:产品特征的模块化程度高、产品价值密度大、有特定的外形、产品特征易于表述、定制后可改变产品的容积或重量;生产技术特征上的模块化产品设计、设备智能化程度高、定制工艺与基本工艺差别不大;市场特征上的产品生命周期短、销售波动性大、价格竞争激烈、市场变化大、产品的提前期短。

实施延迟策略常采用两种形式:生产延迟(或称"形成延迟")和物流延迟(或称"时间延迟"),而配送中往往存在着加工活动,所以实施配送延迟策略既可采用形成延迟形式,也可采用时间延迟形式。在具体操作时,常常发生在诸如贴标签(形成延迟)、包装(形成延迟)、装配(形成延迟)和发送(时间延迟)等领域。美国一家生产金枪鱼罐头的企业就通过采用延迟策略改变配送形式,从而降低了库存水平。历史上这家企业为提高市场占有率曾针对不同的市场设计了几种标签,产品生产出来后运到各地的分销仓库储存起来。由于客户偏好不一,所以几种品牌的同一产品经常出现某种品牌的畅销而缺货,而另一些品牌却滞销压仓。为了解决这个问题,该企业改变以往的做法,在产品出厂时都不贴标签就运到各分销中心储存,当接到各销售网点的具体订货要求后才按各网点指定的品牌标志贴上相应的标签,这样就有效地解决了此缺彼涨的矛盾,从而降低了库存。

（五）标准化策略

标准化策略就是尽量减少因品种多变而导致附加配送成本增加,从而尽可能多地采用标准零部件、模块化产品。如服装制造商按统一规格生产服装,直到客户购买时才按客户的身材调整尺寸大小。采用标准化策略要求厂家从产品设计开始就要站在客户的立场去考虑怎样节省配送成本,而不要等到产品定型生产出来了才考虑采用什么技巧来降低配送成本。

四、配送成本控制

（一）加强配送的计划性

在配送活动中,临时配送、紧急配送或无计划的随时配送都会大幅度增加配送成本。临时配送由于事先计划不善,未能考虑正确的装配形式和恰当的运输路线,到了临近配送截止时期时不得不安排专车进行单线配送,这就造成车辆不满载、里程多。紧急配送往往只要求按时送货,来不及认真安排车辆配装及配送路线,从而造成载重和里程的浪费。而为了保持服务水平,又不能拒绝紧急配送。但是,如果认真核查并有调剂准备的余地,那么紧急配送也可纳入计划。随时配送对订货要求不做计划安排,有一笔送一次。这样虽然能保证服务质量,但是不能保证配装与路线的合理性,这也会造成很大浪费。

为了加强配送的计划性,需要制定配送申报制度。所谓"配送申报制度",就是零售商店订货申请制度。解决这个问题的基本原则是在尽量减少零售店存货、尽量减少缺货损失的前提下,相对集中各零售店的订货。应针对货物的特性制定相应的配送申报制度。

1. 对鲜活货物,应实行定时定量申报、定时定量配送

为保证货物的鲜活,零售店一般一天只申报一次,货物的量应控制在当天全部销售完为度。实行定时定量申报的货物,在货物量确定以后,分店除特殊情况外不必再进行申报。由配送中心根据零售店的定量,每天进行送货。

2. 对普通货物,应实行定期申报、定期配送

定期申报,是指零售店定期向配送中心订货,订货量为两次订货之间的预计需求量。实行定期申报的优点是各零售店的要货相对集中。零售店同时发出订货申请,配送中心将订货单按货物分类、汇总、统一完成配送;零售店不必经常清点每种产品的盘存量,从而减少了工作量;零售店是向众多单个客户销售货物,不确定因素多。实行定期申报,零售店只需预测订货周期较短时间内的需求量,降低了经营风险。零售店定期发出订货申请,配送中心定期送货。送货的时间间隔与订货的时间间隔一致,例如,每7天订一次、每7天送一次货。问题的关键是如何确定合理的时间间隔。时间太长,每次的发货量必定很多,这无疑将配送中心的存货分散到零售店储备;时间太短,每次发的货太零星,既增加了配送难度,也增加了配送次数。一个合理的时间间隔应该使零售店在保持较少的库存而又不缺货的前提下集中零售店的订货。在实际操作过程中,应通过数据分析和经验来确定。

(二)确定合理的配送路线

配送路线合理与否对配送速度、成本、效益影响很大。因此,采用科学方法确定合理的配送路线是配送的一项重要工作。确定配送路线可以采用各种数学方法和在数学方法基础上发展和演变出来的经验方法。无论采用何种方法,都必须满足一定的约束条件。

一般的配送,约束条件有:

(1)满足所有零售店对货物品种、规格、数量的要求。

(2)满足零售店对货物到达时间范围的要求。

(3)在交通管理部门允许通行的时间内进行配送。

(4)各配送路线的货物量不超过车辆容积及载重量的限制。

(5)在配送中心现有的运力允许的范围之内配送。

第九章 配送成本管理

◇ 本章小结

配送成本,是指在配送活动的备货、储存、分拣、配货、配装、送货等环节所发生的各项费用的总和,是配送过程中所消耗的各种活劳动和物化劳动的货币表现。配送成本可以根据不同分类形式划分为不同类别,但其基本特征是一样的,即配送成本具有隐蔽性、配送成本的削减具有乘数效应、配送成本中存在着"效益背反"规律等。配送成本核算的意义在于有利于准确把握物流的实际成本;有利于物流管理水平的提高;有利于分清成本发生的责任归属,从而为企业管理提供物流管理方面的数据和绩效考核依据,促进物流合理化等。配送定价方法有成本定价法、边际成本定价法、市场价格定价法、综合定价法等。采取合适的策略降低配送成本和提高配送服务水平是配送管理肩负的两大使命,正确处理和协调两者的关系是配送管理的重要内容。

案例分析

深圳市配送成本分析

物流业是深圳的四大支柱产业之一。在全球金融危机的影响下,我国物流业受到严重冲击,深圳作为外向度较好的地区,全球金融危机对深圳的经济影响巨大,物流业作为深圳的支柱产业也受到巨大冲击,其影响不断向产业链上游传导。金融危机对深圳物流业的影响有运输、仓储、配送、国际货代和快递业。

1. 运输

运输是物流最基础的环节之一,是衔接上下游产业的纽带。制造业的采购量、生产量以及出口量的萎缩直接对深圳运输业造成严重影响,首当其冲的是港口运输。自金融危机以来,深圳港口运输业面临巨大挑战。

深圳 2008 年港口及集装箱吞吐量及同比增长情况

项目类别	2008 年吞吐量	同比增长	增幅回落
港口	21115.43 万吨	6.01%	7.19%
集装箱	2141.63 万标箱	1.50%	12.70%
外贸出口集装箱	1086.92 万标箱	1.30%	15.90%

各项指标均出现了较大幅度的下滑。港口运输业务量的大幅下降,给下游的集装箱拖车运输带来了严重的冲击。作为珠三角地区重要的货物中转站之一,深圳的铁路车站、港口码头和机场的货物集疏运输都离不开公路运输。2008 年,深圳货运量为 14843.57 万吨,同比增长 8.52%,增幅回落 11.78 个百分点,完成货物运输周转量 749.60 亿吨公里,同比下降 5.61%,运输环节业务量大幅度下滑。更为严重的是,虽然运输的成本在上升,但因为货量减少、运力相对过剩、运输空车率高、企业间竞争激烈,运价只能维持在较低水平上,企业压力不断增大。

2. 仓储

据相关统计,深圳物流企业中经营含仓储业务的企业比率大致为 30%,仅次于运输企业

(含货代)。依靠仓储周转创造效益的仓储企业在金融危机下受到很大影响,特别是以外贸业务为主的仓储企业业务量大幅度下滑。影响主要体现在客户减少、出租率下降、租金下跌等方面,大量的仓库资源闲置,货物周转率降低。受人力成本上升、人民币升值及土地使用费改税等影响,仓储企业的运营成本上升。出口业务量的减少却导致港口堆场的业务量增多,许多原本计划出口的货物滞留在港口,使得港口仓库出现"满仓"现象。积聚在港口的集装箱无法创造周转价值和时间价值,在一定程度上给整个深圳物流业带来了停滞效应。

3. 配送

专业化的物流配送有助于企业降低成本、提高效率。随着深圳加工制造业和零售商业的不断发展,将物流配送外包给第三方物流公司是物流业的发展趋势。金融危机影响加工制造业的生产量和交易量,导致服务于加工制造业的配送企业业务量减少和订单周期延长,而且制造业利润降低会通过压低配送服务价格等形式减少成本,进一步挤压配送企业的利润空间。

配送业的发展对终端消费市场具有依赖性,金融危机逐渐从实体经济传导到消费市场层面后,客户可支配收入减少和信心低迷影响到消费市场。零售商业交易量下降对物流配送企业的业务量产生关联影响,为商业配送的物流需求也有所降低。

4. 国际货代

深圳港连续7年居全球集装箱枢纽港第4位,外贸出口总额连续15年位居全国大中城市首位,外贸出口稳定持续增长,是促进深圳货代业不断发展的重要因素。但自金融危机以来,深圳集装箱吞吐量和外贸进出口受到显著影响,2008年,深圳外贸进出口总额2999.75亿美元,同比增长4.3%,增幅比2007年同期下降16.8个百分点。其中,出口总额1797.44亿美元,同比增长6.6%,增幅比去年同期下降17.2个百分点。以上数据反映目前外贸进出口额大幅度下降,也反映了外贸公司的业务量减少,而与外贸公司有紧密业务联系的国际货代业也受到相关影响。

货代业务量减少,远洋运费降至历史新低,货主延长货款付款期,甚至许多货主为节省成本,直接与船公司签订运输合同。货代企业间竞争激烈,企业为了争取客户,采取压低价格等竞争手段,处于保本微利状况。

5. 快递业

深圳快递业发展十分迅速。据相关统计,在快递企业的业务量中,80%是企业客户,20%是个人客户,企业客户中的大部分是制造业客户,制造业产量下降,为制造业企业生产销售提供快速物流服务的快递公司受到连带影响。

深圳存在大量的中小型快递企业,这些企业存在一些共同的问题,如管理粗放、技术含量低、信息化水平差等,导致物流成本居高不下,难以实现规模效应,企业未能建立良好的信誉,在金融危机导致快递市场萎缩的情况下,这些问题凸显出来,快递市场开始进行低层次、无序的价格战。而外资快递巨头如DHL、联邦快递等纷纷乘机加快了争夺中国市场的步伐,导致本土快递企业客户流失严重,面临被淘汰或兼并的格局。

(资料来源:《开放导报》2009年第3期)

问题讨论：

1. 分析概括金融危机对深圳物流业的影响。

2. 根据前面有关章节所学内容，试分析从政府和企业两个层面如何应对金融危机对深圳物流业的影响，并提出有关对策和建议。

3. 根据本章所学内容，试分析如何降低深圳物流业的配送成本。

◎ **复习思考题**

1. 什么是配送成本？
2. 简述配送成本的特点。
3. 简述配送成本核算的意义。
4. 简述配送定价的方法。
5. 如何理解配送服务与配送成本之间的"二律背反"规律？
6. 简述配送成本控制策略。

◎ **实训题**

以小组为单位，对本地区某一物流企业的配送成本进行调查，并提交调查报告。

第十章
电子商务配送管理

学习目标

通过本章学习,学生要理解电子商务配送的内涵,了解电子商务配送的现状与发展,理解电子商务与配送的关系,掌握电子商务配送的流程,了解电子商务的配送模式及其特点。

开篇案例

家电营销迈入电商时代　物流配送成发展关键

2000年以前,国内家电业两品牌"国美"和"苏宁"开始踏上全国扩张之路。一时间,两大家电商开始到各地攻城掠地,征战家电江湖。为抢地盘各出奇招,你有"8元彩电抢购",我就有"0元空调限量"……两家新店开张大打促销,大派礼品时半夜排长队的场景让不少人不胜唏嘘。而并吞各地地方家电经销商的战斗更是惨烈。

十几年后的今天,国美、苏宁各自基本都在全国各地站住了脚跟。虽然竞争依旧火热,但是抢着开店、疯狂排队的现象较少见。不过家电业的争斗并没有结束,一场新的战斗正在新的战场打响。

这场新的战斗的战场摆到了看不到、摸不着却又每天都离不开的网络上,京东商城、淘宝商城等电商渠道在家电业的扩张势头,一如十年前苏宁、国美等连锁渠道的加速冲刺,充满了激情、力量和速度。

当前,涉足家电等3C零售的专业电商队伍从京东商城、淘宝商城向卓越亚马逊网、当当网、飞虎乐购、新七天电器网、1号店等不断壮大。不过,前面所说的两个家电连锁巨头显然也不愿放弃这块新的大蛋糕,各自拥有自己的线上平台,国美除了自有的国美商城,同时更牵手库巴,而苏宁易购人气也不错。还有家电制造商的线上平台海尔商城、TCL商城、海信商城等。

电商再发达,终究离不开运送。物流水平和服务成为了网购时代决定口碑、影响销售的关键因素。在这点上,实体家电连锁巨头显然拥有一定的现成配送优势。而传统电商显然也认识到其中的关键,在销售额不断提升的同时,也在加大力量建设自己的物流网络。以电商发展最快的京东为例,未来每隔600千米会有一座京东仓储配送中心,初步实现150个城市自行配送,3年之内实现500~800个城市自行配送,物流覆盖全部订单的95%。

而苏宁易购总经理凌国盛则透露,到2015年,全国60个物流基地将完成建设并交付使

第十章 电子商务配送管理

用,届时苏宁的物流仓储能力将达到6000万台/套,配送能力将达到每天450万台/套。

当然,对此也存在不同的看法。在当当网联合总裁看来,"做电商和做物流完全是两回事,是不是自建物流不重要,重要的是能用最低的成本,达到最高的物流服务水平。"与当当网相似的是,淘宝商城也是采取了利用公共服务平台。

不过,不管自建物流平台是否是最佳形式。整个电商发展对于客户而言,物流配送的速度与服务水平都将决定着回头客的概率。

（资料来源:比特网）

阅读以上案例,请思考物流配送对电子商务企业发展的影响有哪些,并分析指明电商企业未来应该采取何种措施来提高配送水平。

第一节 电子商务配送概述

一、电子商务配送的内涵

(一)电子商务配送的概念

电子商务下的配送和以往的配送是完全不同的配送,是建立在社会化、信息化、系统化基础上的物流配送。它是指物流配送企业采用网络化的计算机技术来实现整个贸易活动的电子化、快速化。针对社会需要、按照客户的要求对企业所提供的货物进行一系列分类、整理、配货、配装、送货等活动,以准确的时间、数量、地点为客户提供满意服务的配送。可以看出,这种新型的物流配送彻底改变了流通领域的经营形式和盈利模式,更有力地支持了现代制造企业的产品制造和流通企业的市场营销战略。电子商务下的物流配送能使货物的制造和流通较传统的物流配送形式更容易实现信息化、自动化、现代化、社会化、智能化、合理化、效益化,更方便地做到货畅其流、物尽其用,从而减少了生产企业的库存,加速资金周转,提高了物流配送效率,降低了物流配送成本,进而降低了货物的成本和价格,提高了全社会的购买力,改善了人民生活水平,提高了社会福利。

(二)电子商务配送的特点

企业在电子商务条件下的配送和传统的配送是截然不同的。电子商务条件下物流配送的特点主要表现在以下几点:

1. 物流配送信息化

物流配送信息化表现为物流配送信息的货物化、信息收集的数据库化和代码化、信息处理的电子化和计算机化、信息传递的标准化和实时化、信息储存的数字化等方面。条码技术(Bar Code)、数据库技术(Database)、电子订货系统(Electronic Ordering System,EOS)、电子数据交换(Electronic Data Interchange,EDI)、快速反应(Quick Response,QR)及有效客户反映(Effective Customer Response,ECR)、企业资源计划(Enterprise Resource Planning,ERP)等在物流配送管理中得到广泛应用。没有物流的信息化,任何先进的技术设备都不可能应用于物流配送领域。信息技术在物流配送中的广泛应用,将极大地改变物流配送的形式和服务模式。

2. 物流配送自动化

自动化的基础是信息化,自动化的核心是机电一体化,自动化的外在表现是无人化,自动化的效果是省力化和效率化。另外,自动化还可以扩大物流配送作业能力、提高劳动生产率、减少物流配送作业的差错等。物流配送自动化有条码、语音、射频等自动识别系统、自动分拣系统、自动存取系统、自动导向车、货物自动跟踪系统等。这些设施设备在经济发达国家已较普遍地应用在物流配送作业流程中,在我国还未得到广泛应用。

3. 物流配送网络化

物流配送服务领域网络化的基础也是信息化,这里说的"网络化"有两层含义:一是物流配送系统的计算机通信网络。包括物流配送中心与供应商或制造商的联系要通过计算机网络。另外,与下游客户的联系也要通过计算机网络通信来完成。比如,配送中心向供应商发出订单就可以使用计算机通信形式,借助于增值网上的电子订货系统(EOS)和电子数据交换技术(EDI)来自动实现,物流配送中心通过计算机网络收集下游客户订货的过程也可以自动完成。二是组织网络化及所谓的企业内部网(Intranet)。如台湾IT业20世纪90年代创造的"全球运筹式产销模式",其基本思路是按照客户订单组织生产,生产采取分散形式,将全世界的电脑资源都利用起来,采取外包的形式将一台电脑的所有零部件、元器件和芯片等发往同一个物流配送中心进行组装,由该物流配送中心将组装的电脑再发往各地的客户。

物流配送网络化是物流信息化的必然结果,是电子商务下物流配送活动的主要特征之一。全球网络资源的可用性及网络技术的普及为物流配送的网络化提供了良好的外部环境,物流配送网络化成为物流配送的必然趋势。

4. 物流配送智能化

物流配送智能化是物流配送自动化、信息化的一种高层次应用。物流配送作业过程中大量的运筹和决策,如库存水平的确定、运输配送路径的选择、自动导向车的运动轨迹和作业控制、自动分拣、物流配送中心经营管理的决策支持等问题都需要借助于大量的智能化方式来解决。在物流配送自动化过程中,物流配送智能化是一项必要的、不可回避的技术难题。目前,在国际上这方面的技术已经有了比较成熟的研究成果,物流配送智能化已经成为电子商务条件下物流发展的一个新趋势和努力的方向。

5. 物流配送柔性化

柔性化原是生产领域为实现"以客户为中心"而提出的,但要真正做到柔性化,也就是根据客户的需求的变化来灵活调整生产工艺,没有配套的柔性化物流配送系统是不可能实现的。20世纪90年代以来,生产领域提出的FMS、CIM、MRP、ERP等概念和技术的实质就是将生产、流通进行集成,根据客户的需求组织生产,安排物流配送活动。柔性化物流配送活动正是适应生产、流通与消费对货物需求的多样化、差异化和个性化而发展起来的新兴物流配送模式。

延伸阅读

电子商务配送的形成

以互联网为平台的网络经济是新经济的重要表现形式,网上信息传递和网上交易、网上结算等都是新的经济运作形式,同时也是网络经济的重要内容。物流配送又是现代物流的一个主要组成部分,可以说是现代市场经济体制、现代科学技术和系统物流思想的综合产物。从新经济的角度来看,电子商务配送被认为是新经济中新生产形式的"零库存生产形式",电子商务和配送等都是其重要的组成部分。因此,电子商务配送是新经济的产物,同时也应被纳入到新经济的体系之中。配送对于经济发展的意义,不仅局限在它是电子商务的一个重要组成部分,更重要的在于它是企业发展的一个重要战略手段。

由此可见,电子商务配送这种经济形态是由网络经济和现代物流共同创造出来的,是二者一体化的产物。有人就把电子商务配送描述为网上信息传递+网上交易+网上结算+门到门配送服务。

二、电子商务配送的现状与发展

(一)西方国家电子商务配送的现状与发展

一般的送货形态在西方国家已有相当长的历史,这是市场经济的必然产物。随着资本主义经济的发展,货物供求关系发生了变化,由货物短缺变为货物的相对过剩,由卖方市场变为买方市场。在此情况下,供货方为了实现更多的利润,必然采取各种各样的推销手段,送货最初便是作为一种不得已的推销手段而出现的。仅仅将其作为推销手段而没有把它作为企业发展的战略手段,这种认识在有些国家延续了很长时间。

从历史上曾采用的一般送货发展到以高技术形式支持的、作为企业发展战略手段的配送,也是近一二十年的事情。许多国家甚至到 20 世纪 80 年代才真正认识到这一点。原来,人们认为配送是企业在买方市场条件下不得已而为之的事情,但后来人们逐渐认识到,配送是企业经营活动的一个重要组成部分,它不仅可以支持企业的产品制造和市场营销战略,还可以提升企业的竞争力,并为企业带来更多的赢利。引发这种认识转变的原因可以归纳为:

首先,科学技术的进步和生产力的发展可以为企业界提供省力且高效的管理形式与技术装备手段,从而使配送这一活动变得为企业所容易接受。

其次,生产领域劳动生产率的提高,第一、第二利润源泉的挖掘更使人们发现了流通和物流配送过程中的赢利潜力。实践证明,包括物流配送在内的物流领域开发可以取得可观的经济效益。因此,其成为企业的第三利润源泉。

再次,生产力的发展大大促进了社会分工,服务业得到极大的发展,服务性经济开始形成,从而使人们增强了物流配送的主动服务意识,物流配送成为企业增强竞争力的有效手段。

最后,在观念发生变化的同时,物流配送形式和配送手段也有了很大发展,这主要反映在以下几个方面：一是配送共同化的进展。送货初期是以单个企业为主体，为满足客户配送的要求，出现了从事配送的企业车辆利用率低，不同配送企业之间交叉运输、交通紧张、城市污染严重等许多问题，且物流配送的规模较小、配送成本较高。于是，有些企业在不断寻求解决以上问题的办法时便开始有了"共同配送"。例如，日本于上世纪60年代便开始了共同配送的尝试，而且效果不错。二是配送计划化的进展。配送初期，企业较多强调即时性，即完全按客户的要求进行配送，而不太考虑企业的物流配送成本的高低情况。后来，企业也在物流配送中不断总结经验，并伴随着电子商务的产生和发展及广泛应用，从而开始制定合理计划而不是完全按客户要求的那样进行配送，而是高水平地、有计划地开展配送，计划有效地促进了物流配送的合理化。由于降低了物流配送成本，所以企业的收费价格下降，这同样受到客户的欢迎。三是物流配送的区域扩大。近年来，随着交通运输条件的改善、运输工具的进步，物流配送的范围大大增加了，配送已突破了城市的限制，在更大区域里寻找机会。如美国已经开展了州际配送；日本的配送活动范围扩大到全国，如资生堂配送系统就在全国范围内开展配送活动。四是直达配送进展较快，不经过物流配送中心中转，在配送路线和规模合理、客户满意的情况下实现货物的直达供应，这样既提高了效率，也降低了物流配送成本。五是以计算机为代表的信息技术被广泛、充分地应用到物流配送活动中。现代物流配送的主要标志就是以信息技术为支撑的物流作业全过程。如零售巨头沃尔玛就是典型的把信息技术应用得淋漓尽致的企业。

（二）我国电子商务配送的现状与发展

20世纪70年代，我国实行的还是高度的计划经济体制。在计划经济体制下，生活中的大部分货物是短缺的。许多货物是凭票购买的，此时的市场是严重的卖方市场。货物交易发生后，货物的运输、装卸、搬运等活动一般由买方承担。在这种情况下，仍然有些企业为了提高流通效率而开始尝试着进行货物流通的配送活动。由于经济体制和市场运作机制等，所以这一新的、符合社会经济发展的货物流通形式没有得到持续、较快的发展。

到了80年代，随着生产资料市场的开放和国门的打开，货物流通格局发生了很大的变化，由卖方市场向买方市场过渡，市场竞争加剧。货物企业为了自身的生存和发展，为了提高市场占有率，开始在较大范围内开展货物配送业务，如天津储运公司唐家口仓库的"定时定量配送"，河北省石家庄货物局开展的"三定一送"货物配送，以及其他地方开展的配送活动等。总而言之，80年代，我国部分企业开展的物流配送活动还是一种自发的行为。

90年代以后，我国很多城市的货物部门建立许多货物贸易中心，它们根据市场的需要来组织货物，根据客户的要求开展货物的配送。这样，彻底改变了传统的流通模式和经营形式。从过去货物部门等客上门而且是门难进、脸难看、话难说变成了积极主动为客户服务，为生产企业配送急需的产品。通过配送、代理相结合的新的流通形式来达到一方面提高对客户的服务质量，另一方面降低了货物的进货成本。这一切变化都是因为国家经济体制由计划经济向市场经济的转变，货物市场由卖方市场变为买方市场。

90年代中后期以后，我国的制造企业和货物流通企业为了应对国际和国内企业的激烈竞争,企业不断地调整经营模式和业态,广泛地开展连锁经营活动。而连锁经营的优势来自物流配送,没有先进的物流配送就谈不上真正的连锁经营。于是,很多的制造企业如海尔集团就建立了自己的、大型的、自动化程度较高的物流配送中心,这既可服务于自身企业,也可为社会提供配送服务。

但是,我们既要看到物流配送在我国快速发展的现实,也要看到我国的物流配送与西方发达国家的差距和不足。毕竟物流配送这种现代流通形式在我国还只有十几年的历史,企业在开展物流配送过程中还有很多不尽如人意的地方。如各部门、各行业还存在着体制上的障碍,物流配送设备落后、信息化程度低、观念陈旧是目前的基本状况。具体表现在:配送规模小、物流配送网点缺乏统一布局、配送中心现代化程度低、机械化水平不高、整体物流配送技术水平比较落后、配送中心功能不健全、离信息化程度要求还有很大差距等。

技术仍然是我国物流配送发展滞后的一个重要因素。目前,国内很多的配送中心在计算机应用方面仍不充分,大多情况下仍只限于日常事务管理,还没有广泛用于物流配送中心的选址、存货最优库存控制、货物组配方案、运输最佳路线的选择等。物流配送设施设备比较陈旧,与国外以机电一体化、无纸化操作为特征的物流配送自动化、现代化相比,差距还很大。好在我们已经认识到同发达国家在物流配送活动中存在的巨大差距,我们的政府和企业都在积极努力地缩小和改变这种差距。

目前,我国电子商务对物流的需求无法得到满足的关键问题不是缺乏资金、资源、人力、网络,而是物流业条块分割严重。各行业都有做物流的企业,但是没有一个能从全局上指导和监控物流行业的组织形式。如何将现有的物流企业的人、车、库、路、网络资源等都整合在一起,并开发利用起来为电子商务服务,成了解决电子商务发展问题的首要任务。

延伸阅读

我国电子商务物流配送的解决办法

若想突破我国电子商务发展的物流瓶颈,则当务之急是尽快建立社会化、产业化和现代化的高效、合理的物流配送体系,这样才能扫清我国电子商务发展的障碍,才能使我国电子商务物流配送得到不断发展和完善。

1. 使用全国性的快递公司

将物流外包给第三方物流公司是跨国公司管理物流的通行做法。按照供应链的理论,将不是自己核心业务的业务外包给从事该业务的专业公司去做,这样从原材料供应到生产,再到产品的销售等各个环节的各种职能,都是由在某一领域具有专长或核心竞争力的专业公司互相协调和配合来完成的,所形成的供应链具有最大的竞争力。而在中国境内的跨国公司在从事电子商务业务时,物流业务一般都外包给中国当地的第三方物流服务商。可以认为,将物流、配送业务外包给第三方是电子商务经营组织物流的可行方案。

2. 使用最近一两年发展起来的区域性、城市性速递公司

北京、上海、深圳、广州等城市性速递公司也在庞大的中国物流配送市场上有着不错的业绩,所以把配送外包给中国当地的区域性、城市性速递公司也是一个不错的选择。

3. 自建配送网络

自建配送网络，是指自身建设物流中心、经营配送业务。自建物流中心所需的建设投资大、物流成本高，因此，在我国目前条件下不宜普遍采用。但如海尔等有实力的公司采用自建配送网络的方案也运作得非常成功。

第二节 电子商务与配送的关系

一、电子商务对传统物流配送的影响

电子商务的产生和发展对传统物流配送的影响是多方面的，主要表现在以下几方面：

（一）改变了传统物流配送的观念

传统的物流配送企业需要建有一定规模的仓库，并且要有大量的货物储存，以备企业送货的需要。而电子商务系统网络化的虚拟企业将分散在各地的分属不同企业的仓库，通过网络系统连接起来使之成为虚拟仓库，以进行统一管理和调配使用，服务范围和货物调度的数量和种类增加了。这样，企业在组织资源的速度、规模、效率和资源的合理配置上都是传统的物流配送所不可比拟的。在电子商务配送形式下，人们认识到收集、储存、掌握信息比储存货物更经济、更方便灵活、更能应对市场风险。

（二）网络对物流配送的控制改变了物流配送管理程序

企业的管理方法与管理手段是密切相关的，管理手段不同，管理方法也会随之改变。先进的电子商务系统的使用会给一个企业带来全新的管理方法。传统物流配送过程是由多个业务流程组成的，受人为因素影响和时间影响很大。网络技术的应用可以实现整个过程的实时监控和实时决策。新型物流配送的业务流程都由网络系统连接，当系统的任何一个神经末端收到一个需求信息时，该系统都可以在极短的时间内作出快速反应，并可以拟订详细的配送计划，启动各个作业环节。这一切工作都是由计算机根据人们事先设计好的作业程序自动完成的。

（三）物流配送效率会大大提高

在传统物流配送管理中，由于信息交流的速度慢、所需的时间长，所以企业完成一个配送过程的时间也比较长。随着网络信息技术的应用，人们进行信息交换的时间大大缩短，任何一个有关配送的信息和资源调配的指令通过网络可以在瞬间完成。

（四）网络系统的应用简化了物流配送过程

传统物流配送整个过程比较复杂，而通过网络化的新型物流配送系统的设计就可以大大缩短这一过程。在网络支持下的新技术可以在网络环境下更加方便灵活地被使用。它使

物流配送周期缩短,其组织形式也会发生变化。计算机系统管理可以使整个物流配送管理过程变得简单和容易,网络上的营业推广和销售可以使客户购物和交易过程变得更有效率,费用也会更低。

二、配送对电子商务发展的作用

完整的电子商务交易过程一般包含信息流、商流、资金流和物流四个基本部分。信息流,是指有关交易的各种信息交流,包括货物的介绍、技术支持、售后服务以及有关贸易单证的传输等;商流,是指货物在采购、销售中货物所有权转移的运动过程,具体是指货物交易的一系列商业活动;资金流,是指交易过程中收付款及转账等活动;物流,是指货物实体从供应者向需要者的物理流动,包括运输、配送、包装等一系列经济活动。在电子商务运作过程中,信息流、商流、资金流都可以借助网络系统在很短的时间内得以实现,而货物实体的流动通过网络系统是很难实现的,这必须借助于高效的物流配送系统来实现。在现代经济活动中,要体现电子商务在商务活动中的真正价值,必须在整个生产经营过程中保证物流配送的畅通、高效及低成本。否则,方便便捷的电子商务和落后的物流配送系统之间就如同高速公路与羊肠小道的对接,无法显示电子商务的优势,这就会阻碍电子商务的发展和应用。物流配送与电子商务的发展是相互促进、相互制约的。

物流配送对电子商务发展的作用主要体现在:

(一)物流配送是电子商务发展的基础

电子商务通过快捷、高效的信息处理手段可以比较容易地解决信息流、商流和资金流的问题,而将货物及时地配送到客户手中,即完成货物的空间转移(物流)才标志着电子商务过程的结束。因此,物流配送系统的效率高低是电子商务发展成功与否的关键,而物流配送效率的高低很大一部分取决于物流配送的现代化水平。

物流配送现代化包括物流配送技术和物流配送管理两个方面的现代化。物流配送技术现代化包括软技术和硬技术两个方面的现代化,在物流配送软技术方面,现代化的内容包括:无损检测和抽样检验技术,货物科学养护技术,条码技术,信息处理技术,安全装载技术等;在物流配送硬技术方面,现代化的内容包括:发展自动化程度高的仓库,运输设备的专用化、大型化,保管设备的多样化、组合化,装卸搬运设备的效率化,信息处理设备的计算机化等。

物流配送管理的现代化就是应用现代经营管理思想、理论和方法,从而有效地管理物流配送。在管理人才、管理思想、管理组织、管理方法、管理手段等方面实现现代化,以形成物流配送管理的现代化管理体系。物流配送管理现代化的目标是实现物流配送系统的整体最优化。

物流配送现代化中最重要的部分是物流配送信息化,物流配送信息化是电子商务物流配送的基本要求,是企业信息化的重要组成部分,表现为物流配送信息的货物化,物流配送信息收集的数据化和代码化,物流配送信息处理的电子化和计算机化,物流配送信息传递的标准化和实时化,物流配送信息储存的数字化等。物流配送信息化能更好地促进生产与销售、运输、储存等环节的联系,对优化物流配送程序、缩短物流配送时间、降低配送成本都具有非常重要的意义。

(二)物流配送是实现电子商务优势的关键

及时、高效的物流配送是对生产活动的有力保障。合理、高效及现代化的物流配送,通过降低物流配送费用来降低生产作业成本、优化库存结构、减少资金占用、缩短生产周期。企业开展物流配送的目的就是支持企业的产品制造和市场营销战略。

物流配送服务于商流。在商流活动中,货物所有权从购销合同签订的那一刻起便由供方转移到买方,而货物实体并没有因此而发生移动。在传统的交易过程中,除了非实物交割的期货交易,一般的商流都必须伴随着相应的物流活动,即按照买方的要求将货物的实体由供方以适当的形式、合理的路径及准确的时间向买方转移,从而完成货物的物流过程。在电子商务条件下,买方通过网络可以较快地实现货物的商流活动,但电子商务活动并没有结束,只有货物或服务真正到达买方手中,货物的交易活动才算真正结束。

第三节　电子商务配送流程及配送模式

一、电子商务配送流程

(一)接受电子商务订货单与备货

利用网络手段从客户处接收客户订单,然后开始准备货物,包括筹集货源、进货以及相关的质量检查、款项结算、单据交接等。

(二)储存

储存包含储备和暂存两种状态。对于常年销售、采购数量大的货物,配送中心要保持一定数量的储备,以随时满足各客户的要求。储存仓库有配送中心的仓库和外界的大量"虚拟仓库"。配送中心通过网络对分布在外界的大量不同种类的仓库进行统一的虚拟化管理,并为已所用。配送中的大量货物应保存在散布于地区周边各地的供货厂商的仓库和运输途中的"虚拟仓库"里,由配送中心通过计算机系统对这些"虚拟仓库"进行网络化管理。

暂存是指接到配送单执行操作业务时,按配送单要求在暂存区放置的少量货物。暂存是对周转速度快的货物的一种储存状态,是适应电子商务及时、快速配送的方法。暂存可以减少作业次数和劳动力,以节约成本。

(三)拣货和集货

对于每一个客户或订单,一般都有多项货物。在仓库中,将这些不同种类和数量的货物拣选出来集中在一起,然后记录下各种货物信息与客户订单进行对照,这就是拣货作业。

(四)流通加工

流通加工是为了方便储运、验收或根据客户需求而进行的加工。例如,对食品、农副产品进行的分装作业:把大包装改为小包装;货物倒装作业:把一种包装形式转换成另一种包装形式,以适应运输、装卸或保管的需要,或者美化货物、促进销售;产品深加工,如材料切割、下料等,以提高产品价值。同样,对于加工后的货物进行信息处理,分类分项整理后存入相应的数据库或文件夹。

(五)配装与送货

配装是把不同货物合理搭配,并装到配送车辆上,以充分利用车辆的运载能力。送货是把各个客户的货物送到客户手中。这里有一个客户组合和路线规划问题,只有科学规划,才能降低物流成本。而利用信息技术处理起来就简单得多,并能收到事半功倍的效果。

电子商务下的配送作业流程,如图10-1所示:

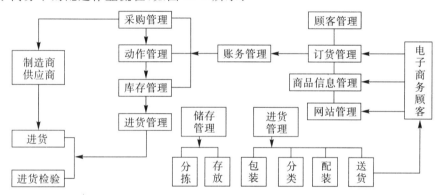

图10-1　电子商务下的配送作业流程

二、电子商务配送模式及其特点

(一)电子商务配送模式

电子商务下企业成本优势的建立必须以可靠和高效的物流配送运作作为保证,这也是现代企业在竞争中取胜的关键。一个国家的物流配送水平的高低,在一定程度上反映了该国的综合国力和企业的市场竞争能力。

物流配送具有系统性和协作性的特点,它将货物经济活动中所有的供应、生产、销售、运输、库存及相关的信息流动等活动视为一个动态性的系统总体,需要供应商、分销商、客户及第三方共同配合才能完成。但是,由于我们国家受计划经济体制的影响,所以物流配送在系统性和协作性方面还有很多工作要做。改革开放以来,尤其是我国加入WTO以后,为了应对国内和国际市场的竞争,物流配送企业也在不断探索适合自身发展的物流配送经营模式

和盈利模式,形成了以下几种电子商务配送模式:

1. 自营物流配送模式

采用自营物流配送模式的企业主要是一些工商企业(即货主企业),尤其是那些规模较大的工商企业。它们为了满足企业自身对原材料、零部件和货物采购及本企业货物销售的需要,利用企业原有的人力资源、仓库、专用线、运输设施设备和装卸设备及分销网络,自行开展物流配送活动,这种模式有利于企业供应、生产和销售的一体化作业,系统化程度相对较高,既可以满足企业内部原材料、半成品及产成品的配送需要,又可满足企业对外拓展市场的要求。如海尔成立电子商务有限公司和武汉中百集团自己投资建立中百集团物流配送公司等。

2. 第三方物流配送模式

第三方物流配送是指物流配送业务由供方、需方之外的第三方去完成的物流配送服务的物流配送运作形式。第三方就是指提供物流配送交易双方的部分或全部物流配送功能的外部服务提供者,是电子商务配送社会化、专业化的一种形式。工商企业无法拥有自己的任何物流配送实体,将本企业对货物的采购、储存和配送等业务都交由第三方以借助于强大的信息技术来完成。

3. 自营和外包相结合的配送模式

采用这种模式的企业是因为投资建立一个完整的物流配送体系的风险太大,建设周期比较长,而且占用企业较大的资金量,一旦企业的经营业务有较大波动,就会出现企业物流配送系统资源的闲置或紧张,造成企业经营活动的被动。企业自身有一部分配送资源,但有时不能满足企业零时性需要,还需要把一部分物流配送业务外包给第三方电子商务配送企业来完成。

4. 战略联盟配送模式

企业要想既降低风险,又能获得满意的物流配送服务,可以与第三方电子商务配送企业或供应商建立战略伙伴关系。

总之,电子商务配送是未来经济的发展趋势。我们要想在这种趋势中得到很好的发展和壮大,就必须选择一个最适合我们企业自身发展需要的电子商务配送模式。

(二)各种电子商务配送模式的特点

电子商务配送模式虽然有上面几种,但从大的方面讲可以分为两种,即自营模式和外包模式。无论企业采用哪种形式都应该趋利避害,以尽可能地充分利用其优势,尽量避免其对企业产生的危害。两种模式的优劣主要体现在以下几个方面:

1. 自营电子商务配送模式

自营模式,是指企业自己拥有并管理经营企业的电子商务配送系统和配送设施设备。

(1)自营电子商务配送模式的优点。该模式可以使企业原有的物流配送设施设备得到尽可能利用,减少资源的闲置和浪费;在企业富余人员较多的情况下,由企业自己来经营和管理电子商务配送系统和配送设施设备,可以解决企业部分人员的就业压力;便于企业对整个电子商务配送系统的控制,使之更好地为企业的产品制造和市场营销服务。

(2)自营电子商务配送模式的缺点。该模式投资巨大、周转期长,企业的投资经营风险大;分散企业的人力、物力、财力,不利于企业的专业化经营,不利于企业把有限的资源用在优势产业上,以充分发挥其核心竞争力;当企业的业务量较大时,企业的物流配送成本可能还可以承受,当业务量较小时,物流配送成本就会增加,不利于企业的规模化经营的需要;当企业产品结构或服务区域范围需要调整时,就会出现原有的物流配送设施、设备等较难适应新业务需要的情况。

2. 外包电子商务配送模式

外包电子商务配送模式就是把企业的物流配送业务通过契约的形式承包给第三方电子商务配送企业来完成。

(1)外包电子商务配送模式的优点。该模式符合社会专业化分工协作的要求,有利于规模化经营,可以提高物流配送效率,降低物流配送成本;可以把企业的各种资源用在有竞争优势的地方,增强企业的核心竞争力;方便企业的业务调整,当企业的产品结构或经营空间需要调整时,可以同其他物流配送企业再签订物流配送服务的协议;可以减少企业投资物流配送系统的投资风险。

(2)外包电子商务配送模式的缺点。该模式不利于本企业对物流配送渠道的控制,有时会使企业受制于人;当企业的业务量很大时,物流配送业务外包不利于企业降低物流配送成本。当自营物流配送业务时,固定成本大、变动成本小,若物流配送业务外包,则所有成本都是变动成本。当企业业务量很大时,外包配送业务的物流配送成本会超过成本平衡点时的成本。所以,企业是采用电子商务物流配送业务自营模式还是外包模式,还应考虑企业业务量的大小。

在以上两种电子商务物流配送模式中,外包模式更符合社会经济发展的趋势。无论是制造企业、流通企业,还是物流企业,都必须走社会化、规模化、专业化、信息化和标准化的道路,这样才更有竞争力。

◇ 本章小结

电子商务物流配送作为一种新型物流配送,将成为流通领域革新的先锋和现代市场营销的主要工具。它具有信息化、自动化、网络化、智能化、柔性化等特点。电子商务的产生和发展对传统物流配送的影响和作用是多方面的,但离开了物流配送,电子商务的发展同样寸步难行。二者之间是相互促进、相互制约的关系。世界发达国家依托其强大的信息技术优势,在发展电子商务配送方面起步早、规模大,而我国的物流配送与西方发达国家之间还存在明显的差距,如何发展我国的电子商务配送,将引起人们的极大关注。电子商务环境下的配送流程和配送模式具有自身特点,它比传统物流配送流程更为复杂,而电子商务配送模式也有自营物流配送模式、第三方物流配送模式、自营和外包相结合的配送模式、战略联盟配送模式等几种主要形式。

案例分析

中国贝塔斯曼在线物流配送

总部位于上海的中国贝塔斯曼在线(BOL China)隶属于全球最大传媒集团之一的贝塔斯曼集团,现为中国最大的网上书店之一,其高效、准确、人性化的服务备受客户称赞,这里面当然少不了物流配送系统——eLogistics 的功劳。

eLogistics 系统是一个基于 Web 的中央控制的网上物流及配送系统,它为传统物流和第三方物流提供了实质的服务,以支持多公司、多场所和多语言的物流业务。

eLogistics 系统采用开放的、3 层 B/S 结构——前端是客户或介绍层,有一个基于 Web 的图像接口给客户录入或存取数据,中间的应用服务器处理商务和物流操作的数据,最后的数据库来处理数据的存储和服务的传送。

开放标准的基础结构能够使 eLogistics 系统同多种内部开发的应用程序无缝集成,通过传统贸易伙伴支持整条供应链的每一个步骤。eLogistics 解决方案分为六大模块,分别是供应和采购、销售、仓库运作、配送、库存控制和财务系统。

(1)供应和采购。供应和采购模块提供一个可扩展、高效的工具给采购经理,使其能够在较短的时间内处理大量货物。采购订单可以通过提前参数设置或库存补货逻辑,手工或自动生成。

(2)销售。系统的销售订单模块为销售人员提供完整的客户信用检查功能,如在客户信用停止,或超过信用上限等情况下提交的订单,系统会在客户接受货物时,予以检查并拒绝执行订单,也能根据预先设定的客户条件来决定接受或拒绝订单。通过相应的销售订单生成最终产品和管理报价标准,可以修改或重复使用已存在的报价单,报价单可以通过相应销售订单自动重复生成和修改。

(3)仓库运作。系统提供灵活的仓库操作,包括多变的接收、储存、包装和下载功能,以满足复杂的分销环境下所遇到的请求。

(4)配送。配送模块利用常规的表格,提供一整套直接和易于使用的功能,使企业易于控制、管理海运和公路运输的执行过程。

(5)库存控制。库存模块提供一套通过对买、卖和货物操作过程的处理,使产品、材料等的维护信息简单、易于使用和流畅。

(6)财务系统。系统为客户提供了完整、开放的接口,可与市场上各种以财务功能为核心的财务软件包进行无缝集成。

购书者要想从贝塔斯曼网上书店买书,首先要成为贝塔斯曼的在线会员,需要向贝塔斯曼提供姓名、送货地址、电子邮箱地址等信息。贝塔斯曼的客户数据库系统专门用来管理客户资料,购书者在贝塔斯曼的账号是书店对客户的跟踪主线,任何一个购书者的购书过程,从买书到付款,从订单到发票,还有客户信用等级等,都会在个人账号下一线贯穿。

购书者进入贝塔斯曼网上书店找到自己喜爱的书,轻点鼠标,就可以把书放入虚拟的网上提货篮,一张虚拟的网上购书订单就此生成。除了书的数量和种类以外,购书者还需要选择付款形式和进货形式。付款形式一般分为邮汇、信用卡、COD(Cash on Delivery,货到付款)3 种,送货形式则分为送货上门和邮政递送。

送货上门和 COD 相配合,邮政递送则要等到书款到位以后才能邮递发书。系统会把购书者的付款形式和送货形式存入数据库,并且传递到财务部门。如果购书者选择邮汇付款形式,则书店要等到邮款到位以后发书,邮款倘若不到位,则系统又会通过网络向购书者发出付款提醒;如果是信用卡付款,则书店会通过与银行网络的连接收取书款然后发书;如果购书者选择货到付款,则书店要参考系统中购书者账号下的信用等级,符合要求的就向购书者发书,书送到客户手中以后,财务系统会监督书款的到位情况,并根据这一情况评定客户的信用。出书收款以后,相关网上订单就会自动关闭。

这一模块还需要处理客户服务任务。系统能把客户所选择的书的当前状态传到网上,以便购书者随时查阅。如果书有破损,则系统还需要执行退书和退款任务。客户的购书订单一旦生成,系统就把这张订单传递到下一个模块——供应及采购模块。

收到客户的需求订单以后,贝塔斯曼在线就要和另一端的出版商联系。贝塔斯曼在线其实是一个网上中间平台,一头牵着出版商,一头牵着购书者,贝塔斯曼要用最快捷、最有效的方法把这两头连接起来。

如果一个购书者的购买订单包括 7 本书,书店备有其中的 3 本,其余 4 本要向 4 个不同的出版商购买。这 4 本书可能分别有多个出版商,书店会根据供应商的优先级顺序发出来购买订单,直到买到所有的图书。

书的分类管理、供应商的报价及筛选、订单的发送,都由系统自动完成。供应及采购模块还同时与仓库和财务系统相连。仓库要根据供应系统所采购的书目收货,财务则要根据采购订单在一定期限内付款给出版商。仓库管理运作以入货管理和出货管理为头尾,所有的工作都以购书者的订单为基础。收到出版商的来书以后,仓库人员会根据订单号入库。在收齐同一订单下的所有书以后,系统自动提示发书,后面的工作就是拣货和包装。在邮汇和信用卡两种付款形式下,系统在出书前还要检查书款是否到位,再根据购书者的采购订单下的进货形式出运。如果是邮递,书店就把书交由邮政系统发送;如果是送货上门,书店就把书交由专门的货运公司发送,货运公司和书店定期结算运费。一张订单下的书全部出运以后,订单就会在仓库系统中结束。贝塔斯曼在线把外送这一块业务全部外包,由专业货运公司代理,所以 eLogistics 的配送模块在贝塔斯曼在线相对较为简单。

虽然不是亲自负责送货,但书店的配送系统需要对出书计划进行管理。出书计划同时要考虑送书时间限制、送书路线等多种因素,然后再由系统统一作出计划。eLogistics 配送系统的存货控制模块在贝塔斯曼在线也较为简单。书店不能没有存书,但为了避免积压,又不能持有过多的存书。存货的控制需要有更多的人力根据图书的需求情况作出调整,但系统会拥有所有存书的目录和数量,以便在购书者购买时及时发送。

财务系统和销售模块、采购模块都是相连的。财务系统需要从销售模块传过来的订单中获取客户的付款形式,然后根据不同的付款形式与客户进行结算。同时,要从采购模块中获取采购订单信息,在一定期限内对出版商进行付款。财务系统还会从其他模块获取送货成本及其他成本等数据,定期进行盈利结算。系统有效地节省了人力资本,并且能及时准确地完成财务结算,大大提高了工作效率。

问题讨论:
1. 分析贝塔斯曼 eLogistics 系统的工作原理及要领。
2. 贝塔斯曼如何做到物流配送与 eLogistics 系统的高效衔接?

◇ 复习思考题

1. 简述电子商务配送与传统配送的区别。
2. 电子商务对传统物流配送有何影响?
3. 电子商务配送有哪几种模式?你认为哪种模式较适合市场经济的发展?为什么?
4. 电子商务配送有哪些特点?
5. 比较传统物流配送作业流程和电子商务环境下的配送作业流程。
6. 我国电子商务配送发展的现状如何?

◇ 实训题

以实训单位的实际电子订单为对象,完成订单的接受、输入、分拣、配装直至运输全过程的订单操作过程。

第十一章 典型行业的配送管理

学习目标

通过本章学习,学生要熟悉我国批发零售业的配送作业类型,批发零售业的配送管理方法,熟悉制造业配送模式的选择,了解我国农业配送中存在的问题和发展趋势,了解国际、国内快递业的发展现状。掌握批发零售业、制造业、农业、快递业配送的特点。

开篇案例

中粮旗下"我买网"升级仓储物流系统 推进海外直采

近日,中粮旗下食品电商平台"我买网"的华北常温新仓正式开仓,这也是"我买网"最新投入使用的华北仓储物流中心。

这一新仓储物流中心位于河北廊坊龙河工业园内,使用面积3万平方米,可存储超过10万个品种、上千万件货物,日处理订单能力达到5万单。新仓采用多分区同时并行拣货模式以及自动集货及分拣系统。

"我买网"宣称,此新仓在国内食品电商中规模最大、仓储能力最强。在物流方面,"我买网"采取自建物流和第三方物流公司合作两种模式。随着新仓的投入使用,"我买网"仓储物流系统实现了再次升级。

据了解,在升级仓储物流系统后,今年下半年"我买网"将加速推进海外直采业务。据"我买网"海外直采负责人透露,2014年,"我买网"的海外直采金额将超过亿元,SKU超过500个,货柜突破1000个,主要品类集中在高端牛奶、果汁、葡萄酒、橄榄油、水等。

现实中,国内的海外食品代购一直存在较大的市场,比如奶粉等,但鱼龙混杂,食品健康难以保证,这成为众多刚需客户的困扰。而"我买网"可依托原来中粮的采购体系和全球供应链,从而让客户直接购买到安全放心的海外食品。

此外,国内众多进口食品需要经过多次经销商转手,才能送到客户手中,而"我买网"的原产地直采,保证了食品质量,也降低了采购成本,从而让客户获得优惠。

(资料来源:腾讯科技)

参考以上案例资料,请分析我国粮食产品配送业发展的主要思路。

第一节　批发零售业配送

一、批发零售业配送的含义

批发零售业配送，是对在货物的批发零售过程中发生的一切配送活动的总称。批发零售业配送可以分为批发企业的配送和零售企业的配送。

（一）批发企业配送的特征

批发企业配送的特征表现在其客户不是流通环节的终点客户，而是零售商业企业。因此，批发企业必然要求配送系统不断满足其零售客户多批次、少批量的订货及流通加工等方面的需求。

对于零售企业，一方面，由于经营场所的面积有限，所以希望批发企业能向其提供小批量的货物配送；另一方面，为了满足各种不同客户的需要，它们又希望尽可能多地配备货物种类。

对于生产企业，由于所生产货物的产量一般都比较大，所以它们所希望的是批发企业能尽可能多地订购货物，即生产企业希望的是大量的货物配送。

这样，在生产企业的大批量配送供给和零售企业的小批量配送需求之间就产生了矛盾，而批发企业正好从中发挥其职能，以起到"蓄水池"和"调节器"的作用。

（二）零售企业配送的特征

零售企业是在百货商店、连锁商店、超级市场、大卖场、邮购商店等商业企业的配送系统中产生的。在商流与配送分离的条件下，零售企业的配送形态有从生产企业、批发企业等购进货物的采购；有将货物通过配送中心转运到各个连锁店和分销店的配送；还有把货物直接送到客户手中的直销配送等。建立一个以零售企业为中心的零售企业配送系统正成为当今零售企业的一个课题。

过去，零售企业的货物配送主要依赖于作为供货商的生产企业和批发商，零售企业的配送主动权也由它们支配，零售企业则主要提供将客户订购的货物运送到客户家中这种简单的"门到门"配送服务。

沃尔玛的配送情况

沃尔玛已被公认为世界上最大的零售公司。这家有40年历史的企业在全球拥有4457个仓库、3万个供应商，每年的销售额超过2170亿美元。目前，沃尔玛在美国有70个配送中心，其面积一般在10万平方米左右，可以同时供应700多家商店。配送中心每周作业量达120万箱，每个月自理的货物金额大约在5000万美元，全部作业实现自动化。该公司在高科技和电子技术的运用方面投入了大量资金,如投资 4 亿美元由美国休斯公司发射了一颗商用卫星,实现了全球联网,建成了当今世界公认的最先进的配送中心,实现了高效率、低成本的目标,为沃尔玛实行"天天平价"提供了可靠的后勤保证——在沃尔玛的门店,不会发生缺货情况。

现在,零售企业认识到企业配送发展的重要性,正逐步获得货物供应的主导权。这是因为供应商的配送管理水平参差不齐,完全依赖于供货商来经营零售企业的配送,有可能会使零售企业的货物供应出现问题。与此同时,零售企业也在不断加强企业内部的货物管理,一方面,可以减少缺货带来的销售损失,避免成本浪费;另一方面,要求供货商必须及时、准确地将订购的货物送到商店中。即使零售企业对货物的销售动向把握得当,订单也准确无误地送到供货商手中,但是一旦货物不能及时、准确地送到商店中,就会对零售企业的货物管理造成损失。为了避免上述情况的发生,零售企业越来越重视自己配送系统的建立和完善。

许多零售企业加强了配送中心的建设,通过做好市场预测与决策,集中力量研究货物的实体运动,采取共同进货以减少不必要的流转环节,减轻城市交通公害,降低配送费用,进而达到提高配送管理水平,顺利达到货物使用价值运动过程的目的。

二、批发零售业配送的运营模式

(一)按主体划分的配送模式

1. 企业自营配送

企业自己拥有配送中心。零售业巨头沃尔玛在配送方面的成功说明了配送中心的重要作用。在我国商业连锁经营中,具有一定规模的超级市场、便利店、专业店、综合商场等都十分重视配送环节,并相继建立了配送中心。实力较强的连锁企业自建配送中心,主要是为本企业的连锁分店进行配货。同时,也可以为其他企业提供货物,这样不仅能够创造巨大的经济效益和社会效益,而且这种做法也符合企业的长期利益和战略发展需要。连锁企业都有各自的经营特色,自建配送中心有利于协调与连锁店铺之间的关系,保证这种经营特色不受破坏和改变。

2. 社会化配送

在这种配送模式中,连锁企业的配送活动完全由第三方的专业性配送企业来承担。社会化配送的优势在于专业性配送企业能提供更多的作业和管理上的专业知识,可以使连锁企业降低经营风险。在运作过程中,专业配送公司对信息进行统一组合、处理后,按客户订单的要求配送到各门店。这种模式的配送还可为客户之间交流提供信息,从而起到调剂余缺、合理利用资源的作用。社会化的中介配送模式是一种比较完整意义上的配送模式。目前,国内多数配送企业正在积极探索。

3. 供应商直接配送

在中国批发零售业发展初期,许多连锁店都采取了把供应商直送形式简单地组合成连锁店的配送系统。实践证明这种形式失败了。连锁经营者认识到,由于在导入期的中国连锁店,业态上大多选择了超级市场,而且是规模不大的第一代传统食品超市,所以连锁店规模扩大需要发展更多的店铺来实现。供应商的运输系统适应不了多店铺广域发展的连锁店的要求,配送不到位、缺货断档、时间衔接不上等制约了连锁店的发展。

4. 共同配送模式

共同配送模式是一种配送经营企业间为实现整体的配送合理化,以互惠互利为原则,互相提供便利的配送服务的协作型配送模式。

共同配送模式属于横向集约联合。按供货和送货形式又可分为共同集货型、共同送货型和共同集送型。共同集货型是指由几个配送部门组成的共同配送联合体的运输车辆,采用"捎脚"形式向各货主取货。共同送货型则是共同配送中心从货主处分散集货,而后向客户送货采用"捎脚"形式。共同集送型则兼有上述两种模式的优点,它是一种较理想的配送模式。按共用化范围确定的模式,共同配送还可分为货源共同型和共同管理型。前者是指参加横向集约联合的企业组成共同配送中心,利用各加盟企业的有限资源(含人、财、物、时间和信息),并使之得到充分利用。后者则是企业间在管理上各取所长、互通有无、优势互补,特别表现在人员使用与培训上。共同配送模式可以极大地促进"物尽其用"和"货畅其流",值得大力推广。

(二)按配送时间及数量划分的配送模式

1. 定时配送

定时配送是按规定的时间间隔进行配送活动的模式。每次配送活动的品种和数量可按计划执行,也可在配送活动之前通过电话或电脑通知品种和数量。定时制配送由于配送活动的时间固定,易于安排工作计划和使用车辆。对客户来讲,也易于安排人员、设备和商品。但是,由于配送商品种类多,配货、装货难度较大,所以在配送数量变化时也会使配送运力安排出现困难。

2. 定量配送

定量配送是按规定的批量在规定的时间内完成配送活动。这种形式的配送数量固定,备货工作较为简单,可以按托盘、集装箱及车辆的装载能力规定配送数量,能有效利用托盘、集装箱等集装形式,也可做到整车配送,配送效率较高。对客户来讲,每次接货都处理同等数量的货物,有利于人力、物力的准备。

3. 定时、定量配送

定时、定量配送是按照规定的配送时间和配送数量进行配送活动的形式。这种形式兼有定时、定量两种形式的优点,但特殊性强、计划难度大,适合采用的对象不多。

4. 定时、定线配送

定时、定线配送是在规定的运行路线上按事先确定的运行时间表进行配送活动。客户按规定路线、车站及规定时间接货及提出配送活动的要求。采用这种形式有利于计划安排车辆及驾驶人员。在配送客户较多的区域,也可解决因过分复杂的配送要求所造成的配送组织工作及车辆安排的困难。

5.即时配送

即时配送是完全按照客户突然提出的配送要求进行配送活动的形式,这是一种灵活性很高的应急配送形式。

三、批发零售业配送的作业流程

批发零售业配送的作业流程可分为一般作业流程、中转型作业流程、加工型作业流程和批量转换型作业流程。

(一)一般作业流程

一般作业流程如图11-1所示,但不是所有的配送都按此流程进行。配送不同的商品,其作业流程长短不一,内容也不尽相同。但作为一个整体,作业流程又是统一的。

这种配货流程以干货为主,主要包括服装、鞋帽、日用品等小百货;家用电器等机电产品;图书和印刷品等其他杂品。这类产品的特点是有确定的包装、商品的尺寸不大。因此,可以对它们进行混装、混载;同时,这些产品品种、规格繁多,零售店的需求又是多品种、小批量的,所以,要对它们进行理货和配货。

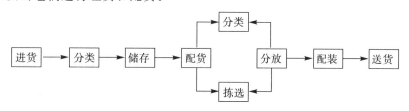

图11-1 一般作业流程

(二)中转型作业流程

中转型作业流程专以暂存货物的配送为职能。暂存区设在配货场地,配送中心不单设存储区。这种类型的配送中心的主要场所都用于理货、配货。许多采用"即时制"的商贸企业都采用这种配送中心,前门进货后门出货。它要求各方面做好协调,而且对技术,尤其是信息技术要求较高。

(三)加工型作业流程

典型的加工型作业流程如图11-2所示:

图11-2 加工型作业流程

在这种作业流程中,商品按少品种、大批量进货,很少或无须分类存放。一般是按客户要求进行加工,加工后直接配货。

(四)批量转换型作业流程

采用批量转换型作业流程,商品以单一品种、大批量形式进货,在配送中心内转换成小批量货物。批量转换型作业流程如图11-3所示:

图 11-3　批量转换型作业流程

第二节　制造业配送

一、制造业配送的含义

(一)制造业配送的定义

传统的观点认为,制造业配送也就是制造企业将产品推向客户的销售过程,是指企业将产品从配送中心运往与其发生业务关系的批发商、零售店、最终客户的过程,以及发生在这一过程中的需求预测、库存控制、运输优化和客户服务等一系列运营技术。持这种观点的人从企业的销售配送出发,将制造业企业的配送简单地看成一个销售配送过程。另一种观点认为,制造业企业的配送还应该包括后向的供应商给制造业企业提供原材料、外购零部件的配送过程,以及与该供应商发生的关于供应商选择、采购谈判和订单下达等一系列工作,也就是一个企业的供应配送。

在以上分析基础上,我们给出"制造业配送"一个更为广泛的定义:制造业配送是围绕制造业企业进行的原材料、零部件的供应配送,各生产工序上的生产配送,以及企业为销售产品而进行的对客户的销售配送,它是一个更为广泛的制造业配送结构模式。制造业配送管理,是指制造业企业在进行制造业配送时所进行的一系列包括需求预测、库存控制、运输优化、配送中心设备管理、客户服务以及订单下达的管理运作。

(二)制造业配送的特点

制造业配送主要具有如下特点:

1. 复杂性

对于制造业生产配送,组成产品的零部件成千上万,配送的过程十分复杂,需要现代化的仓库来存储各种各样、大小不一的原材料和零部件,且相互间的作业效率不一致,这些都将大大提高制造业配送管理的难度,不利于企业配送合理化的建设。

2. 有序性

对于制造业企业,特别是进行流水线生产的制造业,其生产的特征是平稳有序的。对各个零部件的需求在时间上也是有序的。在不同的加工、装配工序上的零部件在时间上有先后之分。因此,进行加工配送时必须考虑这一点。

3. 配套性

在制造业生产中,有些零部件的需求是配套的。在进行配送时,如果其他零部件都能准时配送到位,而其中某一个零部件缺失,则将造成整个生产线的停工。如果所有零部件都配齐,而其中有些零部件有多余,与其他零部件没有配套,那也必然导致该零部件库存的多余,造成无谓的浪费。

4. 定路线定时性

企业在进行生产时,加工地点都不会随便改变,即相应的零部件配送目的地不会发生改变。所以,其配送路线也是不变的。同时,随着生产步骤的平稳变化,各个加工地点的需求也是稳定的,这体现在配送上就是对配送时间上的要求也是很稳定的。只有在生产计划变化后,需求才会有所调整。因此,配送中心可以通过定路线定时来简化配送的管理。

5. 高度准时性

生产的连续性,特别是进行流水式生产的企业,对配送的准时性有极高的要求。若配送不及时,则其直接的结果将是整个生产线的停工,这会给企业造成不可估量的损失。

二、制造业配送业务的运作与绩效管理

(一)制造业配送的主要业务

1. 制造业配送中心的订单管理

在配送中心的日常营运作业中,订单处理是一切作业的开始,也是一切作业的核心。订单处理的成效将会影响到后续作业乃至整个企业的营运状态。如何快速、准确、有效地取得订货资料,如何进行有效的订单分类和归并,如何追踪、掌握订单进度以提升客户服务水准,以及如何支持、配合相关作业是订单处理所要面对的问题。同时,还要考虑如何将订单资料快速传递给生产部门,以制定有效的生产计划。

2. 制造业配送中心的库存管理

在现代化配送中,企业采取各种措施来降低库存水平,以提高库存周转率。实际上,真正的零库存是很难实现的,库存也并不都是对配送起消极作用。相反,有时在配送中心中保有适量的存货能够更好地为制造企业的生产和销售服务,并能提高配送中心的服务水平。存货物种数量、存货来源、存货周转速度、存货相关性等因素影响着制造业配送中心的库存管理。就某些企业而言,销售配送因存货量大、品种比较少的特点易于管理;生产供应配送因品种多且每种存货数量较少的特点难于管理。由于制造业配送中心不仅有产成品,还有各种零部件和备品备件,其重要性是不同的,对每一种存货施以同等的管理也是不可能的,所以有必要在配送中心采用 ABC 重点分类管理技术对存货进行科学管理。

3. 制造业配送中心的理货作业管理

配送中心的理货,是指进行出货准备的各项作业,主要包括分拣、配货以及流通加工等

作业内容,这是配送中心区别于一般仓库及送货组织的重要标志。据统计,分拣、配货等理货作业的作业量要占整个制造业配送中心作业量的一半以上。同时,流通加工也是配送中心进行增值、提高客户服务水平的主要手段。因此,强化制造业配送中心的理货作业管理有着重要意义。

4. 制造业配送中心的运输配送管理

在配送中心理货作业完成之后,要想最终完成整个配送计划,还要通过合适的运输手段和运输计划将货物准时送交给客户。反映到制造业配送的管理中来就是要在正确的时间里使用正确的运输配送方法,将产品送到各分销中心或由供应配送中心将各种零部件及时送到加工车间。

(二)制造业配送运作的绩效管理

在制造业生产中实行配送的主要目的是通过配送中心的集中库存来降低各生产单位和采购销售部门的库存,从而大大降低整个企业的库存水平。库存水平的降低不能以牺牲服务水平为代价。因此,在制造企业配送业务运作的过程中,为了达到上述良好的绩效,需使作业过程尽可能满足以下三个方面要求:

1. 可靠、准时配送和准确完成订单

配送中心所要提供的基本服务就是根据客户的要求,在正确的地点,将正确的货物,在正确的时间,通过正确的配送渠道,以正确的数量交付给正确的客户。对于供应配送来说,就是与生产计划同步将适当数量的原材料、零部件及时送交给相应的生产部门,从而保证生产的有序进行。而对于销售配送,就是根据订单将正确的产品及时地送交到客户手中,从而最大限度地满足客户的需求。

2. 提供事先出货通知和特制托盘包装非个性化的服务

依据客户需要提供个性化服务,这是大部分客户对配送中心的期望。如炼铝厂通常希望配送中心使用特制的钢罐将铝矿石粉碎后再进行配送,这样冶炼车间就可以将铝矿石直接送往电炉进行冶炼作业。

3. 提供增值服务

配送中心一般通过流通加工来增加客户价值。如在出货前,根据客户的要求将产品贴上客户的特有品牌和相应的价目表。增值服务是最高层次的配送服务,代表着制造业配送的发展方向。

三、制造业配送模式的选择

制造业配送模式,是指制造业各组织中为了低成本、高效率地完成企业配送业务选用的配送业务完成的形式。一般来讲,制造业配送模式主要有两种:一种是自营配送模式,另一种是外包配送模式。

（一）自营配送模式

自营配送，是指企业通过独立组建自营的配送中心，实现对内部各部门、厂、店的货物配送。这种配送模式一般被一些大型连锁企业或企业集团所采用。

（二）外包配送模式

1. 物流配送业务整体外包

整体外包，是指将企业的配送职责全部转移给外部物流合同供应商，即第三方物流公司，从而彻底关闭自身的物流系统，将原有的物流资源以协定的价格转交给物流服务商，物流服务商则按照合同为企业提供第三方物流配送服务。

2. 物流配送业务部分外包

部分外包，是指企业保有一定的配送能力。同时，努力开展与其他物流企业的合作，将两者的配送能力很好地结合起来，并为己所用。这样既不完全依赖于外部物流企业，同时又可以较少地支付物流费用，但如何将企业内部和外部的物流资源很好地结合起来是个难题。

3. 物流配送业务的剥离

剥离，是指企业将原来已有的配送系统剥离出来，形成一个独立的实体，使之负责母公司物流配送的基本业务。同时，条件具备的话还可以发展为第三方物流公司。实施这种配送的前提是企业具备相当的物流运作实力，如国内的海尔集团物流公司。

四、制造业中不同生产形式下的物流配送

制造业按不同的分类方法，可分为不同的生产形式。

（一）按照工艺过程的特点分的物流配送活动

按照工艺过程的特点，可以把制造业生产分为连续性生产与离散性生产两种。连续性生产又称为"流程式生产"，代表性行业有化工、炼油、冶金、造纸等。离散性生产多属于加工装配式生产，代表性行业有机床、汽车、家电、计算机、电子设备等。

连续性生产与离散性生产在产品市场特征、生产设备、原材料等方面有着不同的特点。这种不同特点，导致其在物流配送活动复杂程度等方面也有较大差异。对连续性生产来说，生产设施地理位置集中，生产过程自动化程度高，原材料品种较少，物流系统相对简单。对离散性生产来说，生产设施地理位置分散，零件加工和产品装配可以在不同地区甚至不同国家进行，由于零部件种类繁多，加工工艺多样化，又涉及多种多样的加工单位和设备，零部件的流动是非连续的且成网络状，这就导致生产过程中的协作关系十分复杂，从而凸显出各加工单位间物料配送的重要性和复杂性。

（二）按照企业组织生产特点分的物流配送活动

按照企业组织生产的特点，可以把制造性生产分成备货型生产与订货型生产两种。

备货型生产,是指按已有的标准产品或产品系列进行生产。生产的直接目的是补充成品库存,通过维持一定量的成品库存来满足客户的需要。备货型生产的特点是生产计划一经编制,其物流配送活动则相对稳定,并有较强的可预测性,主要通过较大的原材料和零部件半成品库存来保证生产有序进行。

订货型生产又称"按订单制造式生产",是指按客户的订单进行的生产,生产的是客户所要求的特定产品。订货型生产的特点是对产品的需求难以预测,对交货期有较严格的要求,这就要求订货型生产企业要更加注重企业内的物流配送活动,以加速订单的履行。

五、供应链中的制造业配送

(一)制造业配送在供应链中的地位

在当前供应链中,制造企业往往扮演着核心企业的角色,而供应链上的资源也大多由制造业企业进行整合。如各大汽车制造商、家电制造商往往作为供应链上的核心企业向上与众多供应商建立供应链伙伴关系,向下与各个分销商合作,将产品推向客户。在供应链与供应链的竞争中,若没有具有一定制造能力的制造业企业的支持,就没有供应链上赖以进行增值活动的载体——产品。同时,制造业企业尽管有先进的加工设备、高素质的技术工人和管理人员,若没有选择良好的供应链合作伙伴或者供应链伙伴之间没有良好的协调机制和顺畅的物流网络支持,则无法实现供应链快速适应市场和降低成本的目标。

(二)供应链中的制造业配送管理

在供应链中进行制造业配送管理,不仅要考虑制造企业自己的库存水平与运作效率,还要考虑整个供应链上的库存水平,以达到整条供应链的最低库存水平和高效率运行,从而提高供应链的竞争力。高效的供应链要求在供应链上的各个伙伴之间实行信息共享,要求制造业配送中心将其需求信息传给上游供应商和下游分销商。同时,通过共同配送和一体化配送来加强供应链伙伴之间的紧密协作,以提高供应链和企业自身的竞争力。

(三)供应链中制造业配送的技术和方法

全球化对供应链的冲击很大。随着制造业供应的合并和离岸运营成为普遍现象,制造业企业配送能力也迅速提高。不断扩展的企业必须应对更多的产品、库存、配送点和复杂性。因此,制造业需加强对配送技术和方法的应用。一般来讲,其技术和方法主要有以下几点:

1. 供应商管理库存

供应商管理库存的方法,是指利用电子数据交换技术使供应商能联合制造企业一样了解企业的生产计划,由供应商自己决定自己的库存水平,以决定何时运送货物。随着信息技术的飞速发展,企业可以掌握的信息越来越多,信息流动的速度也越来越快。制造企业与零售商之间的关系也是在向着由制造企业来管理库存的方向发展。

2.有效客户响应

有效客户响应是一个内容广泛、贯穿于整条供应链的竞争战略。它以整合 EDI、连续补货、计算机辅助订货和直通式配送为基础,是一种基于时间的补货方法,强调存货的可见性与周转率,以取得较低的成本,从而创造更好的客户服务。

3.协同规划、预测和补货

随着时间的推移,许多制造企业都加入到供应链中,试图在整个一体化供应链运作中获得效率及有效性。协同规划、预测和补货旨在实现真正的供应链一体化。通过这种方法,零售商、制造商、批发商利用可得到的互联网技术或 EDI 技术在整个执行过程中协调运营计划,实现供应链伙伴之间的销售计划共享。一旦供应链伙伴在特定产品的销售时机和销售额上达成一致,即形成协同计划,就可以根据计划进行预测。

第三节 农业配送

一、农业配送的概念、问题与发展措施

（一）农业配送的概念

1.农业配送的定义

农业配送,是指在与农业相关的经济合理区域范围内,根据客户要求对农业生产资料和农产品进行分拣、加工、包装、分割、组配等作业,并按时送达指定地点的农业物流活动。农业配送是一种特殊的、综合的农业物流活动,是在农业生产资料、农产品的送货基础上发展起来的。按物流的不同阶段划分,农业配送可以分为农业供应配送、农业生产配送和农业销售配送。

2.农业配送的特点

（1）农业配送环境的制约性。农业配送环境的制约性表现在两个互相关联的方面。一方面是农业物流能力（包括物流管理和物流基础设施等方面）的制约和影响；另一方面是宏观物流环境、国家物流政策、农产品行业规范及标准化等对农业配送形成外部约束和局限。农业生产资料和农产品本身的特殊性及其生产、流通和消费的特殊性,决定了农业配送对物流管理能力和物流技术因素有着高度的依赖性。

（2）农业配送主体的特殊性。农业配送主体既有加工企业、运销企业,又有农户。农户作为农业生产主体和核心企业的供应商,具有自然人、法人、管理者、决策者、劳动者等多重身份属性,其行为模式比较复杂,决策的理性与非理性并存。从数量特征上看,农户作为供应商,其数量弹性很大,有时可少至百十人,有时又可以多至成千上万人甚至更多。

（3）农业配送客体和配送工具的多样性。农业配送客体主要为农业生产资料和农副产品及其中间产品、产成品,此外还包括其他辅料、包装物等。农业配送工具也是种类繁多、层次不一,既可以是飞机、火车等现代物流工具,也可以是小四轮、马车等低级物流工具,甚至可以是

人工搬运。农业配送客体和配送工具的多样性,加剧了农业配送路径的多样性和复杂性。

(4)农业配送路径的复杂性。农业配送路径的复杂性主要源于农业生产的分散性和农产品消费的普遍性。农业配送过程可描述为"发散——收敛——发散"模式,即农业投入物以工厂或工业城镇为起点,经由各种运输形式到达农村,直至千家万户(这一过程农业配送路径呈强发散性);经过农业生产、收获等环节后,农产品由少聚多,由支线向干线汇聚到制造厂或分销商(这一过程呈强收敛性);经过加工(或流通加工)后,向分销商、零售商扩散(呈中度发散性),最后从各零售网点扩散至千家万户的客户手中(呈强发散性)。这一特点决定了农业配送控制上的高难度、管理上的复杂性、物流硬件投资上的巨大性。

(5)农业配送时间竞争上的双向性和局限性。一方面,农业配送在时间竞争的策略方向上具有双向性。它不仅包括正向加速,即尽可能地缩短产品开发、发布、加工制造、销售配送等时间长度,并减少它们的波动幅度来参与竞争,还包括逆向加速,即削减和抑制农副产品有机体自然生长(指光合作用、熟化、腐化)的速度,以使其具有更大的经济价值。另一方面,农业配送在时间竞争方面受到诸多局限。首先,农业环节生产和运营周期漫长;其次,农业环节在响应客户需求时,其响应形式与后续环节存在着巨大差异;最后,农业配送节点用于以上在进行时间竞争方面的工具很有限。

(6)农业配送需求的不确定性。农业配送需求的不确定性,既源于不同地区客户对同类农产品需求的差异和变动性上,也源于同一地区客户对不同种类农产品以及同一农产品不同品种之间频繁的选择和变换上。

(二)我国农业配送中存在的问题

1. 现代农业配送体系未建立

长期以来,我国因缺乏关于农业物流建设的政策引导和科学理论启发,导致物流观念缺乏,农业物流基础设施不足,物流技术落后。这就使得我国的农业配送滞留在简单化操作的层面,缺少现代化的配送体系,高成本低效率现象严重,且无法与国外农业竞争和抗衡,这直接影响到农村经济的发展和社会主义新农村的建设。

2. 农业配送成本高

我国农产品在国际国内贸易市场上竞争力弱的原因,主要是农产品成本过高,物料采购、运输、储存、使用、田间作业与管理、农产品加工与销售等支出和浪费严重,其中主要是农业配送成本过高。农业配送成本高已成为削弱我国农产品市场竞争力的重要因素。

3. 配送时效性较差

在竞争日益加剧的农产品市场下,如何使农业减少风险、赢得更多的利润是农业生产者感到棘手的问题。农业风险除自然风险之外,还包括农副产品的市场风险(价格风险)、农业生产资料的质量风险和供应延误风险。农业要避免和减少这些风险,不仅需要生产适销对路的农产品,采取正确的营销策略,依靠国家强有力的农业政策和资金支持,更需要强调农业配送的时效性,其核心在于农业生产资料和农副产品供应的及时性、信息获得的及时性和决策反馈的及时性。这些都需要合理的农业配送体系作保证。

4.小批量、多品种的农产品需求尚未满足

目前,我国农业生产中的种子、农药、化肥、农用设备的采购,以及农产品的销售多采取分散采购销售形式,没有依靠农业配送系统来支持的。第三方物流公司的参与程度很低,具有自发的盲目性,根本无法形成一体化的综合物流,农业配送渠道不畅。因此,难以满足市场对产品小批量、多品种的需求。

(三)我国农业配送的发展措施

1.加强农业配送的基础设施建设

农业配送顺利地运转,需要良好的基础设施的支持。农业配送的基础设施建设包括农业生产资料和农产品批发市场的建设,农业生产资料和农产品仓储、交通运输条件和工具等环节的设施建设等,并通过修建公路、提高储存手段、发展农产品加工配送中心,尽快形成配套的综合运输网络、完善的仓储配送设施、先进的信息网络平台,从而为现代农业配送的发展提供重要的物质基础条件。

2.积极培育并多元化发展

通过体制创新、改造,培育与壮大从事农业配送的主体,使其在农业配送的发展中发挥重要作用(如邮政物流介入农业配送市场),加快原有农业配送企业的资产重组改革,改变目前规模小、服务单调和封闭运行的现状,从而向专业化、规模化和综合化方向迈进。同时,发展多种形式的农民合作远销组织以及代理商、中间批发商等中介组织。

3.加强农业配送的信息化建设

目前,计算机网络技术的信息管理技术的应用,对整个农业配送系统的运转越来越重要,并已成为农业配送现代化建设的一个重要内容。同时,它也是提高农业配送效率的重要技术保障。因此,应在原有农村经济信息系统的基础上,加强市场信息硬件基础设施建设,实现生产者、销售者计算机联网,资源共享、信息共用,搞好农产品信息处理与发布工作以及市场信息咨询服务工作,并对农业配送各环节进行实时跟踪、有效控制与全程管理。

4.加快农业配送标准化进程

农业配送装备技术标准化是现代农业配送发展的重要前提。由于农产品的特殊属性,尽管农产品不可能和工业品一样实行完全的标准化,但是,在农产品配送中引入标准化同样可以加快农产品配送的速度,所以,包装、运输和装卸等环节应适应国际、国内贸易的要求,采用国际标准或国家标准,不断改进配送技术,以实现配送活动的合理化。

5.提高农民素质,增强现代物流意识

在农业配送过程中,农民素质是在市场中取胜的关键。因此,通过送教下乡的形式增强农民的现代物流意识,将现代物流管理的思想、理念传输给农民,使得他们认识到现代物流与传统运输的区别。逐渐改善农业物流配送的形式,提高现代物流技术的应用,提升物流运作效率,降低物流配送成本。

二、农资供应配送

(一)农资供应配送的概念

1. 农资供应配送的定义

农资供应配送是为保证农业生产不间断进行,保证农村经济持续性发展,供给和补充农业生产所需生产资料的配送。农资供应配送是农业生产的前提条件和物质保证。

2. 农资供应配送的特点

(1)配送方向是从城市流向农村,其配送形式是呈扩散状态。农资供应配送的起点是工业城市,终点是广大农村,中间一般经过三级市场,通过干线运输到支线运输,以及相关货场及货栈后送到农民手中。

(2)配送路线从干线运输到支线运输,呈树状放射状态。它的组织过程一般是从一级批发市场逐步向二级、三级市场转移,通过干线运输到支线运输和末端运输来实现。农资供应配送的长途干线运输可以采用铁路、公路、水运、航空等运输形式,各市场之间和市场到达客户的运输多是支线运输,一般都采用汽车、拖拉机、机帆船、蓄力和人力等运输工具。

(3)农业消费上的季节性使配送活动也具有季节性。农资供应配送的客体主要是农用生产资料。农用生产资料有种子、化肥、农药、地膜、农业机具以及农业生产(包括乡镇企业生产)消费的原材料、燃料、润滑油等,其中包括水和电力资源。由于农业生产的季节性,所以农资供应配送也有很强的季节性。

(4)配送的组织者和承载人一般是分开的。农资供应配送的组织是在农用生产资料交易过程中或交易后确定的。凡是实行直销直供形式的,生产厂家或供货人是配送的具体组织者;凡是实行转销直供的,则最后供货人即仓储部门作为配送的组织人或代理组织人;凡是执行配送制的供销部门或仓库,则供销部门或仓库是配送组织者;凡是向多个厂家或多个供货单位同时购买一定数量货物的客户,则配送组织者是农民客户自己。

(二)强化农资供应配送管理的途径

1. 发挥农技部门的配套服务作用,推进农资供应配送发展

农技推广部门是农业社会化服务的中坚力量,在农业社会化服务中起着先导和主体作用。农技推广部门可利用其网络人员、技术优势,通过各种途径为农民提供各种栽培信息、市场信息、产品加工信息等,引导农资供应配送的发展。以推广新品种、新型栽培技术、农艺与农机相结合为契机,利用其样板效应,推动农资连锁配送经营向新的层次发展。

2. 利用邮政物流的基础,完善农资供应配送网络

得渠道者得市场,得网络者得天下。在农资供应配送市场中,邮政物流拥有得天独厚的网络优势和信誉优势。邮政物流可在原有的基础上进行扩网和组网,变乡邮为村邮,实施"村邮工程",打造一个"三级三线"物流配送网,用邮政的标准理念进行整合,统一标志、统一服务、统一宣传、统一价格、统一结算、统一管理。"三级"即县、乡、村三级。"三线"即以乡镇支局所为中心,通过乡镇支局所、"三农"服务点自销和乡邮员、代办员上门推销,完成对农户的辐射;以县局物流部门为中心,完成对大客户(种植、养殖大户及相关企业)和骨干"三农"服务点辐射;以县农机局为中心,通过乡镇农技站和村农技推广员推广技术,完成对种植、养殖示范户的骨干农户的辐射。

三、农产品销售配送

(一)农产品销售配送的概念

1. 农产品销售配送的定义

农产品销售配送,是指由于农产品的销售行为而引起的一系列配送活动。其中包括为销售农产品和满足客户需要实行的分拣、配货、配装、送货等活动。

2. 农产品销售配送的特点

(1)配送方向从广大农村流向城市,方向一致且呈收敛形式。农业销售配送方向和供应配送方向相反,是从广大农村农民经营者手中取得资源,通过农贸市场,经过不同的配送手段流向城市,并投入到工业生产或城市居民消费。

(2)配送程序是先支线运输,后干线运输,配送量从小到大形成规模。农产品销售配送的路径呈收敛形式,和供应配送一样也是经过交通运输部门、流通加工部门、仓储部门,以及相关部门或者购销者,只是次序颠倒。运输形式先分散运输,后集中运输,配送批量越来越大。

(3)农业生产的季节性决定销售配送的季节性。农业销售配送的客体主要是指各种农产品,其中包括粮、棉、油、丝、麻、茶、菜、瓜、果等,农业产品与工业产品相比有明显的季节性,这就决定了农产品销售配送也有很强的季节性。

(二)我国农产品配送中存在的主要问题

1. 农产品配送处在低层次水平

我国的农产品配送是在家庭联产承包责任制的基础上,除了对粮食、棉花实行合同订购外,大部分农产品实行市场购销。目前,虽然已基本形成以农产品批发市场为中心,集交易和其他零售网点为基础的农产品市场网络,但从总体上看,农产品配送还处在时间长、消耗大、效率低、效益差的低层次上,很难适应社会经济迅速发展的需要。近年来,国家加大了农产品流通三级市场建设,即农产品产地批发市场、销售地批发市场和零售农贸市场。但区域农产品综合物流配送体系还在发展之中,网络分布不够均衡。

2. 农产品配送质量和效率不高

目前,农产品零售配送的主渠道仍然是传统的农贸市场和肉菜市场。现有农贸市场购物环境和卫生条件较差,只经营未经加工的生鲜初级产品。已经建立的大规模农产品批发市场,局部实现了农产品不同地域及不同季节的调剂和互补,但还停留在初始原材料性农产品的集散和销售上。由于常温状态下的初级农产品保险困难、损耗量大,这给季节性和区域性调配带来无效配送和诸多不便。

（三）主要农产品的销售配送

1. 粮食配送

粮食配送，是指以粮食为配送主体，对其进行备货、储存、分拣、配货、配装、送货等作业，并按时送达指定地点的农业物流活动。粮食配送的有效管理依赖于合理的粮食行业结构，不合理的粮食结构会导致粮食配送体系的内在联系被人为分割，配送体系各组成部分之间缺乏直接的横向联系；也会导致粮食配送管理缺乏必要的规章制度和行之有效的控制办法，导致人力、物力和财力的浪费。粮食的运输和仓储等环节的基础设施是影响粮食配送管理的重要因素。

2. 畜产品配送

畜产品配送，是指以畜产品为配送客体，对其进行备货、存储、分拣、配货、分放、配装、送货等作业，并按时送达指定地点的农业物流活动。我国畜产品配送的渠道一般可以分为以下三种形式：生产者（包括企业和个人）——客户，生产者——零售企业——客户，生产者——批发企业——零售企业——客户。畜产品配送渠道中的中间商包括专门对畜产品交换起着媒介作用的商业企业、畜产品的生产单位或组织以及畜产品的加工企业，农村的集市贸易和城市的农副产品市场、进出口商和贸易货栈、肉禽产品拍卖市场。

3. 水果配送

水果配送，是指以水果为配送客体，对其进行备货、储存、分拣、配货、分放、配装、送货等作业，并按时送达指定地点的农业物流活动。目前，我国的水果配送的形式主要有以下四种：向超市、大卖场配送水果；由批发企业与超市约定，派人员在超市中经营；向宾馆、饭店及企事业单位配送餐间水果；通过电话订购等形式配送水果到客户家中。目前，我国的水果配送严格意义上讲仅是一般性的送货活动，从事这类活动的企业多、规模小、竞争无序，这就需要一个质的提升。

第四节 快递业配送

一、快递业配送的概念

近几年，随着网购的发展，中国的快递业迅速发展，快递公司如雨后春笋般崛起。既有联邦快递、中国邮政等诸多的国际化集团公司，也有申通、圆通等私人企业。

（一）快递业配送的定义

快递业配送，是指在一定的合理区域范围内，根据客户的要求对快递货物进行分拣、包装、分类、组配等作业，并以最短的时间送到指定的地点的物流活动。按照配送的客体不同，快递配送可以划分为快递信件配送、快递包裹配送两类。相对于其他行业的配送来说，快递配送的作用环节比较少而且简单,但快递配送对时间的要求却非常高,它强调以最短的时间完成配送任务。

(二)快递业配送的特点

1. 托运人对快递货物的配送时间要求高

时间是托运人委托快递企业提供服务时首先要考虑的因素。由于社会经济活动的日益频繁,所以人们对货物送达的时间要求越来越高。另外,一些时令性较强的产品或者客户应急采购的产品或配件也要求快递企业提供快捷的送达服务。因此,按照服务承诺,客户对配送的时间要求是一个快递企业生存与发展的根本。

2. 快递货物一般体积不大、价值较高或产品难以替代

快递货物诸如通信器材、计算机芯片及配件、试验用器材和样品、高档服装、商业合同文件、时令性产品等,通常体积不大,单件货物价值较高,因此难以替代。这些货物不仅对时间性要求高,而且对安全性等服务要求也非常高,这就对快递服务者的服务条件、保险责任、信誉和资金实力提出更高的要求。

3. 配送成本较大

与普通大宗货物运输相比,快递货物托运人对快递企业的服务要求较高。除了运输时间和货物的在途安全外,最通常的条件是要求服务提供者上门取货与送货上门,以真正实现货物门到门运输的服务。由于快递企业所面对的是分散的社会群体,货物的单元提交通常较小,所以,运输单位体积货物所发生的成本远远高于普通货物。

4. 需要完善的配送网络系统

快递业配送的服务对象分散、地域分布广,因此,快递服务提供者必须要有完善的配送网络系统来支持其业务活动。完善的配送网络系统包括运输网络和信息网络两个子系统。

5. 大多数快递业配送需要实现航空运输与地面中转的紧密配合

由于条件限制,飞机在运送快递货物时只能选择大城市降落,所以,除了同城快递配送外,大多数快递业配送是建立在航空运输的基础上,同时需要航空运输与物流基地的地面中转站紧密配合。中小城市尽管有机场,但由于货物比较零散,而且飞机不能像火车一样能够做到站站停,所以要求快递企业必须根据自己的网络结构选择几个点作为物流基地,以集散南来北往的货物,然后再统一配送,从而达到提高配送速度、节约配送成本的目的。

二、国外快递业配送的发展状况

(一)国外快递业配送的发展阶段

在美国等发达国家,货物快递的发展以及快递公司开展配送业务方面大体上经历了管制、放松管制和企业自行选择这样三个阶段。各个阶段政府所采取的政策有明显的差别,美国表现得最为明显。

1. 管制阶段

在20世纪70年代末以前,美国对运输实行管制政策,州政府对包裹快递服务实行许可制。

2. 放松管制阶段

20世纪80年代以后,政府除了在运输价格上进行监管以防止垄断和市场壁垒形成外,基本放宽了对包括快递运输在内的货物运输业的限制。

3. 企业自行选择阶段

随着城市机动化的高速发展,城市交通拥挤问题越来越突出,许多大中城市的快递货物配送出现了企业主动选择和被选择两种相伴而生的状况。例如,遵循政府在一定区域或时间范围内对不同类型车辆采取限制运行的规定,提高每次运输货物的数量或件数,将送取货时间改在早晚交通高峰之外,建立联合送取货系统等。

(二)四大跨国快递公司的概况

1. 美国联邦快递公司

美国联邦快递公司(FedEX)的前身为 FDX 公司,它是一家环球运输、物流、电子商务和供应链管理服务供应商。该公司通过各子公司的独立网络向客户提供一体化的业务解决方案。其子公司包括 FedEX Express(经营速递业务)、FedEX Ground(经营包装与地面送货服务)、FedEX Custom Critical(经营高速运输投递服务)、FedEX Global(经营综合性的物流、技术和运输服务)以及 Viking Freight(美国西部的小型运输公司)。

公司业务分布,从地区来看,美国业务占总收入的76%,国际业务占24%。从运输形式来看,空运业务占总收入的83%,公路占11%,其他占6%。

美国联邦快递是较早看准中国这个庞大市场的外资公司之一,它于1984年进入中国。近20年来,联邦快递发展迅速,一年一个台阶,并取得了骄人的业绩,创造了诸多世界之最:当初的每周2次变为现在每周有11个班机进出中国,是拥有直飞中国航班数目最多的国际快递公司;快递服务城市1996年只有60个,现在发展到220个城市;1999年,联邦快递与天津大田集团在北京成立合资企业大田—联邦快递有限公司,双方合作顺利、配合密切,进一步推动了中国快递业务的发展。

2. 美国联合包裹运输公司

UPS 于1907年作为一家信使公司成立于美国华盛顿州西雅图,它是一家全球性的公司,其商标是世界上最知名、最值得景仰的商标之一。作为世界上最大的快递承运商与包裹递送公司,同时也是运输、物流、资本与电子商务服务的领导性的提供者。

UPS 的业务收入按照地区和运输形式来划分呈现出不同的分布特点。从地区来看,美国国内业务占总收入的89%,欧洲及亚洲业务占11%。从运输形式来看,国内陆上运输占54%,国内空运占19%,国内延迟运输占10%,对外运输占9%,非包裹业务占4%。

UPS 在1988年与中国的大型公司进行合作,组建了自己的办事处。2005年,在中国加入WTO之后,快递市场开始对外正式开放,外资企业纷纷进入中国并全面开展国际快递业务,UPS在中国区也随之全面运营。2008年,UPS成为了北京奥运会的物流与快递赞助商。随后,UPS在中国市场有两个重大的投入,一个是开始投资建设上海国际转运中心,另一个是投资建设深圳亚太转运中心,现在这两个转运中心都已先后投入运营,其业务已覆盖了中国的主要地区。

3. 德国敦豪国际速递公司

德国敦豪国际速递公司(DHL)创立于1969年,DHL的创始人自己乘坐飞机来往于旧金山和檀香山之间运送货物单证,从而向今后事业的发展方向迈出了一小步。多年后,DHL拓展了网络建设,逐步将业务拓展到世界各个角落。今天,DHL的国际网络已经连接了世界上220多个国家和地区,员工达到300000人。此外,DHL在快递、空运与海运、国际运输、合同物流解决方案及国际邮递等领域提供了无可比拟的专业性服务。

1986年12月1日,DHL正式踏入中国市场,并选择与中外运联姻,双方各占50％股权,合资成立了中外运—敦豪国际航空快件有限公司(简称"中外运—敦豪")。合资公司将敦豪作为国际快递业领导者的丰富经验和中国外运集团总公司在中国外贸运输市场的经营优势成功地结合在一起,为中国各主要城市提供航空快递服务。

"中外运—敦豪"在中国的国际快递服务开展很早。但是,其国内快递服务却是从2004年才开始的。当时"中外运—敦豪"是第一家获得此类服务执照的国际航空快递公司,也是第一家为中国提供国际航空速递服务的公司。DHL在与中外运合作过程中,不断将其全球快递服务的丰富经验和技术传播到中国。中国首个全面的电子数据交换系统就是由"中外运—敦豪"与中国海关合作建立的。

4. 荷兰邮政集团公司

荷兰邮政集团公司(TNT)是世界顶级的快递与物流公司,公司总部设在荷兰的阿姆斯特丹,其母公司荷兰邮政集团在纽约等证券交易市场上市。TNT在世界上的60多个国家雇有超过143000名员工,为超过200个国家及地区的客户提供邮运、快递和物流服务。业务网络连接着近1000个转运中心及站点,拥有超过20000部车辆及43架飞机,每周运送360万件货物。

TNT的快递服务利用公司遍布全球的航空与陆运网络提供全球门到门、桌到桌的文件和包裹的快递服务。特别是在欧洲、亚洲和北美洲等地,TNT快递可以针对不同客户的需求提供9点派送、12点派送、NEXT DAY派送、收件人付费快件等服务内容。TNT快递的电子查询网络也是全球最先进的。

TNT快递1988年进入中国市场,2003年TNT快递在中国25家分公司的总销售额逾7亿元人民币。TNT的物流服务在供应链管理方面拥有30年的丰富经验,TNT物流是全球第二大的物流服务公司,为汽车、电子、快速消费品及生物制药等行业提供包括仓储、运输、配送、物流加工、物流信息管理等完整的供应链解决方案。TNT与上汽合资成立的上海安吉天地物流有限公司是中国最大的汽车物流企业。

（三）四大跨国快递公司的经营经验

四大跨国快递公司的发展各具特色，但也有相同的成功经验。

1. 做好客户服务工作

始终如一的遵循服务第一、客户至上的经营理念，信守诺言，以此赢得客户的信任。

2. 提高配送速度

四大跨国快递公司依靠其发达的运输网络和严格的组织管理，对整个快递过程像流水线一样的设计和操作，保证了托运货物以最快的速度送到收件人的手中。

3. 构建发达的配送网络

四大跨国快递公司在全球都有数千个快件处理中心和数万个客户投送地点，从而形成覆盖全球的配送网络系统，为公司快递业务的开展和兑现对客户的承诺提供了有力的保障。同时，这些公司都不断地引进新的服务项目，例如，门到门的送取件、对国际快递货物预报关、多种付款形式、严格的保险和及时的赔付承诺等。

4. 完善的信息支持系统

完善的信息支持系统是现代快递企业业务开展的先决条件，每个公司都有自己先进的、完备的信息支持系统。

三、我国快递业配送的问题及措施

（一）我国快递业配送的主要问题

1. 航空公司客货混载的运输形式限制了快递业配送速度的提高

目前，航空公司实行的运输形式是客货混载，客户的数量是确定飞机型号的重要参数。此外，还要考虑客户行李的数量，才能计算出可实载的货量。因此，通常不多的搭载货量要分配到多家航空货运代理处，这不能满足大批急货的发送需求。

2. 快递业信息技术应用滞后，信息网络不完善，限制了配送系统的建设

我国加入WTO以后，随着国外快递巨头的进入，加强我国快递业信息化建设已是大势所趋。然而，由于我国快递业落后的现状及资金的匮乏，所以我国快递业在进行信息化建设方面难度较大。信息技术在我国快递业应用滞后，最为显著的一个例子就是配送网络的查询系统非常薄弱。在一般的快递查询系统中，客户查询的快件在计算机中常常显示不出来，致使其信誉受到很大的影响。

3. 快递环境的不配套降低了快递企业的配送效率

在我国的一些大城市，如北京、上海、广州、天津、南京、深圳等地，缺少快递车辆装卸基础设施、交通拥挤日趋加剧、普通的快递货运车辆排放污染及市容等，这些都在不同程度上限制了城市货物快递的发展。

（二）我国快递业配送发展的主要措施

1. 建立网上配送交易模式

网上快递配送交易场，是指一个电子化的配送市场。利用互联网技术为货主和第三方物流公司提供一个可供委托的网络，为供需双方提供一个实时中立的交易平台。这个网络旨在吸引那些需要高效运送货物的货主，或有临时递送需求的个人。登录这个交易场，货主可以从众多的快递企业中选择最适合本企业的服务商，享受专业公正的快递服务。网上配送中心作为一个中立的交易平台，其管理者并不直接参与快递服务的交易。这样，管理者、快递企业及货主三方之间形成了相互制约的关系。

目前，国内存在的多数快递企业规模小，它们有限的资金不可能配置完备的物流设备和开发先进的物流配送解决方案。针对这种情况，网上配送交易场的建立可以吸引小型快递企业加入，从而发挥资源共享的优势。中小企业加入网上配送交易场后，将能够享受规模经营带来的低廉成本，并在同行竞争的促使下规范服务。

2. 自建配送中心进行运营

配送中心是连接托运人与客户的中心环节，是快递企业供应链管理能力、信息处理能力的综合体现。中等规模以上的快递企业已拥有较稳定的客户群，它们目前的任务是如何为稳定的大客户量身定做物流配送解决方案，并在此基础上再承接一些小客户的临时配送需求。这就需要有现代化的配送中心与供应链策略进行良好结合。一方面，快递企业只有投递得快，快件才会增值、市场份额才会随之增加，因为真正决定市场份额的主要因素不是价格，而是快速、准确、安全的投递服务。另一方面，若要降低成本，快递企业则必须运用现代化的信息技术对硬件设施和科学管理要素进行合理配置，如坚持创新和为客户增值的服务理念，实行业务操作及管理标准化、程序化，采取特许加盟连锁的形式实施低成本扩张战略，从而迅速形成规模发展。

◇ 本章小结

零售业配送是在百货商店、连锁商店、超级市场、大卖场、邮购商店等商业企业的流通过程中产生的。零售企业的物流形态有从生产企业、批发企业购进的采购物流，有将货物通过配送中心转运到各个连锁店和分销店的配送，还有直接将货物送到客户手中的直销物流。制造业配送是指制造业企业在生产中所进行的一系列包括需求预测、库存控制、运输优化、配送中心设施设备的管理、订单管理以及客户服务等多种事务的运作、控制与管理。制造业配送的特点有复杂性、有序性、配套性、定路线定时性、高度准时性。我国农业配送存在的问题有现代农业配送体系未建立，农业配送成本高，配送时效性差，多品种、小批量的农产品需求尚不能满足。快递业配送是指在一定的合理区域范围内，根据客户的要求对快递货物进行分拣、包装、分类、组配、组装等作业，并在最短的时间内送达指定的地点的物流活动。快递业配送的特点有时间要求高，配送货货物积小、价值高，配送成本高，配送体系还不健全，地面与航空中转等。

案例分析

江西省邮政速递物流有限公司 4A 发展之路

江西邮政速递局和邮政物流公司于 1986 年开办邮政速递业务,可算得上是物流业名副其实的"老国企"。2008 年 12 月,速递局和物流公司合组为江西省邮政速递物流公司。2011 年,该公司被中国物流与采购联合会评为"4A 物流企业"。"我们的理念是根据市场的变动和需要,为每一位客户提供精细的、个性化的物流服务",江西省邮政速递物流有限公司经理蔡凯这样总结公司的物流服务理念。在不到 3 年的时间里,江西邮政速递物流就发展为江西省知名的现代综合快递物流公司,具备国际货代一级资质。记者日前在南昌走访了江西省邮政速递物流有限公司。

1. 借股份制改革契机给力市场

2010 年 6 月 29 日,江西省邮政速递物流公司重组为股份制公司,并挂牌运作。现公司设有 11 个市分公司、84 个县(市、区)营业部,拥有专用揽收、投递(配送)、运输车辆 2000 余台,业务通达全球 200 多个国家和地区、国内 2800 多个县、市。公司还拥有仓储面积 7 万平方米,设备总投入达 981 万元,另有占地 196 亩昌北大型物流仓储基地正在建设之中,全省"一个基地,十大中心"网络仓储格局初步形成。

江西省邮政速递物流拥有健全的航空和陆路运输网络,建成了省内覆盖最广、立体化的网络体系,依托中国邮政航空公司"全夜航"航空集散网和陆运庞大网络,与全国 30 个省市、200 多个城市互联互通,快速传递邮件和信息。江西省邮政速递物流形成了以汽车运输为主、火车和航空运输为辅,摩托车、自行车等多种运输工具相结合,并以信息技术为依托的邮运信息化实物立体运输网络。

江西邮政速递物流依托中国邮政"两网三流"(实物网、金融网;实物流、信息流、资金流)的资源优势和"百年邮政"的良好信誉,着力开拓标准型异地市场、经济型异地市场和电子商务类新兴市场,集中主要营销力量,主攻以 IT 行业、政府部门、大型贸易企业、教育及各类总部为主的高端客户群,通过主动上门联系、参加招投标和大型商务活动、承接快递服务外包等多种形式,紧盯高端客户群,精细开发电子商务类新型市场。

此外,网购业务的兴起,也为 EMS 提供了巨大的寄递市场,江西邮政速递与淘宝网江西商盟签订电子商务速递合作协议,选择适合速递运输的货物类别,甄选大客户,有针对性地开展营销工作。其旗下赣州市邮政速递局率先将 EMS 品牌经营和推广扩展到网络平台,开办首家 EMS 淘宝网旗舰店。截至去年 11 月份,江西邮政速递签约电子商务(网购)客户为 180 家,每月收入达 80 万元。上门揽收及时率达到 97%,上门揽收成功率由 45% 提高到 78%。

2. 物流信息化再提升

江西邮政速递物流有限公司在物流信息化方向不断地开拓和研发,使得公司业务信息处理能力一直处于行业的前列。现阶段,公司可以实现货物在供应链上全程可视化、物流查询全程信息化。今年 4 月份以来,公司货物的及时准确率达到 100%。最近江西邮政速递物流公司还准备花巨资引进国外先进的物流专业软件,进一步提高业务信息处理能力。

在加强物流信息化建设方面,江西邮政速递物流有限公司运用当前主流先进的信息技术和网络架构,实现了综合统计分析、清分结算、客户管理和运行监控等主要应用功能。揽收和投递工作人员配有便携数据采集器,邮件及货物信息分秒之间即可通过网站、手机短信息、11183客服电话查询。

江西邮政速递物流坚持"更快、更好、更放心"的信念,推出了自己独特的创新服务模式,以满足客户越来越高的服务需求,提供的服务从纯粹的物流配送到"仓储租赁＋物流配送＋信息跟踪反馈服务"再附加上门提货服务;仓储运输配送和管理采取外包的形式,分包给物流供应商运作和管理;在仓储管理模式上,从分仓管理模式逐步过渡到"总仓＋应急仓集中管理"模式,建立以南昌为总仓,辅以7个应急仓的仓储管理模式。

经过长期的研发和开拓,该公司的物流信息处理系统成功上线使用后,实现了总仓和地(市)应急仓的分级管理,在总仓中提供了货物档案、供应商信息、收货客户信息等基础信息的统一维护功能,在整个业务框架中可以统一管理各分仓的信息和查询统计各分仓的库存、入库、出库等所有业务数据。这一信息化运作的成功显示了江西邮政速递物流公司的实力,得到广大客户的充分认可。

3. 供应链金融实现创新增值

在上半年银根连续收紧的情况下,企业融资难问题再次引发关注。江西邮政速递物流在物流金融服务方面也加快模式创新步伐,将重点放在与邮政银行、浦发银行、农信社、交通银行、兴业银行、商业银行等银行金融机构在小额质押贷款、小额贷款、个人商务贷款、仓单质押、应收账款质押业务等领域合作上。作为江西省唯一的"中国物流百强企业",江西省邮政速递物流有限公司努力向社会提供多层次、全方位、个性化、高附加值的服务,满足社会各界日益增长的物流需求。通过物流金融业务的推广,江西邮政速递物流进一步提高省内邮政物流资源使用效率,不断提升江西邮政物流现有的服务层次。

此外,公司还在全国首推EMS省内次日递承诺服务(自7月1日零时起,EMS省内"次日递"限时未达,原银奉还),推出以"动产质押"为核心内容的供应链金融物流业务,为江西省企业提供强有力的保障。截至2010年12月,公司已正式签订17个物流动产质押监管项目,为企业解决1.45亿元经营资金。今年,他们还将与中国建设银行合作开发金融手持终端,可以一步式实现利润和成本的分化。

4. 个性化物流服务

江西省邮政速递物流公司按照"一切为了客户,为了客户一切"的要求,以仓储为基础,以供应链管理为手段,进一步扩大城市物流网范围,并与江铃汽车、昌河汽车、江中制药、华腾地毯、众心药业、联创光电等一批知名品牌企业建立了长期的"仓储＋配送"的合作关系。公司推行损益核算,明确3种发展模式:针对制造企业客户采取"金融物流＋供应链综合服务"开发模式,拓展高端物流;针对全省性行业客户采取"总部开发＋分层运作"开发模式,做大总部经济;针对省内经销商客户推出"龙头带动全省＋代收货款"开发模式,做大区域物流,实现规模与效益并重。

江西邮政速递物流公司还开发货运代理业务，为代理客户办理各种交运手续的服务。目前，公司重点在长江三角洲、珠江三角洲、环渤海地区及沿海、沿边地区，发展海运、空运货物的国际和国内运输代理业务，包括报关、保税等业务。同时，公司与铁路、航空、公路、海运等企业进行广泛合作，为其提供货物揽收和到站货物的地面配送服务，通过综合服务促进货代业务的稳步发展。

为中小企业协议客户量身定做的物流解决方案，也是江西邮政速递物流有限公司的重要举措之一。依托邮政物流运输平台和配送平台，公司为客户提供包括配送时限管理、信息反馈和回单管理等物流解决方案，重点满足中小企业不断提高的产品分销物流需求，实现实物与信息同步运行管理，以可靠的时效与服务质量逐步占领中、高端零担货运服务市场。公司依托覆盖全国的邮政物流集散网、行邮专列和邮政大网，为客户提供跨区域门到门快货服务，确保其货物走得更快、更准、更远。

上海市一家具有多年经营经验的电视购物销售商，以年广告费1200万元的绝对优势拿下江西3套白天9个小时的电视购物时间段。"好时购"通过实地考察和市场实情分析认为，一般速递企业、物流公司都存在投递"死角"，不具备完善的网络运输和投递能力，只有邮政EMS网络能够做到区域全覆盖，才能真正满足其公司在江西的营销战略。

问题讨论：
1. 江西邮政速递物流公司采取了哪些个性化的物流服务？
2. 江西邮政速递物流对我国其他配送企业的发展具有怎样的借鉴意义？

◎复习思考题

1. 批发零售业配送的特征有哪些？
2. 批发零售业物流的运营模式有哪些？
3. 制造业配送的特点有哪些？
4. 如何进行制造业配送的绩效管理？
5. 我国农产品配送存在的问题有哪些？请你根据农村当地的情况，提出农产品配送的改进方法。
6. 国际知名快递公司的特点有哪些？我国快递业应如何借鉴其成功经验？

◎实训题

把所有同学分成数个小组，每组6～8名，要求通过对某快递配送中心的现场参观、考察，了解快递配送中心的运作流程；掌握快递公司收货、集货、分拣、配装等的操作方法，熟悉快递公司订单、信息处理的方法，客户投诉管理方法等。通过实训情况，对照课本理论找出理论与实际之间的不同和差距，探讨快递公司的改进策略。

第十二章
跨国物流配送管理

学习目标

通过本章学习,学生要了解跨国物流配送的含义、发展及特点,熟悉跨国物流配送的各种形式及其特点,并能在实际业务中灵活运用;能够计算各种运费,熟悉一些主要运输形式中的进出口货运的程序,掌握跨国海运配送风险及海上损失的划分,熟悉跨国物流配送保险的规定和做法,熟悉跨国物流配送保险单证及索赔程序。

开篇案例

中国外轮代理公司的国际物流配送服务

我国的大型运输、仓储企业无论是基础设施还是业务条件都已具备了开展国际物流服务和跨国配送的基本能力。以中国外轮代理公司(简称外代)为例,外代在中国各开放口岸设有81家公司,在美国、欧洲、日本、韩国、新加坡、中国香港设有代表处,与世界上180多个国家和地区的5000多家企业建立了密切的业务联系,形成了一个为船东、货主提供优质高效服务的网络系统,并成为联结船、港、货三方的桥梁和纽带。为不断提高服务质量,外代积极推行ISO9001质量管理体系标准。目前,外代已通过了英国标准局(BSI)ISO9001质量体系整体认证,服务质量达到国际先进水平。由于外代在服务质量方面的突出表现,所以连续3年荣获中国"质量效益型企业"称号,并被国家授予特别奖。

外代自行开发了外代货运系统,成为国内最先应用计算机信息管理系统的运输相关企业。目前,全系统自有堆场和仓库近100万平方米,几百辆各种运转车辆,在硬件上为发展物流配送创造了良好条件。外代已经获得交通部和前铁道部联合颁发的第0001号《国际集装箱多式联运经营许可证》。作为国内首家巧得许可证的多式联运经营人,他们的目标是竭诚为客户提供"全天候、全方位、全过程"的服务,并充分利用枢纽港口发达的海陆空运输条件,对进出口的货物送行分拨、集拼,形成外代系统辐射全国的"门到门"多式联运配送服务的网络体系。

外代总公司与海关总署签订了《关于共同加强报关运输管理的合作备忘录》,在各口岸设立专业报关行,这促进了外代的业务发展,方便了货物进出口报关,提高了外代物流配送服务效率,为满足小批量货物的配送需要,开辟了"高速集运班车"快速运输的特色服务,形成了以大连、青岛、上海、宁波等枢纽港口为中心,辐射至东北、华北以及华东地区五省一市的集运、分拨配送服务网络。

目前,外代已经成功地为美商宝伦鞋业、日本东丽化纤、南汽集团、厦华三宝电脑、英国皇家马戏团来华巡回演出等项目提供了完美的物流配送服务,获得了国内外客户的一致认可和好评。外代系统致力于建立一种相互依赖、相互依存的新型战略伙伴关系,在物流配送业务交往中双方互惠互利、共同发展。

根据以上案例,分析国内物流企业需具备哪些条件才能开展国际物流配送活动。

第一节 跨国物流配送概述

一、跨国物流配送的含义

全球性的跨国企业购并浪潮推动了国际贸易的货物流动,加快了经济向全球化方向发展的速度,并促进了各地物流企业的联合和并购活动。同时,电子商务借助互联网将整个世界联系在一起,加快了世界经济的一体化。大型跨国物流企业的出现加快了物流业与互联网经济的结合速度,使物流产业发生了革命性的变化。

当今世界,国际贸易的增长速度高于世界经济的增长速度,国际贸易在世界经济中占据重要的地位,这给我国跨国配送行业参与世界经济竞争提供了一个比较好的契机。

跨国物流配送,是指在国家与国家之间进行的货物(或货物)的配送,即物流配送活动在两个或两个以上的国家进行。也就是说,配送活动在国家间进行,应该说它是国际贸易的一种。

跨国物流配送过程离不开贸易中间人,即由专门从事货物使用价值转移活动的业务机构或者代理人来完成,如国际货物的运输是通过国际货物运输公司(代理货物的出口运输),另外,还有如报关行、出口商贸公司、出口打包公司和进口经纪人等,它们主要是接受企业的委托,代理与货物有关的各项业务。在国际物流系统中,很少有企业能够单独靠自身力量办理和完成这些复杂的进出口货物的各项业务工作,这也正是跨国物流配送和国内物流配送最重要的区别之一。

二、跨国物流配送的发展

自然资源的分布和国际分工导致了国际贸易、国际投资和国际经济技术合作的产生,在国际化过程中产生了货物的转移,从而带动了跨国物流配送的产生和发展。自从有了国际贸易就有了跨国物流配送活动,跨国物流配送是随着国际贸易的发展而发展的。

第二次世界大战以前,国家间虽然已经有了不少的经济交往,但无论从数量上还是从质量要求上来讲,都没有将伴随世界经济交往的运输放在主要地位。二战以来,特别是东西方冷战结束后,国际贸易发展很快。随着关贸总协定第八轮贸易自由化谈判成果的落实以及世界贸易组织的建立,国际贸易壁垒比二战前或战后初期大为减少,有些地区(如欧盟)已经突破国界的限制形成了统一市场,从而推动了国际贸易的大幅增长,刺激了跨国物流配送业规模的扩大,跨国物流配送形式也随之出现各种新的调整变化。

第二次世界大战以后,国家间的经济交往才越来越频繁、越来越活跃,到20世纪60年代开始,国家间贸易从数量来讲已经达到了相当大的规模,交易水平和质量要求也越来越高。在这种情况下,原有的仅为了满足运送货物的运输观念已经不能适应新的要求,系统物流概念被引入到国际物流领域。20世纪60年代开始,国家间的大规模物流形成了。在物流技术上出现了大型物流配送工具,如20万吨的油轮、10万吨的矿石船等。

20世纪70年代,石油危机之后,国际物流不仅在数量上进一步增长,船舶大型化发展的趋势也进一步加强,对跨国物流配送服务水平提高的要求越来越高。大数量、高服务型物流从石油、矿石等物流领域向物流难度更大的中、小件杂货领域深入,其标志是国际集装箱及集装箱船的大发展,国家间各主要航线的定期班轮都投入了集装箱船,散杂货的物流水平被提升到新阶段,物流服务水平获得很大提高。为了适应国际贸易对跨国物流配送的质量和速度进一步提高的需求,这个时期在跨国物流配送领域也出现了航空配送大幅度增加的新局面,同时出现了更高水平的国际联运配送。

20世纪80年代,国际物流发展的突出特点是在物流量基本稳定的情况下出现了"精细物流",物流的机械化、自动化水平提高。同时,伴随着现代人们需求观念的变化,跨国物流配送着力于满足"小批量、高频次、多品种"的物流需求,出现了不少新技术和新方法,现代物流不仅覆盖了大量散装货物、集装干散货等,而且还覆盖了其他多种货物,基本解决了所有运输对象的物流问题。20世纪80年代,跨国物流配送的另一大发展是伴随着国际物流,尤其是伴随国际联运配送形式出现的物流信息和国际物流领域的电子数据交换系统。现代信息技术使物流向更低成本、更高服务、更大量化、更精细化方向发展,许多重要的物流技术都是依靠信息技术才得以实现的。在这方面,跨国物流配送比国内物流配送表现得更为突出。几乎每一个物流的环节都需要信息的支撑,物流质量取决于信息,物流服务以信息为依靠。可以说,到20世纪90年代以后,跨国物流配送已经进入了物流信息时代。

世界经济的一体化使跨国物流配送在整个商务活动中占有举足轻重的地位。

三、跨国物流配送的特点

跨国物流配送运输不仅仅是租船、订舱等工作,在贸易合同中还包含大量的运输条款。从对外经济贸易企业签订合同及相应的运输条款、具体操作,到海、陆、空不同运输形式的国际货运代理企业以及海、陆、空各类承运企业的具体操作,以及通过租船、包机等运输形式,最后将货物交到收货人手中,其整个过程构成了跨国配送的总体。

跨国物流配送具有以下独有的特点:

(一)跨国配送的国际性

跨国配送跨越不同地区和国家,跨越海洋和大陆,运输距离长、运输形式多,需要合理选择运输路线和运输形式,以尽量缩短货物的运输距离和货物的在途时间,加速货物的周转以降低物流成本。

(二)跨国配送的复杂性

跨国配送的复杂性是就国际物流通信系统设置的复杂性、法规环境的差异性以及商业现状的差异性而言的。由于各国社会制度、自然环境、经营管理方法以及生产习惯不同,一些因素变动较大,所以在国家间组织货物从生产到消费的流通是一项复杂的工作。再加之各国物流环境的差异,不同国家适用的法律、标准、经济条件、科技发展水平以及风俗文化都不同,这就使得跨国配送的复杂性远远高于国内配送形式。物流环境的差异性迫使一个国际物流系统需要在几个不同法律、人文、习俗、语言、科技、设施的环境下运行,有时甚至会阻断国家间的物流配送。

(三)跨国配送的风险性

跨国配送的风险性是就政治风险、经济风险和自然风险而言的。政治风险主要指由于所经关境或国家的政局动荡,如罢工、战争等原因造成货物可能受到的损害或灭失;经济风险又可以分为汇率风险和利率风险,主要是指从事国际物流活动必然要发生的资金流动,从而产生的货币风险;自然风险指在配送过程中,可能因不可抗力的自然因素(如台风、暴雨等)而引起的风险。

(四)跨国配送的广泛性

跨国配送的广泛性是就其研究对象而言的。由于物流配送的功能要素、系统与外界的沟通本身已经很复杂,而跨国配送又在复杂的基础上涉及不同的国家。这不仅仅使地域和空间的范围变大,而且所涉及的多种内外因素也更多,难度加大、风险更多。企业物流配送是将企业作为研究对象,研究原材料从进厂到加工,再把产品运送到市场上的物流配送过程。城市物流配送的研究对象是城市系统,它是一个庞大的社会系统。而跨国物流配送所涉及的领域远远超过了企业和城市物流配送,其研究对象是国际贸易中的物流配送规律。

(五)跨国配送的标准化

跨国配送的标准化是就配送工具和设施的统一标准而言的。要使跨国配送畅通无阻,统一标准是非常重要的,否则国际物流水平是不可能得到提高的。目前,美国、欧洲基本实现了配送工具和设施的统一标准,这样不仅使运输费用大大降低,运转的难度也大为降低,从而可以提高企业竞争能力。

(六)跨国配送必须要有国际化信息系统来支撑

国际化信息系统是跨国配送尤其是国际联运非常重要的支撑手段。国际化信息系统建立的难度,一是管理困难,二是投资巨大。由于世界信息水平的不均衡,有些地区物流信息水平较高,有些地区较低,这就使得建立信息系统更为困难。国际物流是最早应用信息系统的领域,以 EDI 为基础的国际物流将会对物流的国际化产生重大的影响。在电子商务中,以网络信息为特征而开展的商务活动和结算形式,需要具备与物流活动相适应的综合信息和物流经济体系。因此,创造一个与电子商务活动相适应的国际物流中心会更好地解决商务和物流配送的问题。

(七)跨国配送的运输形式主要以海运为主

国内物流配送,运输形式主要以公路运输、铁路运输以及内河运输为主。而跨国物流配送,由于距离远、运量大、风险大,所以出于运输成本考虑,一般以海运为主。

(八)跨国配送时间性强

在当前国际货物市场竞争十分激烈的情况下,企业需要加快运输,以快取胜。因此,按时装运、及时将货物由起运地运至目的地,这对顺利完成出口任务、满足市场需求、提高竞争能力等都有非常重要的意义。

第二节 跨国物流配送的形式与管理

根据使用的运输工具的不同,跨国物流配送形式主要有跨国海运配送、跨国空运配送、跨国铁路联运配送、国际邮政运输、集装箱运输配送等。在实际业务中,应根据货物特性、运量大小、距离远近、运费高低、风险程度、任务缓急及自然条件和气候变化等因素,审慎选用合理的运输形式。

一、跨国海运配送管理

跨国海运是国际物流中最主要的运输形式,它是指使用船舶通过海上航道在不同国家和地区的港口之间运送货物的一种形式。目前,国际贸易总运量中的 2/3 以上,我国进出口货运总量的约 90% 都是利用海洋运输形式的。

(一)跨国海运的特点

与其他运输相比,海洋货物运输具有以下特点:

1. 适应运输各种货物

海洋的自身特点为海洋运输适应运输各种货物创造了许多有利条件,尤其是一些火车、汽车无法运输的特种货物,如石油井架、机车等均可利用海洋运输。

2. 运输量大

目前,船舶正在向大型化方向发展,如 50~60 万吨的巨型抽轮,以及大型集装箱货船等。船舶的承载能力远大于火车、汽车和飞机,它是运输能力最大的工具。

3. 运费低

海洋航道天然形成,港口设备一般均为政府修建,再加之其运量大、航程远,所以分摊于每吨货物的费用成本较低,充分发挥了规模经济效益。因此,运费相对来说较低。据统计,海运运费一般为铁路运费的 1/5、公路运费的 1/10、航空运费的 1/30。这就为低值大宗货物的运输提供了有利的运输条件。

4. 通过能力大

海洋运输的天然航道四通八达,不像火车、汽车受轨道和道路的限制。因而,海洋运输的通过能力比火车和汽车大。如果因政治、经济贸易条件的变化,则可随时改变航线驶往目的港。

5. 具有国防后备力量的作用

对一个国家来说,海洋运输不仅可为政治、经济服务,而且在军事上也具有重要作用。在战时,商船队往往被用来运送军事货物。因此,世界各沿海国家,甚至有些内陆国家都不遗余力地发展本国海洋运输事业。

6. 速度慢

与其他运输形式比较,海洋运输速度较慢,班轮的航行速度只有 30 海里/小时左右,其他商船的速度则更慢。因而,不宜用来运输那些易腐烂货物。

7. 风险大

商船在海上航行,受气候和自然条件影响较大,有可能不能按时起航或不能准时达到,遇险的可能性也很大。全世界每年发生沉船事故的船只数量一般在 300 艘左右。同时,海洋运输也存在着社会风险,如战争、罢工、贸易禁运等。因此,海洋运输货物需要保险以转嫁损失。

尽管跨国海运存在着速度慢、风险大等不足之处,但由于它有其他运输形式不可比拟的优越性,所以它在跨国物流配送中仍占有重要地位和作用,它是国际贸易中最重要的运输形式。

(二)海运配送的经营形式

按照海洋船舶经营形式的不同,跨国海运可分为班轮运输和租船配送:

1. 班轮运输

班轮运输又称"定期船运输",是指船舶在特定航线上和固定港口之间,按事先公布的船期表进行有规律的、反复的航行,以从事货物运输业务并按事先公布的费率收取运费的一种运输形式。它的服务对象是非特定的、分散的众多货主。

(1)班轮运输的特点。具有"四固定"的特点,既固定航线、固定港口、固定船期和相对固定的费率。这是班轮运输的最基本特征。

班轮运价内包括装卸费用,即货物由承运人负责配载装卸,承托双方不计滞期和速遣费。

承运人对货物负责的期间是从货物装上船起到货物卸下船止,即"船舷至船舷"或"钩至钩"。

承托双方的权利义务和责任豁免以签发的提单条款为依据并受统一的国际公约制约。

(2)班轮运输的作用。由于班轮运输具有上述特点,所以这种运输经营形式极大地方便了货主,有力地促进了国际货物运输的发展,从而对国际贸易的开展起到了巨大的推动作用。

由于"四固定"的特点,时间有保证,运价相对固定,所以为贸易双方洽谈价格和装运条件提供了方便,有利于开展国际货物运输。此外,班轮运输长期在固定航线上航行,有固定设备和人员,能够提供专门的、优质的服务。

有利于一般杂货和不足整船货的小额贸易货物的运输。班轮只要有舱位,不论数量大小、挂港多少、直运或转运,都可接收并承运。

事先公布船期、运价费等,有利于贸易双方达成交易,减少磋商内容。运价合理,符合承运方和托运方的利益。

手续简单、方便货主,由于承运人负责装卸和理舱,所以托运人只要把货物交给承运人即可。

2.租船配送

租船配送又称"不定期船舶配送"。它与班轮配送不同,租船配送没有固定的航线、港口、船期和运价。租船配送是根据双方协商的条件,船舶所有人(船东)将船舶的全部或一部分出租给租船人使用,以完成特定的货物运挖任务,租船人按约定的运价或租金支付运费的商业行为。在租船条件下,船东出租的和租船人使用的是船舶的使用权,并不改变船舶的所有权,故租船业务是一种无形贸易,其货物就是租船配送服务。

(1)租船配送的特点。适合运输低值的大宗货物,如粮食、煤炭、石油、木材和水泥等,而且一般是租用整船装运。据统计,在跨国海运中,租船配送运量约占80%。因此,租船配送在跨国海运中发挥着重要作用。

租船配送不同于定期船运输,它没有固定航线、固定装卸港和航期。租船配送的依据是货主的货运需要和船东供船的可能性,通过双方洽商租船运输条件并协商一致后,以租船合同形式加以确定,作为确定双方权利义务的依据。

租船运价受租船市场供求关系的影响,船多货少时运价就低,反之就高,它与货物市场价格一样经常发生变动。因此,租船前必须对租船市场行情进行调查和研究。

(2)租船配送的作用。纵观世界航运发展史,无论是航运发达国家或不发达国家,只要有海洋货物运输的需求,就离不开租船配送,即使拥有庞大船队的国家也不能完全避免租船运输。实践也证明租船配送在整个国际货物运输中发挥了巨大的作用。具体表现在以下几个方面:

①租船一般都是租用整船,国家间的大宗货物主要使用租船运输。由于运量大,所以可以充分发挥规模经济效益,降低单位运输成本。

②租船一般都是通过租船市场,即双方集中进行交易的场所,根据双方自己的需要进行洽租,以取得最佳经济效益,为开展国家之间的货物运输提供便利条件。

③租船运价受供求关系影响较大,属于竞争性价格,一般比班轮运价低。因此,有利于低值大宗货物的运输。

④租船运输可以直达运输。由于租船运输的限制较少,只要船舶能够安全往返航线和港口,租船就可以进行直达运输,所以极大地方便了货主的需求。

⑤具有灵活性。当贸易增加、舱位不足,而造船、买船又赶不上需要时,租船运输即可弥补需要。另外,也可进行租船送货,避免停船造成损失。

(三)运费计算

1. 班轮运费计算

班轮运费包括基本运费和附加费两部分。基本运费是指货物在预定航线的各基本港口之间进行运输所规定的运价,它是构成全程运费的主要部分。

为了保持在一定时期内基本费率的稳定,又能正确反映出各港口的各种货物的航运成本,班轮公司在基本费率之外,又规定了各种附加费。其中包括超长和超重附加费、选择卸货港附加费、变更卸货港附加费、燃油附加费等。

由于班轮运价表的结构不同,所以运费计算方法也不同。单项费率运价表只要找到货物列名,也就找到了运价和计算单位,再加上有关的附加费即可求得该批货物的总运价。等级运价表的计算程序较为复杂,应先根据货物的英文名称从货物名栏内查明货物等级的计收标准,然后根据该货物的等级的计收标准从航线港口划分栏内查基本费率,再查明该货物有无附加费用,如果有,那么分别为哪些附加费,最后根据基本费率和附加费求出该货物的总运费。下面仅说明按等级运价表计算的方法。

在没有任何附加费的情况下,班轮运费的计算公式为:

$$F = f \times Q$$

式中:F——总运费;

f——基本费率;

Q——货运量。

在有各种附加费,而且附加费按基本费率的百分比收取的情况下,运费的计算公式为:

$$F = fQ(1 + S_1 + S_2 + \cdots + S_n)$$

式中:$S_1, \cdots, S_n$——各项附加费的百分比。

在各项附加费按绝对数收取的情况下,运费的计算公式为:

$$F = fQ + (S'_1 + S'_2 + \cdots + S'_n) \times Q$$

式中:$S'_1, \cdots, S'_n$——各种附加费的绝对数。

2. 租船的运费计算

在承租合同中,有的规定运费率,按货物每单位重量或体积若干金额计算;有的规定整船包价(Lump Sum Freight)。费用的高低主要决定于租船市场的供求关系,但也与运输距离、货物种类、装卸量、港口使用、装卸费用划分和佣金高低有关。合同中对运费是按装船重量或卸船重量计算,运费是预付或到付,均须订明。特别要注意的是应付运费时间是指船东收到的日期,而不是租船人付出的日期。

装卸费用的划分法:

船方负担装卸费(GROSS OR LINER OR BERTH TERMS)又称"班轮条件"。

租船方不负担装卸费(FREE IN AND OUT, FIO),采用这一条件时还要明确理舱费和平舱费由谁负担。一般都规定由租船人负担,即船方不负担装卸、理舱和平舱费条件(FREE IN AND OUT, TUOWED, TRIMMED, F.I.O.S.T.)。

船方管装不管卸(FREE OUT, F.O.)条件。

船方管卸不管装(FREE IN, F.I.)条件。

二、跨国空运配送管理

当今,跨国空运作为跨国配送运输的一种形式越来越被广泛采用,在跨国配送运输中所占比例逐渐增加。其中,在电子产品、计算机设备等高科技产品的进出口运输方面,跨国空运的比重最大。

一般来讲,跨国空运配送即指一国的提供者向他国客户提供航空飞行器运输货物并获取收入的活动。

(一)空运配送的特点和作用

现代跨国空运配送主要有以下一些特点和作用:

1. 运送速度快,适于高价货物和时间性很强的货物的运输要求。
2. 安全、准确,货物灭失与破损率低。
3. 适于陆域和水域不方便运输的内陆和其他地区的货物输运。
4. 简化、节省货运包装,降低产品销售成本。
5. 缩短存货周期,加快货物流通,为供应链管理创造了条件。
6. 减少企业备用资金存量、加速资金周转、提高资金使用效率和效益等。

(二)空运配送及组织形式

跨国空运配送及组织形式主要有以下几种:

1. 班机运输形式(Scheduled airline)

它是指在固定的航线上定期航行的航班,其始发港、目的港和途经站都是固定的。

2. 包机运输形式(Chartered carrier)

当货物批量较大,而班机又不能满足需要时,可以采用包机运输形式。包机运输又分整舱包运和部分舱包运两种。

3. 集中托运形式(Consolidation)

它是指航空货运代理公司把若干小批量单独发运的货物组成一整批向航空公司办理一次性托运手续,采用一份总运单集中发货运至同一目的港,再由货运代理公司在当地的代理人收货、报关、分拨和放货给持有起运港代理人签发的运单的各实际收货人的运输形式。

4. 航空快件传送（Air express）

航空快件传送又称"航空速递"，它是跨国空运中最快捷的运输形式。该形式不同于一般的航空货运，而是由一个专门经营这项业务的公司与航空公司合作，设专人以最快的速度在货主、机场和客户之间转送急件。

5. 送交业务（Dilivery business）

在国际贸易往来中，出口商为了推销其产品，往往要向客户赠送样品、宣传资料等，这些业务一般由送交业务完成。

6. 货到付款（Cash on delivery）

它是承运人在货物到达目的地交给收货人时，根据其与发货人之间的协议，代向收货人收取航空运单上所记载的货款，并汇寄给发货人的一项业务。

7. 联合配送形式

联合配送形式，是指包括空运在内的两种以上的配送形式的联运配送。具体的做法有陆空配送、陆空陆配送等。伴随着跨国空运的发展，铁路直接连通机场已经成为当代运输发展最为显著的形式。这既促进了航空事业的发展，也为铁路运输开辟了一个新的市场。

8. 航空运单

航空运单，是指一种运输合同，它是由承运人或其代理人签发的一份重要的货物单据。它有别于海运提单，不是代表货物所有权的物权证明。因此，它是不可预付的单据。

（三）跨国空运货物运费

1. 计费重量

在航空货物运输中，计费重量是指将货物实际重量和其体积重量两者中的高者作为计算运费的货量基础。货物的实际重量（Actual weight）是指一批货物包括包装在内的实际总重量。凡重量大而体积相对小的货物以其实际重量作为计费重量。货物的体积重量（Measurement weight）是指体积大而重量相对小的货物以其体积作为计费重量。国际航空运输组织规定的折算方法是以 7000 立方厘米折合为 1 千克。我国民航则规定以 6000 立方厘米折合为 1 千克为计算标准。当一批货物由几件不同货物组成时，其中有重货也有轻泡货，其计费重量以整批货物的总毛重或总体积重量或两者中较高的一个来计算。

2. 航空货物运价与运费计收

航空货物运价（Rates）是指承运人为运输货物，按规定的重量单位（千克或磅）或货物价值单位所收取的费用。航空货物运价，由一般货物运价、特种货物运价、货物等级运价构成。此外，还有集装货物使用的运价，最低运费规定的协议运价。

一般货物运价（General cargo rate，GCR）是指适用于承运普通货物，且不列入等级运价和特种运价内的运价。当运输货物没有特种运价和可适用的等级运价时，通常当作一般货物计收其运价。运价水平以货物重量 45 千克为划分点，即 45 千克以上的一般货物运价较 45 千克以下的一般货物运价低。

特种货物运价(Special cargo rate,SCR)是指在特定的始发地和到达地航线上公布和使用的特种货物运输价格。该价格要求货物达到起码重量。凡参加 IATA 的航空公司,其特种货物运价应先向协会提出申请,经同意后制定、公布和使用。

货物的等级运价(Class cargo rate,CCR)是指专用于指定地区内某些货物,且这种货物没有特种货物运价可适用时的运价。等级运价的货物的起码重量规定为 5 千克。计算办法通常是在一般货物运价基础上加减一定百分比。行李等作为货物托运,运价按 45 千克以下一般货物运价的 50% 计收。

集装货物(Unitized consignment)所使用的运价适用于在 IATA 注册的现有集装设备的特别运价。

最低运费(Minimum charge)是指适用于一批货物运输的最低费用。

航空运价的使用原则是:若是协议运价应首先使用,特种货物运价优先考虑,等级运价应先于一般运价使用,最后是一般货物运价。

3. 航空货物运输相关的杂费

在航空货运活动中,主要杂费有从承运人的营业场所至机场或反向的货物运输费,保管费、仓库保管费及相关收费,特殊货物操作费,保险费,货到付款服务费,代垫付款,相关费用,罚款,为修理货物包装等费用,货物转运、续运或退运的费用。

三、跨国铁路联运配送管理

跨国铁路联运配送是仅次于跨国海运配送的一种主要的配送形式。铁路配送的运行速度较快、载运量较大,且在运输中遭受的风险较小。它一般保持终年正常运行,具有高度的连续性。

(一)跨国铁路联运概述

凡使用一份统一的国际铁路联运票据,由铁路部门承担经过两国或两国以上铁路的全程运输,并由一国铁路向另一国铁路移交货物时不需发、收货人参加,这种配送形式称为跨国铁路联运配送,也称"国际联运"。

国际联运是国际货物运输的重要组成部分,其基本任务是根据我国对外开放政策的要求,按照国际货协规章合理利用铁路运输形式和运输工具,安全、迅速、准确、节省、方便地完成进出口货物运输任务,促进我国国际贸易的顺利开展,为我国外交和经济建设服务。

(二)跨国铁路联运的特点

跨国铁路联运不同于国内铁路运输,有其自身的特点,具体表现在以下几个方面:

1. 手续复杂

由于国际铁路联运规章制度条文较多、条款复杂,同时,联运涉及许多国家的有关法令和规定,因而,所需办理的各项手续必然复杂。

2. 涉及面广

凡是按国际联运办理的货物运输,从承运时起,需经过发送铁路的发站、出口国境站,到达目的进口国境站和终点站,有时还要通过第三国过境站。每运送一批国际联运货物还要与海关、商检、保险、银行以及各种中间代理机构打交道。因此,国际联运涉及多国、多部门,涉及面很广。

3. 时间性强

在国际铁路联运中,必须按期装运进出口货物,并及时运送到目的地,否则有可能造成经济损失和政治方面的不良影响。对于一些市场急需货物,更应抢时间、争速度、及时完成运输任务,以免影响销路,造成经济损失,甚至失去市场份额。

4. 运输要求和质量标准高

在办理国际铁路联运时,要涉及两个以上国家的铁路部门。有些国际过境货物、援外货物还直接涉及国际关系问题和外交政策问题。因此,国际联运既是一项经济业务,又是一项外交活动。每批国际联运货物的办理质量必须是高标准、严要求,如包装、票据、单证以及车辆都必须符合国际联运规章的规定和有关国家的某些正当要求。

(三)跨国铁路联运的作用

跨国铁路联运的开办为参加国开辟了一条国际货物运输的重要渠道,其在国际货物运输中的作用表现为:

1. 免除货物在国境站重新办理托运的手续,火车可以直接过轨运输。
2. 减少了因换装所需的人力、物力、财力和时间。
3. 减少了货损货差,降低了运费,为开展国际贸易创造了更加便利的条件。
4. 欧亚各国开展铁路货物联运,有利于各国或地区间的经济交往,加速了经济一体化的发展。

(四)跨国铁路联运出口货物运输

跨国铁路联运出口货物运输组织工作主要包括计划的编制、货物的托运、承运、装车、运送和交付。货物的托运与承运的过程即为承运方(铁路)与托运方(发货人)缔结运输合同的过程。托运是发货人向铁路提出委托运输的行为,承运则是铁路接受发货人所提出的货物运输委托的行为。

发货人按车站指定日期将货物搬入车站或指定货位,车站根据运单的记载事项查对核实货物,确认符合国际联运的有关规定后即予以接收。在发货人付清一切应付运送费用后,车站在所提交的运单上加盖车站的日期戳,即标志承、托双方以运单为凭证的运输合同开始生效。

(五)跨国铁路联运进口货物运输

进口货物跨国铁路联运均需办理报关、报验、铁路货物单证的交接等工作。

1. 进口合同资料工作

合同资料是国境站核放货物的重要依据,也是向各有关部门报关、报验的凭证。各进出口公司在对外合同上签字后,要及时将一份合同中文版本寄给货物进口口岸的分支机构。对于由外运公司分支机构接收的分拨小额订货,必须在邮寄合同的同时,按合同内容填附货物分类表。合同资料包括合同的中文抄本和它的附件、补充书、协议书、变更申请书和有关确认函电等。

2. 进口货物的现场核放工作

进口货物的交接首先是票据的交接,对方交接所将进口货物票据交中方交接后,现场工作人员主动到中方铁路办公处索取我方公司所代理单位的进口货物票据,然后拉制进口货物明细单,查验合同所附带有关进货的材料是否齐全。接着按海关要求填报进口货物报关单,并连同合同及有关证明批件向海关申报放行货物。

3. 进口货物的交货

联运进口货物到站后,铁路部门根据运单或随附运单的进口货物通知单所记载的实际收货人,发出货物到达通知,通知收货人提取货物。收货人接到通知后,必须向车站领取货物并付运送费用。在收货人付清一切应付运送费用后,铁路部门必须将货物连同运单一起交付收货人。

(六)国际铁路货物联运的运输费用

联运货物的运输费用有如下规定:发送国铁路的运送费用,按发送国铁路的国内运价计算;到达国铁路的运送费用,按到达国铁路的国内运价计算;过境国铁路的运送费用,按国际铁路联运协定统一过境运价规程(统一货价)的规定计算。

四、集装箱运输配送管理

集装箱运输自1956年4月开始在美国用于海上运输后,满足了货主快速、安全、准确、直达的运输要求,从而在国际贸易运输中得到了广泛应用,并在20世纪70年代以后迅速发展起来。

(一)集装箱运输概述

集装箱是用钢、铝、胶合板、玻璃或这些材料混合制成的。它具有坚固、密封和可以反复使用等优越性,这是其他任何运输包装都无法比拟的。集装箱放在船上等于是货舱,放在火车上等于是车皮,放在卡车上等于是货车。因此,无论在单一运输形式下,还是多式运输形式下均不必中途倒箱。集装箱的内部容量较大,而且易于装满和卸空,在装卸设备配套的情况下,它能迅速搬运。

目前,国际标准化组织共规定了5个系列、13种规格的集装箱。我们现在在海运和陆运当中普遍使用的是20英尺和40英尺集装箱,是第一系列中的IC和IA型。关于集装箱船舶的集装箱装载能力,通常是以能装多少个TEU(即20英尺标准集装箱:Twenty—foot equivalent unit,其宽、高、长均为8英尺、8英尺、20英尺)为衡量标准。

（二）集装箱运输配送的特点

集装箱运输就是以集装箱作为运输单位进行货物运输的一种先进的现代化运输形式。它具有如下特点：

1. 在全程运输中，可以将集装箱从一种运输工具上直接方便地换装到另一种运输工具上，而无须接触或移动箱内所装货物。

2. 货物在发货人的工厂或仓库装箱后，可经由海陆空不同运输形式至收货人的工厂或仓库，以实现"门到门"运输而无须中途开箱倒载和检验。

3. 集装箱由专门设备的运输工具装运，装卸快、效率高、质量有保证。

4. 一般由一个承运人负责全程运输。

（三）集装箱运输配送的优点

集装箱运输配送的优点有：

1. 可露天作业、露天存放、不怕风雨、节省仓库。

2. 可节省货物包装材料，可保证货物质量、数量，减少货损货差。

3. 车胎装卸作业机械化，节省劳动力和减轻劳动强度。

4. 装卸速度快，提高了车船的周转率，减少港口拥挤，扩大了港口吞吐量。据统计，一个集装箱码头的作业量抵得上7～11个普通码头，一台起吊设备装卸集装箱要比装卸件杂货快30倍，一艘集装箱船每小时可装卸货物400公吨，而普通货轮每小时只能装卸35公吨，每小时的装卸效率相差11倍。

5. 减少运输环节，可进行"门到门"的运输，从而加快了货运速度，缩短了货物的在途时间。

6. 由于集装箱越来越大型化，从而减少了运输开支、降低了运费。据国际航运界报道，集装箱运费要比普通件杂货运费低5%～10%。

（四）集装箱运输配送的形式

集装箱运输配送的形式根据货物装箱数量和形式分为整箱和拼箱两种。

1. 整箱(Full container load,简称FCL)

整箱是指货主将货物装满整箱后，以箱为单位托运的集装箱。一般做法是由承运人将空箱运到工厂或仓库后，在海关人员监督下，货主把货装入箱内，加封、铅封后交承运人并取得站场收据(Dock receipt)，最后凭站场收据换取提单。

2. 拼箱(Less than container load,简称LCL)

拼箱是指承运人或代理人接受货主托运的数量不足整箱的小件货物后，根据货类性质和目的地进行的分类、整理、集中、装箱、交货等工作均在承运人码头集装箱货运站(CFS)或内陆集装箱转运站进行。

3. 集装箱的交接

集装箱的交接形式大致有四类：整箱/整箱（FCL/FCL）、分箱/分箱（LCL/LCL）、整箱/分箱（FCL/LCL）、分箱/整箱（LCL/FCL）。其中，以整箱/整箱交接效果最好，也最能发挥集装箱的优越性。

集装箱的交接地点，归纳起来可分为四种形式：门到门、门到站场、站场到门、站场到站场。

（五）集装箱运输进出口程序

1. 集装箱运输出口程序

（1）订舱：出口公司根据贸易合同事先向船公司（或其代理）办理订舱手续。

（2）装箱单：船公司确认订舱后，签发装箱单，分送集装箱堆场和集装箱货运站，据以安排空箱和货运交接。

（3）发送空箱：整箱货运所需的空箱，由船公司送交，发货人收。拼箱货运所需的空箱一般由货运站领取。

（4）拼箱货装箱：集装箱货运站根据订舱单核收托运货物并签发站场货物收据，经分类整理，然后在站内装箱。

（5）整箱货装箱：发货人收到空箱后，自行装箱并按时运至集装箱堆场。集装箱堆场根据订舱单、装箱单验收并签发站场货物收据。

（6）集装箱货运交接：站场收据是发货人发货和船公司收货的凭证。

（7）提单：发货人凭站场收据向船公司换取提单，然后向银行结汇。如果信用证规定需要装箱提单，则应在集装箱装箱后，才能换取装船提单。

（8）装船：集装箱堆场根据船舶积载计划，进行装船。

2. 集装箱运输进口程序

（1）货运单证：凭出口港寄来的有关货运单证着手缮制。

（2）分发单证：将单证分别送代理、集装箱货运站和集装箱堆场。

（3）到货通知：通知收货人有关船舶到港时间，便于准备接货，并于船舶到港以后发出到货通知。

（4）提单：收货人按到货通知，持正本提单向船公司（或代理）换取提货单。

（5）提货单：船公司（或代理）核对正本无讹后，即签发提货单。

（6）提货：收货人凭提单连同进口许可证至集装箱堆场办理提箱或提货手续。

（7）整箱交：集装箱堆场根据提货单交收货人集装箱并与货方代表办理设备交接手续。

（8）拆箱交：集装箱货运站凭提单交货。

（六）集装箱运输的费用

集装箱运输费用有几种不同的计收方法：有的按每运费吨加收附加费，有的按包箱费率。在包箱费率中，有的不论货种和箱容利用程度，有的则规定最低的箱容量，有的还规定所装货物的等级线。装运货物超过规定等级的,按实际等级计费,低于规定等级的按规定等级计费。有的经营集装箱运输的船公司还有最低运费的规定。拼箱货最低运费的规定与班轮运输中的规定基本相同,对整箱货,当由货主自行装箱而箱内所装货物未达规定的最低计费标准时,其亏舱损失由货主负担。各船公司都分别按重量吨和尺码吨给不同类型和用途的集装箱规定有最低的装箱吨数,并以两者中高者作为装箱货物的最低运费吨。因此,在实际操作中,提高集装箱积载技术,充分利用集装箱容积空间以节省运输费用,这些是至关重要的。

五、国际邮政运输管理

国际邮政运输,是指通过各国邮政运输办理的包裹、函件等。每年全世界通过国际邮政所完成的包裹、函件、特快专递等数量相当庞大。因此,它已成为国际物流的一个重要组成部分。

(一)国际邮政运输概念

邮政运输是一种较简单的运输形式。世界各国的邮政包裹业务均由国家办理,我国邮政业务由国家邮政总局负责办理。各国邮政之间订有协议和公约,通过这些协议和公约使邮件包裹的传递畅通无阻、四通八达,以形成全球性的邮政运输网,从而使国际邮政运输成为国际物流中普遍采用的运输方法之一。

(二)国际邮政运输的特点

1. 具有广泛的国际性

国际邮政是在国与国之间进行的,在大多数情况下,国际邮件需要经转一个或几个国家。各国相互经转对方的国际邮件是在平等互利、相互协作配合的基础上,遵照国际邮政公约和协定的规定进行的。为确保邮件安全、迅速、准确地传送,在办理邮政运输时,必须熟悉并严格遵守本国和国际上的各项邮政规定和制度。

2. 具有国际多式联运性质

国际邮政运输过程一般需要经过两个或两个以上国家的邮政局,通过两种或两种以上不同运输形式的联合作业才能完成。但从邮政托运人角度来说,它只要向邮政局照章办理一次托运,一次付清足额邮资,并取得一张邮政包裹收据,全部手续即告完备。至于邮件运送、交接、保管、传递一切事宜均由各国邮政局负责办理。邮件运抵目的地,收件人即可凭邮政局到件通知收据向邮政局提取邮件,手续非常简便。因此,可以认为国际邮政运输是国际多式联运的一种形式。

3. 具有"门到门"(Door to door)运输的性质

各国邮政机构遍及于世界各地,邮件一般可在当地就近向邮政局办理,邮件到达目的地后,收件人也可在当地就近邮政局提取邮件。所以,邮政运输基本上可以说是"门到门"运输。

国际邮政运输通过邮件的递送,沟通和加强了各国之间的联系,促进了相互间的政治、经济、文化和思想交流。但是,它不可能运送国际贸易中的大量货物,只能运送包裹之类的小件货物,而且对包裹的重量和体积均有严格的限制。所以通常只适宜运送精密仪器、机器零件、金银首饰、贸易样品、工程图纸、合同契约、私人包裹等量轻体小的零星货物。

（三）万国邮政联盟组织

万国邮政联盟,简称"邮联"。邮联组织法规定,邮联的宗旨是组成一个国家间邮政领域,相互交换邮件,组织和改善国际邮政业务,促进国际合作的发展,推广先进经验,给予会员国邮政技术援助。我国于1972年加入邮联组织。现邮联将每年10月9日定为世界邮政纪念日,届时各国邮政组织均组织宣传纪念活动。

邮联的组织机构有:大会,它为邮联的最高权力机构,每5年举行一次;执行理事会,它为大会休会期间的执行机构;邮政研究咨询理事会,研究邮政技术和合作方面的问题,并就此问题提出改进建议以及推广邮政经验和成就;国际局,它为邮联的中央办事机构,设在瑞士伯尔尼,其主要任务是对各国邮政进行联络、情报和咨询,负责大会筹备工作和准备各项年度工作报告。

（四）邮包种类

国际邮件按运输形式分为陆路邮件和航空邮件。按内容性质和经营形式分为函件和包裹两大类,按我国邮政规定,邮包分为以下三种:

1. 普通包裹

凡适于邮递的货物,除违反规定禁寄和限寄的以外,都可以作为包裹寄送。包裹内不准夹寄信函,但可以附寄包裹内件清单、发票、货单以及收寄件人姓名、地址签条。

2. 脆弱包裹

装有容易破损和需要小心处理货物的包裹,可以按脆弱包裹寄递,如玻璃制品、古玩等。脆弱包裹只限寄往同意接受的国家和地区。邮局的脆弱包裹只在处理上加以特别注意,所负责任与普通包裹相同。

3. 保价包裹

邮局按寄件人申明价值承担责任的包裹。一般适于邮递贵重货物。此外,国际上还有快递包裹、代收货价包裹、收件人付费包裹等。

以上包裹利用航空形式邮递,即称为"航空运输包裹"。邮政局在收寄包裹时,均给寄件人以收据,故包裹邮寄属于给据邮件。给据邮件均可办理附寄邮件回执。回执是邮政投交收件人作为收到邮件的凭证。回执也可按普通、挂号或航空寄送。

（五）邮资

邮资是邮政局为提供邮递服务而收取的费用。各国对邮资采取不同的政策,有些国家把邮政收入作为国家外汇收入来源之一;有些国家要求邮政自给自足,收支大致相抵;有些国家对邮政实行补贴政策,从而形成不同的邮资水平。

根据《万国邮政公约》规定,国际邮资应按照与金法郎接近的等价价折成其本国货币制度。邮联以金法郎为单位,规定了基本邮资。以此为基础,允许各国可按基本国情增减。增减幅度最高可增加70%,最低可减少50%。

国际邮资均按重量分级为其计算标准。邮资由基本邮资和特别邮资两部分组成。基本邮资,是指邮件经水、陆路运往寄达国应付的邮资,也是特别邮资计算的基础。基本邮资费率是根据不同邮件种类和国家地区制定的,邮政局对每一邮件都要照章收取基本邮资。特别邮资是为某项附加手续或责任而收取的邮资,如挂号费、回执费、保价费等,是在基本邮资的基础上,按每件加收的,但是保价邮资须另按所保价值计收。

六、货运代理与货运单证

(一)货运代理

1. 货运代理的含义

"货运代理"一词,国际上虽没有公认的、统一的定义,但一些权威机构和工具书以及一些"标准交易条件"中都有一定的解释。

联合国亚太经合会对此的解释是:货运代理代表其客户完成运输业务,而本人并不起承运人的作用。货运代理在不同国家有不同的名称,即关税行代理人、清关代理人、关税经营人、海运与发运代理人等。

国际货运代理协会联合会(International Federation of Freight ForwardersAssociations, FIATA)对"货运代理"下的定义是:货运代理是根据客户的指示,并为客户的利益而揽取货物运输的人,其本人并不是承运人。货运代理也可依照这些条件,从事与运送合同有关的活动,如储存(也含寄存)、报关、验收、收款。对于"the freight forwarder"一词,目前,国内的译法有"货运代理"、"货物运输行"、"货运代理人"、"货运传送人"等。译法不同,实际上是同一概念。

从传统上讲,货运代理通常是充当代理的角色。他们替发货人或货主安排货物的运输,付运费、保险费、包装费、海关税等,然后收取费用(通常是整个费用的一个百分比),所有的成本开支由(或将由)客户承担。但近几年来,货运代理有时已经充当了合同的当事人,并且以货运代理人的名义来安排属于发货人或委托人的货物运输。尤其当货运代理执行多式联运合同时,作为货运代理的"标准交易条件"就不再适用了,它的契约义务受它所签发的多式联运提单条款的制约,此时,货运代理已成为无船承运人,也将像承运人一样作为多式联运经营人,承担所负责运输货物的全部责任。

2. 货运代理的作用

能够安全、迅速、节省、方便地组织进出口货物运输。根据委托人托运货物的具体情况,选择合适的运输形式、运输工具、最佳的运输路线和最优的运输方案。

能够就运费、包装、单证、结关、检查检验、金融、领事要求等提供咨询,并对国外市场的价格、销售情况提供信息和建议。

能够提供优质服务,为委托人办理跨国物流配送中某一个环节的业务或全程各个环节的业务,手续方便简单。能够把小批量的货物集中成为一组货物进行运输,既方便了货主,也方便了承运人,货主因得到优惠的运价而节省了运输费用,承运人接收货物时省时、省力,便于货物的装载。

能够掌握货物全程的运输信息。通过使用现代化的通信设备,随时向委托人报告货物在途的运输情况。

货运代理不仅能组织协调运输,而且影响到新运输形式的创造、新运输路线的开发以及新费率的制定。

总之,国际货运代理是整个国际货物运输的组织者和设计师,特别是在国际贸易竞争激烈、社会分工越来越细的情况下,它的地位越来越重要、作用越来越明显。

3.货运代理业务范围

国际货运代理通常是接受客户的委托,完成货物运输的某一个环节或与此有关的各个环节,可直接或通过货运代理及他雇佣的其他代理机构为客户服务,也可以利用他的海外代理人提供服务。

作为国际运输代理人,他与货物托运人订立运输合同,同时他又与运输部门签订合同,对货物托运人来说,他还是货物的承运人。目前,相当部分的货物代理人掌握各种运输工具和储存货物的库场,在经营其业务时,办理包括海陆空在内的货物运输。国际货运代理人所从事的业务主要有:

(1)以最快、最省的运输形式,安排合适的货物包装,选择货物的运输路线。
(2)向客户建议仓储与分拨。
(3)选择可靠、效率高的承运人,并负责缔结运输合同。
(4)安排货物的计重和计量。
(5)办理货物保险。
(6)办理货物的拼装。
(7)装运前或在目的地分拨货物之前把货物存仓。
(8)安排货物到港口的运输,办理海关和有关单证的手续,并把货物交给承运人。
(9)代表托运人/进口商承付运费、关税税收。
(10)办理有关货物运输的任何外汇交易。
(11)从承运人那里取得签署的提单,并把他们交给发货人。
(12)通过与承运人在国外的代理联系,监督货物运输进程,并使托运人知道货物去向。

4.货运代理的责任种类

目前,各国法律对货代理所下的定义及其活动有所不同,但按其责任范围的大小,大体可归纳为以下三大类:

(1)货运代理作为一个代理,仅对自己的错误和疏忽负责。
(2)货运代理作为一个代理,不仅对自己的错误和疏忽负责,还应使货物完好地抵达目的地,这就意味着他承担承运人的责任和第三者造成损失的责任。

(3)货运代理的责任取决于合同的条文和自由选择运输工具等。

5.货运代理承担的责任应注意的问题

关于货运代理所承担的责任方面,还应注意以下几点:

(1)货运代理历史上不承担延迟责任,而现代趋势是必须公开地承担,但其赔偿金额以1~2倍的运费为限。

(2)通常货运代理认为自己只是代理人,只收取小额佣金,承担最小风险的代理人,如今货运代理应该承担更多的风险责任,并以此作为商业成功的代价。

(3)还有一些货运代理,从其某些业务经营实质考虑,实际上是被代理人而不是代理人。

(二)货运单证

货运单证是承运人收到承运货物签发给出口商的证明文件,它是交接货物、处理索赔与理赔以及向银行结算贷款或进行议付的重要单据。

在跨国物流配送中,货运单证的种类很多。其中包括海运提单、铁路运单、承运货物收据、航空运单和邮包收据等,现将主要货运单证简述如下:

1.海运提单(Bull of lading,B/L)

它适用于跨国海运配送形式。海运提单是船方或其代理人在收到其承运的货物时签发给托运人的货物收据,也是承运人与托运人之间的运输契约的证明,法律上它具有物权证书的效用。收货人在目的港提取货物时,必须提交正本提单。

2.航空运单

它适用于跨国航运配送形式。航空运单(Airway bill)是承运人与托运人之间签订的运输契约,也是承运人或其代理人签发的货物收据。航空运单还可作为核收运费的依据和海关查验放行的基本单据。但航空运单不是代表航空公司的提货通知单。在航空运单的收货人栏内,收货人的全称和地址必须详细填写,而不能做成指示性文字。

3.国际联运单据

它适用于跨国铁路联运配送形式。国际联运单据是联运票据、出口货物报关单及有关添附单据文件的总称。联运票据是指有关国际铁路货物运转单据中的国际铁路联运运单、补充运行报单以及各国铁路规章所规定的火车装载清单等。国际联运单据是参加联运发送国铁路部门与发货人之间缔结的运输合同,它规定了参加联运各铁路和发、收货人在货物运送方面的权利义务和责任,对铁路和发、收货人均有法律约束力。

4.邮包收据

它适用于国际邮政运输形式。邮包收据是邮包运输的主要单据,它既是邮局收到寄件人的邮包后所签发的凭证,也是收件人凭以提取邮件的凭证。当邮包发生损坏或丢失时,它还可以作为索赔和理赔的依据,但邮包收据不是物权凭证。

第三节 跨国物流配送保险

一、跨国海运配送保险

(一)跨国海运配送风险与损失

跨国海运配送保险是各类保险中发展最早的一种,这是由于商船在海洋航行中的风险大、海运事故频繁。在国际海运保险业务中,各国保险界对海上风险与海上损失都有其特定的解释。

1.海运风险

海运风险包括海上风险与外来风险两类(见表12-1)。海上风险一般包括自然灾害和意外事故两种;外来风险也可分为两种类型:一般的外来原因所造成的风险和特殊的外来原因造成的风险。

表12-1 海运风险的类型

风险种类	风险的内容	
海上风险	自然灾害:恶劣气候、雷电、海啸、地震、洪水、流冰以及其他人力不抗拒的灾害	
	意外事故:船舶搁浅、触礁、爆炸、火灾、沉没、船舶失踪或其他类似事故	
外来风险	一般原因:偷窃、短量、破碎、受潮、受热、发霉、串味、渗漏、钩损和锈损等	
	特殊原因:战争、罢工、交货不到、拒收等	

2.海上损失

海上损失,简称"海损",是指被保险货物在海运过程中,由于海上风险所造成的损坏或灭失。根据国际保险市场的一般解释,凡在与海陆连接的陆运过程中所发生的损坏或灭失,也属海损范围。就货物损失的程序而言,海损可分为全部损失和部分损失;就货物损失的性质而言,海损又可分为共同海损(General average)和单独海损(Particular average)。

(1)全部损失和部分损失。全部损失有实际全损和推定全损两种。前者是指货物全部灭失,或完全变质,或不可归还被保险人;后者是指货物发生事故后,认为实际全损已不可避免,或者为避免全损所需支付的费用与继续将货物运抵目的地的费用之和超过保险价值。凡不同于实际全损和推定全损的损失为部分损失。

(2)共同海损与单独海损。在海运配送中,船舶、货物或其他财产遭遇共同危险,为了解除共同危险,有意采取合理的救难措施所造成的直接特殊牺牲和支付的特殊费用,称为"共同海损"。如船舶因故搁浅,船长为了挽救船舶和全船货物,不得不下令将船上部分货物抛入海中以减轻船重,使船舶起浮转危为安,因此,被抛入海中的货物,便属于共同海损。构成共同海损必须具备以下条件:

①必须遭遇危险。共同海损的危险必须是真实存在的,或者不可避免的,不是主观臆断的。

②共同海损的危险必须是船、货双方共同的,采取的措施也是为了解救船、货的共同危险。

③共同海损所采取的救助措施必须是有意识的、合理的。

④共同海损必须是属于非常情况下的损失,所支付的费用必须是额外的。

⑤在船舶发生共同海损后,凡属共同海损范围内的牺牲和费用均可通过共同海损来理算,由有关获救受益方(即船方、货方和运费收入方)根据获救价值按比例分摊。这种分摊,称为"共同海损分摊"。

单独海损,是指被保险货物在运输途中可能遭遇各种风险而导致损失,如果该损失只影响到单一的货方利益,不会危及其他方的安全,该风险导致的损失为单独海损。该损失仅由各受损者单独负担。如货物在运输途中遭受暴风雨,海水进入货舱使货物浸泡受损变质,这种损失就是单独海损,这种损失只能由货主单独承担。

此外,海上风险还会造成费用上的损失。由海上风险所造成的海上费用,主要有施救费用和救助费用。施救费用,是指被保险货物在遭受承保责任范围内的灾害事故时,被保险人或其代理人与受益人,为了避免或减少损失,采取了各种抢救或防护措施所支付的费用。救助费用有所不同,它是指被保险货物在遭受承保责任范围内的灾害事故时,由保险人和被保险人以外的第三者采取了有效的救助措施,在救助成功后,由被救方付给救助人的一种报酬。

除上述各种风险损失外,保险货物在运输途中还可能发生其他损失,如运输途中的自然损耗以及由于货物本身特点和内在缺陷所造成的货损等,这些损失不属于保险公司承保的范围。

(二)跨国海运配送保险的险别

保险险别是保险人对风险和损失的承保责任范围,它是保险人与被保险人履行权利与义务的基础,也是保险人承保责任大小和被保险人缴付保险费多少的依据。根据我国现行的《海洋货物运输保险条款》的规定,跨国海运配送保险的险别分为基本险别和附加险别两大类。

1. 基本险别

基本险别又称"主险",是可以独立投保,不必依附于其他险别项下的款项。中国人民保险公司所规定的基本险别为平安险(Free from Particular average, F. P. A.)、水渍险(With average of with particular average, W. A. or W. P. A.)和一切险(All risks, A. R.)三种。

(1)平安险。当前平安险的责任范围包括:

①被保险货物在运输途中,由于恶劣气候、雷电、海啸、地震、洪水等自然灾害造成整批货物的全部损失或推定全损。

②由于运输工具遭受搁浅、触礁、沉没、互撞、与流冰或其他货物碰撞以及失火、爆炸意外事故造成货物的全部或部分损失。

③在运输工具已经发生搁浅、触礁、沉没、焚毁意外事故的情况下,货物在此前后又在海上遭受恶劣气候、雷电、海啸等自然灾害所造成的部分损失。

④在装卸或转运时,由于一件或数件货物落海造成的全部损失或部分损失。

⑤被保险人对遭受承保责任内危险的货物采取抢救、防止或减少货损的措施而支付的合理费用,但以不超过该批被救货物的保险金为限。

⑥运输工具遭遇自然灾害或者意外事故,在中途港或者在避难港停靠,因此而引起的卸货、装货、存仓以及运送货物所产生的特别费用。

⑦共同海损的牺牲、分摊和救助费用。

⑧运输契约订有"船舶互撞条款",根据该条款规定由货方偿还船方的损失。

(2)水渍险。水渍险的英文原意为"负责赔偿单独海损",其责任范围为平安险的责任范围加上由于恶劣气候、雷电、海啸、地震、洪水等自然灾害所造成的部分损失(此部分损失是平安险不赔偿的部分)。因此,水渍险的责任范围比平安险的责任大,保险费率亦高。

水渍险一舱适用于不大可能发生碰损、破碎或容易生锈但不影响使用的货物,如铁钉、螺丝等小五金类货物,以及旧汽车、旧机床等货物。

(3)一切险。一切险的承保范围则是水渍险的责任范围,以及由于外来原因所引起的全部或部分损失,即一切险的责任范围包括平安险、水渍险,再加上 11 种一般附加险。特别附加险不包括在内,需要时,须另行加保。一切险的责任范围比水渍险的大,保险费率也比水渍险的高。所以,三种基本险的责任范围大小顺序为:一切险＞水渍险＞平安险。投保人可根据货物的特点、运输路线等情况选择投保平安险、水渍险和一切险三种险别中的任一种。

我国《海洋运输货物保险条款》除规定了上述各种基本险别的责任外,对保险责任的起讫也作了具体规定。在海运保险中,保险责任的起讫主要采用"仓至仓"条款(Warehouse to warehouse clause,W/W clause),即保险责任自被保险货物运离保险单所载明的启运地仓库或储存处所开始,包括正常运输中的海上、陆上、内河和驳船运输在内,甚至该项货物运抵保险单所载明的目的地收货人的仓库或储存处所或被保险人用作分配、分派或非正常运输的情况下,运抵其他储存处所为止。但被保险货物在最后到达卸载港卸离海轮后,保险责任以 60 天为限。

2. 附加险别

附加险别是对基本险别的补充和扩大。附加险不能单独投保,只能在投保一种基本险的基础上才能加保一种或数种附加险,它投保的是外来风险引起的损失。按承保风险的不同,附加险又可分为一般附加险、特别附加险、特殊附加险、海运战争险和罢工险。

(1)一般附加险。一般附加险是承保由于一般外来风险所造成的损失,一般附加险有以下 11 种:偷窃、提货不着险,淡水雨淋险,短量险,混杂、沾污险,渗漏险,碰损、破碎险,串味险,受潮受热险,钩损险,包装破裂险,锈损险。

由于一般附加险已包含在一切险的责任范围内,所以,如果已投保了一切险,就不需要再加保一般附加险。

(2)特别附加险。特别附加险所承保的风险大多与国家的行政措施、政策法令、航海贸易习惯有关,它并不包括在基本险中,必须另行加保才能获得保障,主要有六种:交货不到险、进口关税险、舱面险、拒收险、黄曲霉素险以及我国大陆某些出口货物运至港、澳存仓火险责任的扩展条款。

(3)特殊附加险。特殊附加险也不包括在任何基本险中,需另行加保才能获得保障。特殊附加险主要承保战争和罢工的风险。

(4)海运战争险。承保直接由于战争、类似战争行为和敌对行为、武装冲突或海盗行为所致的损失及由此引起的捕获、拘留、扣留、禁制、扣押所造成的损失;各种常规武器,包括水雷、鱼雷、炸弹所致的损失;战争险责任范围引起的共同海损的牺牲、分摊和救助费用。

(5)罢工险。承保货物由于罢工者、被迫停工工人或参加工潮、暴动、民众斗争的人员的行为或任何的恶意行为所造成的直接损失,以及上述行动和行为引起的共同海损的牺牲、分摊和救助费用。

(三)我国海运进出口货物保险的基本做法

在对外贸易业务中,有些进出口货物是按带保险条件的 CIF(Cost, Insurance and Freight,成本加保险费、加运费)成交的,也有些进出口货物是按不带保险条件的 FOB(Free on board,船上交货)或 CFR(Cost and Freight,成本加运费)成交的,凡买卖合同规定由我方投保时,各进出口公司应按有关规定向中国人民保险公司办理投保手续。由于保险的对象不同,所以出口货物和进口货物保险的做法也有所不同。

1.我国海运出口货物保险的基本做法

我国出口货物如按 CIF 条件成交,应由我国出口人向当地中国人民保险公司逐笔办理投保手续。其具体做法是:根据买卖合同或信用证的规定,在备妥货物后和确认装船出运时,按规定格式填制投保单,具体载明被保险人名称、保险货物项目、数量、包装及标志、保险金额、保险起讫地点、运输工具、起讫日期和投保险别等项内容,向当地中国人民保险公司投保。然后由保险公司凭此出立保险单(或其他保险凭证),以作为其接受保险的正式凭证。该凭证是出口人向银行议付贷款所必备的单证之一,也是被保险人索赔和保险公司理赔的主要依据。

在保险人出单后,投保人如果需要更改险别、运输工具、航程、保险期限和保险金额等,应向保险公司或其授权的代理人提出批改申请。保险公司或其授权的代理人如果接受这项申请,则应立即出具批单,作为保险单的组成部分。此后,保险公司即以批改的内容承担责任。

参照国际保险市场的一级习惯做法,中国人民保险公司承担出口货物的保额一般也按 CIF 价再加成 10% 来计算,即按 CIF 发票金额的 110% 计算。这项保险加成可作为买方的期得利润和有关费用看待。由于不同货物、不同地区、不同时期的期得利润不一,所以,如买方要求保险加成超过 10%,也可酌情考虑。

保险公司承保时,通常是根据货物的性质按保险金额的一定比例收取相应的保险费。对于运输过程中容易损坏或丢失的货物,收取保险费就较高;反之,则较低。因此,各进出口公司应按不同货物的保险费率来核算并对外报价。

中国人民保险公司承保的出口货物在到达国外目的地后,如发现在承保范围内有损失,则由国外收货人凭保险单等有关凭证,直接向中国人民保险公司或其代理人索赔。

2.我国海运进口货物保险的基本做法

我国进口货物大多按 FOB 或 CFR 条件成交,由国内各进出口公司负责向中国人民保险公司办理保险。为了简化保险手续,各进出口公司同中国人民保险公司签订海运进口货物预约保险合同。不论中央或地方,凡不带保险条件成交的进口货物均应按这种预约保险合同办理保险。

根据海运进出口货物预约保险合同的规定,投保人在得悉每批货物启运时,应将船名、开航日期及航线、货物名及数量、保险金额等项内容,书面定期通知保险公司,即为向保险公司办理了投保手续,保险公司就应对此负自动承保的责任,如果投保人未按预约保险合同规定办理投保手续,货物发生损失,保险公司则不负赔偿责任。

根据预约保险合同规定,我国进口货物的保险金额,原则上一般按 CIF 价计算。因此,按 FOB 和 CFR 条件进口时,为了计算简便,预先议定了平均运费率和平均保险费率,以便计算保险金额。

计算公式是:

FOB 进口合同的保险金额＝FOB 值×(1＋平均运费率＋平均保险费率)

CFR 进口合同的保险金额＝CFR 值×(1＋平均保险费率)

二、跨国空运配送保险

货物在跨国空运配送过程中有可能因自然灾害、意外事故和各种外来风险而导致货物全部或部分损失。常见的风险有:雷电、火灾、爆炸、飞机遭受碰撞倾覆、坠落、失踪、战争破坏,以及被保险货物由于飞机遇到恶劣气候或其他危难事故而被抛弃等。为了转嫁上述风险,跨国空运货物一般都需要办理保险,以便当货物遭到承保范围内的风险损失时可以从保险公司挽回损失。

(一)跨国空运配送保险的基本险别

跨国空运配送保险的基本险别有航空运输险(Air transportation risks)和航空运输一切险(Air transportation all risks)。这两种基本险别都可单独投保,在投保其中一种的基础上,经投保人与保险公司协商可以加保战争险等附加险,加保时须另付保险费。在加保战争险的前提下,再加保罢工险,则不另收保险费。

航空运输险和航空运输一切险的责任起讫也采用"仓至仓"条款。航空运输货物战争险的责任期限,则是自货物装上飞机时开始至卸离保险单所载明的目的地的飞机时为止。

(二)我国空运货物保险的做法

空运出口货物,如由我方保险,则应按有关规定向中国人民保险公司办理投保手续。空运进口货物,如由我方投保,则应按预约保险合同的规定办理投保手续。

三、跨国铁路联运配送保险

货物在跨国铁路联运过程中,可能遭受各种自然灾害和意外事故。常见的风险有:车辆碰撞、倾覆和出轨、路基坍塌、桥梁折断和道路损坏,以及火灾和爆炸等意外事故;雷电、洪水、地震、火山爆发、暴风雨以及雨雪冰雹等自然灾害;战争、罢工、偷窃、货物残损、短少、渗漏等外来原因所造成的风险。这些风险会使运输途中的货物遭受损失。货主为了转嫁风险损失,就需要办理跨国铁路联运配送保险。

(一)跨国铁路联运配送保险的险别

根据中国人民保险公司制定的《陆上运输货物保险条款》的规定,陆运货物保险的基本险别有陆运险(Overland transportation risks)和陆运一切险(Overland transportation all risks)两种。此外,还有陆上运输冷藏货物险,它也具有基本险的性质。

陆运险的承保责任范围同海运水渍险相似,陆运一切险的承保责任范围同海运一切险相似。上述责任范围,均适用于火车和汽车运输,并以此为限。陆运险和陆运一切险的责任起讫,也采用"仓至仓"责任条款。

陆运货物在投保上述基本险之一的基础上,可以加保附加险。如投保陆运险,则可酌情加保一般附加险和战争险等特殊附加险;如投保陆运一切险,就只需加保战争险,而不需要再加保一般附加险。陆运货物在加保战争险的前提下,再加保罢工险,不另收保险费。陆运货物战争险的责任起讫,是以货物置于运输工具上时为限。

(二)我国铁路联运货物保险的基本做法

陆运出口货物如由我方投保时,应按照有关规定及时向中国人民保险公司办理投保手续。陆运进口货物则按与保险公司签订的陆运进口货物预约保险合同的规定,办理投保手续。陆运货物如发生承保范围内的损失,则应向保险公司提出索赔,其索赔时效从被保险货物在最后目的地车站全部卸离车辆后起算,最多不得超过两年。

四、邮包运输保险

邮包运输通常须经海、陆、空辗转运送,实际上是属于"门到门"运输,在长远运送过程中,遭受自然灾害、意外事故以及各种外来风险的可能性较大。寄件人为了转嫁邮包在运送过程中的风险损失,需办理邮包运输保险,以便在发生损失时,能从保险公司得到承保范围内的经济补偿。

(一)邮包运输保险的险别

根据中国人民保险公司制定《邮政包裹保险条款》的规定,邮包运输保险主要有邮包险(Parcel post risks)和邮包一切险(Parcel post all risks)两种基本险。其责任起讫是自被保险邮包离开保险单所载起运地点寄件人的处所运往邮局时开始生效,直到被保险邮包运达保险单所载目的地邮局,自邮局签发出到损通知书当日午夜起算满15天终止,但在此期限内,邮包一经递交至收件人处所时,保险责任即告终止。

在投保邮包运输基本险之一的基础上,经投保人与保险公司协商可以加保邮包战争险等附加险。加保时,须另加保险费,但在加保战争险的前提下,如再加保罢工险,则不另收费。邮包战争险承保责任的起讫,是被保险邮包经邮政机构收讫后自储存处所开始运送时起生效,直到该项邮包运达保险单所载明的目的地邮政机构送交收件人为止。

（二）我国邮包运输保险的基本做法

在办理国际邮包运输时,应当正确选用邮包的保价与保险。凡经过保价的邮包,一旦在途中遗失或损坏,就可向邮政机构按保价金额取得补偿。因此,对寄往办理保价业务的国家,可予保价。鉴于有些国家和地区不办保价业务,或有关邮政机构对保价邮包损失赔偿限制过严,或保价限额低于邮包实际价值,则可采取保险,也可采取既保险又保价的做法。根据中国人民保险公司规定,凡进行保价的邮包,均可享受保险费减半收费的优待。我国通过邮包运输进口的货物,按邮运输进口货物预约保险合同的规定办理投保手续。

五、跨国物流配送的保险单证

保险单证是保险公司和投保人之间的保险合同,也是保险公司对投保人的承保证明,是保险人与被保险人之间订立的有关权利和义务关系的法律文件。一旦发生承保范围内的损失,它就是被保险人凭以向保险公司索赔的依据。

通常在进出口业务中,投保货物运输保险时,投保人需以书面形式作出投保要约,即填写货物运输保险投保单,投保单是投保人在投保时对保险标的及有关事实的告知和陈述,也是保险人签发保险单和确定保险费的依据。保险人在投保单上签章承诺,或出立保险单,保险双方即确定了合同关系。保险人接受保险是以投保人填写的投保单为依据的,因此,投保单的填写必须准确、真实。填写投保单时应注意:投保单上的投保险别应与贸易合同及信用证规定的险别相同,投保单填写的内容如有遗漏、错误或变更,投保人应及时申请批改。

在跨国物流配送保险中,保险单证简称为"保单",一般由保险人签发给被保险人,在保险单上应详尽地列明保险合同的全部内容。

（一）保险单证的种类

1.保险单

保险单又称"大保单"或"正式保险单",是保险公司根据投保人提供的投保单内容而制作的。因此,保险人在接受投保后,所缮制的保险单内容应与投保单内容一致,以满足投保人对保险的要求。

保险单一般均应包括下列事项:保险公司名称,保险单名称,保险单号次,被保险人名称,发票号与咦头,包装及数量,保险货物项目,保险金额,保费,装载运输工具,开航日期,运输起讫地,承保险别,保险公司在目的地的检验、理路代理人名称及详细地址、电话号码等内容,赔款偿付地点,保单签发日期,保险公司代表签名。

2.保险凭证

保险凭证又称"小保单"。它简化了保险单对双方权利义务条款的叙述,其余内容与保险单相同,与保险单具有同等的法律效力。其上仅列保险人和被保险人的名称、保品名称、数量、保险金额、险别、运输工具、起讫地点。

3. 联合凭证

它是一种比保险凭证更为简化的保险单据,即在出口货物的发票上由保险公司加注承保险别、保险金额和保险编号。其他条件均以发票上所列内容为准。它只能在港澳以及东南亚地区的部分华商中使用,对其他地区除非双方有约定,一般均不使用。

4. 预约保险单

预约保险单也称"开口保险单",它是承保一定时间内发运的一切货物的保险单。其保险期限可以为定期,也可以为长期。但订约一方要取消保险,必须事先通知对方。费率分为统一费率和不同费率两种。目前,在我国预约保险单仅用于按 FOB 或 CFR 条件进口的货物和出口展卖的展卖品。

(二)跨国物流配送保险单证的作用

1. 保险单是保险双方订立保险合同的书面凭证

被保险人提出保险申请后,只要保险人确认了这一要求,保险合同即告成立。在这里,被保险人的要约和保险人的承诺都可以是书面的或口头的。保险人随即根据被保险人的请求签发保险单,使之成为双方订立保险合同的书面凭证。

2. 保险单是被保险人提出索赔的主要依据

保险单是保险人接受保险的正式凭证,一旦保险标的因保险事故而受损时,被保险人就可以凭保险单向保险人提出赔偿请求。

3. 保险单具有有价证券的性质

保险单经过被保险人背书后,可以随保险标的物同时转让给受让人。受让人接受保险单后,通常以背书形式将其转让给买方,以完成交货义务。

延伸阅读

填写跨国物流配送保险单应注意的问题

对于一般的跨国物流配送保险单,在填写时应注意以下七个方面的问题:

(1)除信用证另有规定外,保险单上的被保险人必须是信用证上的受益人,被保险人取得保险单后必须进行背书,才能转让。

(2)投保的险别和投保金额要与来证相符。

(3)如来证上有投保海上一切险,或可能发生的风险或惯常险别之类的不确切词语,按有关规定不应使用这类词语。

(4)保险单上的签发日期应早于提单日期,最晚应与提单日期同一天,否则开证行或进口商有权拒付。

(5)除信用证另有规定外,保险金额的货币应是信用证所使用的货币。

(6)除信用证另有规定外,保险单的理赔地点应在货物的目的地。

(7)填写保险单上的咳头、货名、件数、运输工具名称、装运港、目的港均应与发票和提单一致。

六、跨国物流配送的保险索赔

保险索赔也称"提赔",是指当被保险货物遭受承保范围的损失时,被保险人依据保险合同向保险人要求赔偿的行为。

(一)索赔的前提

1. 可保权益

可保权益是指投保人对保险标的物所拥有的某种合法的经济权益。跨国物流配送保险不要求在订立保险合同时,被保险人拥有保险利益,但要求保险标的发生索赔时,必须拥有保险利益,这是保险的基本原则之一。

2. 近因

造成一起事故发生的原因有很多,在保险业务中,凡一起事件发生时,只注意造成这一事件的即时和直接原因,即近因。只有造成损失的近因在保险责任事故范围内,保险人才会对被保险人的索赔作出理赔。

(二)索赔程序

1. 损失通知

当被保险人获悉或发现被保险货物已遭受损失时,应立即通知保险公司。保险公司在接到损失通知后,即可采取相应的措施,如检验损失、提出施救意见、确定保险责任和查核发货人或承运人责任等。

2. 向承运人等有关方面提出索赔

被保险人或其代理人在提货时,发现货物包装有明显的受损痕迹,或整件短少,或散装货物已经残损,除向保险公司报损外,还应立即向承运人及海关、港务当局等索取货损货差证明,及时向有关责任方提出索赔。

3. 采取合理的施救措施,防止损失扩大

4. 备妥索赔的全部单证

保险货物经过检验并办妥向承运人等第三人的追偿手续后,应立即向保险公司或其代理人提出赔偿要求。提出索赔时,通常应提交下列凭证:保险单或保险凭证正本,运输合同,发票,装箱单、重量单,检验报告,海事报告摘录,货损、货差证明,索赔清单。

(三)索赔与理赔中应注意的问题

1. 代位追偿

在保险业务中,为了防止被保险人双重获益,保险人在履行全损赔偿或部分损失赔偿后,在其赔付金额内可要求被保险人转让其对造成损失的第三责任方要求全损赔偿或相应的部分赔偿权利,这种权利称为"代位记偿权"或"代位权"。

2. 推定全损赔偿

当被保险人的货物遭受严重损失,要求按推定全损赔偿时,必须将货物及其一切权利委付给保险人,否则保险人只按部分损失赔偿。保险人对委付可接受也可不接受。

3. 索赔时效

索赔必须在规定时间内提出,否则,保险公司不予受理。我国保险公司的索赔提出时效为两年。

◇ 本章小结

跨国物流配送,是指在国家与国家之间进行的货物(或货物)的配送,它是世界性国际贸易和电子商务浪潮的产物。跨国物流配送具有国际性、复杂性、风险性、广泛性、标准化、信息化等特点。根据使用的运输工具的不同,跨国物流配送形式主要有跨国海运配送、跨国空运配送、跨国铁路联运配送、国际邮政运输、集装箱运输配送等。在实际业务中,应根据货物特性、运量大小、距离远近、运费高低、风险程度、任务缓急及自然条件和气候变化等因素,审慎选用合理的运输形式。跨国海运配送保险是各类保险中发展最早的一种,这是由于商船在海洋航行中的风险大、海运事故频繁。跨国海运配送保险的险别分为基本险别和附加险别两大类。

案例分析

无权代理的纠纷案例

在我国某港口,一艘外轮的船长进港时,向引水员谎报船舶吃水,将10.5米吃水谎报成9.5米,结果船舶在主航道搁浅。船舶代理公司获悉该轮搁浅的消息后,认为若与救助公司签订无效果、无报酬救助合同,救助报酬势必很大。为了替船东节省费用,他们立即租了两艘小型船舶,并联系港务局装卸工人跟船出去过驳减载,最终使遇难船舶起浮脱浅,所花费用开支要比签救助合同所需支付的报酬少得多。代理公司组织的这次搜救工作总计要支付14万美元。但是,由于时间紧迫,所以代理人在组织这次抢救工作中,没有及时与船东联系,自己决定租2艘援减载船,与船东洽谈租金率以及组织装卸工人等事项也没有事先告知船东和征得他们的同意,结果船东事后不予追认,并拒绝支付减载船的租金和其他费用,声称减载船租金太高,其他费用也高出常规,代理人应负责。船公司和代理公司双方诉诸法律,对簿公堂。最后双方经过努力协商,做了许多工作才解决。由此可见,不论时间、情况如何紧迫,代理人都应尽力事先得到委托人的授权。这样,委托人必须承担因代理人行为而产生的所有民事责任,否则,就会和本案中的代理公司所面临的处境一样。

问题讨论：

请问在以上纠纷事件中，各方的责任、权利和义务关系是怎样的？通过法律途径解决该案件的最终结果会是怎样的？

<h3 style="text-align:center">损失由谁承担？</h3>

我国 A 公司与某国 B 公司于 2001 年 10 月 20 日签订购买 52500 吨化肥的 CFR 合同。A 公司开出信用证规定，装船期限为 2002 年 1 月 1 日至 1 月 10 日，由于 B 公司租来运货的"顺风号"轮在开往某外国港口途中遇到飓风，所以装货至 2002 年 1 月 20 日才完成。承运人在取得 B 公司出具保函的情况下，签发了与信用证条款规定一致的提单。"顺风号"轮于 1 月 21 日驶离装运港。A 公司为这批货物投保水渍险。2002 年 1 月 30 日，"顺风号"轮途经巴拿马运河时起火，造成部分化肥烧毁。船长命令救火，在此过程中，又造成部分化肥湿毁。由于船在装货港口的延迟，所以使该船到达目的地时正遇上化肥价格下跌，A 公司在出售余下的化肥时，不得不大幅度压低价格，给 A 公司造成了很大损失。

问题讨论：

1. 途中烧毁的化肥损失属于什么损失，应由谁承担？为什么？
2. 途中湿毁的化肥损失属于什么损失，应由谁承担？为什么？
3. A 公司可否向承运人追偿由于化肥价格下跌造成的损失？为什么？

◇ 复习思考题

1. 什么是跨国物流配送，它有什么特点？
2. 比较海运配送的经营形式。
3. 集装箱运输配送的形式有哪些？集装箱进出口程序是什么？
4. 比较跨国物流配送的几种形式的特点。
5. 什么是货运代理？它的业务范围有哪些？
6. 什么是货运单证？主要有哪几种？
7. 在海运保险中，投保一切险后是否还需要投保一般附加险？为什么？
8. 设货主甲的 8 万美元货物在一次共同海损中全部抛入大海，问他所遭受的损失是全部损失还是部分损失？为什么？
9. 保险单证有哪几种？在跨国物流配送保险中的作用是什么？
10. 保险索赔的程序是什么？

◇ 实训题

实地参观、调研海运、货运代理、保险公司及物流公司等，了解跨国物流配送的形式，掌握各物流配送形式的操作流程。熟悉各种单证的缮制和填写，了解保险及索赔流程。根据了解的资料填制有关保险单证，进行课堂讨论，并写实训报告。

参考文献

[1] 白世贞.仓储与配送实务.北京:中国财政经济出版社,2011.
[2] 崔介何.物流学概论(第四版).北京:北京大学出版社,2010.
[3] 陈平.物流配送管理实务.武汉:武汉理工大学出版社,2007.
[4] 陈修齐.物流配送管理.北京:电子工业出版社,2009.
[5] 杜传贵等.物流信息管理.广州:广东经济出版社,2002.
[6] 邓明荣,张红,葛洪磊.现代物流管理.北京:高等教育出版社,2009.
[7] 温卫娟.物流配送管理.上海:上海交通大学出版社,2009.
[8] 贺东风.物流系统规划与设计.北京:中国财富出版社,2006.
[9] 黄世秀,李述容.配送中心运作与管理.重庆:重庆大学出版社,2006.
[10] 贾争现,刘利军.物流配送中心规划与管理.北京:机械工业出版社,2011.
[11] 江超群,董威.现代物流运营管理.广州:广东经济出版社,2003.
[12] 蒋长兵,吴承健,彭扬.运输与配送管理建模与仿真.北京:中国财富出版社,2011.
[13] 蒋长兵,吴承健,彭建良.运输与配送管理理论与实务.北京:中国财富出版社,2011.
[14] 李永生,郑文岭.仓储与配送管理.北京:机械工业出版社,2011.
[15] 刘昌祺.物流配送工程管理技术及其设计应用.北京:中国财富出版社,2010.
[16] 刘彦平.仓储和配送管理.北京:电子工业出版社,2006.
[17] 王慧,郝渊晓,马健平.物流配送管理学.广州:中山大学出版社,2009.
[18] 秦明森.物流运输与配送管理实务.北京:中国物资出版社,2006.
[19] 苏雄义.企业物流总论——新竞争力源泉.北京:高等教育出版社,2005.
[20] 孙明贵.物流管理学.北京:北京大学出版社,2009.
[21] 谭建中.物流信息技术.北京:中国物资出版社,2006.
[22] 王之泰.新编现代物流学.北京:首都经济贸易大学出版社,2005.
[23] 吴清一.物流实务.北京:中国物资出版社,2005.
[24] 邬星根.仓储与配送管理.上海:复旦大学出版社,2005.
[25] 徐莉.技术经济学.武汉:武汉大学出版社,2004.
[26] 徐天芳,江舰.物流方案策划与设计.北京:高等教育出版社,2005.

[27] 叶怀珍.物流工程学.北京:机械工业出版社,2008.

[28] 郑玲.配送中心管理与运作.北京:机械工业出版社,2004.

[29] 郑克俊.仓储与配送管理.北京:科学出版社,2010.

[30] 张成海.供应链管理技术与方法.北京:清华大学出版社,2002.

[31] 张大成.现代物流企业经营管理.北京:中国物资出版社,2005.

[32] 张念.仓储与配送管理.大连:东北财经大学出版社,2012.

[33] 张远昌.物流运输与配送管理.北京:中国纺织出版社,2004.

[34] 赵林度.供应链与物流管理.北京:科学出版社,2011.

[35] 赵家俊,于宝琴.现代物流配送管理.北京:北京大学出版社,2004.

[36] Christian Bierwirth. Adaptive search and the management of logistics systems based models for learning agents. Germany:University of Bremen,2000.

[37] Deleep R Sule. Logistics of facility location and allocation. Louisiana Tech University,2001.

[38] Edward Frazelle. Supply Chain Strategy. McGraw－Hill,2002.

后 记

自从第1版教材出版以来,我们收到了很多一线教师及物流从业人员的反馈意见。在此期间,有关法律、法规也有所调整,为此,在吸纳读者意见的基础上,对教材进行了修订。

很多老师都有这样的困惑,面向本科生的物流专业课程是否存在定位矛盾。一方面,课程的理论根基不深,学生可以通过阅读教材掌握大部分知识点;另一方面,实践环节的运作管理方法却难寻踪迹,如何组织课堂教学具有较大难度。我们在讨论教材修订方案时,也一直在思考破解这种定位矛盾的有效策略,最终形成了以案例为中心的教材内容编排思路。

本次修订仍然坚持内容精练的编排风格,遵循实用、够用、好用的编排原则,与观感厚实、咬文嚼字的大部头教材有所区别。之所以沿袭这一风格,是因为我们希望更好地推进案例教学,避免过于详实的教材内容对教学过程产生替代效应,有效引导学生自主学习,以教材为纲,调动学生检索文献资源的积极性,促进案例讨论顺利开展。此外,本套教材的修订也体现了与时俱进的特点,新增内容和变动内容都体现了时代性和前沿性要求,以此来引领学生深刻领会和把握物流配送行业的发展动态及新的发展需求。

由于编者水平有限,所以教材仍存有不足之处。在编写教材的过程中,我们参考了大量文献资料,并且引用了诸多互联网资源,在此表示感谢。同时,十分感谢安徽大学出版社龚婧瑶编辑严谨细致的审核工作,恳请广大读者继续批评指正。

编 者
2015年1月